消費者教育の未来

分断を乗り越える
実践コミュニティの可能性

柿野成美
Kakino Shigemi

法政大学出版局

消費者教育の未来／目　次

序　章···3

1.　本書の問題意識···3

2.　本書の構成···6

第1章　地方自治体における消費者教育推進の意義と役割·············11

第1節　地方自治体に対する基本的理解································11

1.　地方自治体とは···11

2.　地方分権改革と地方自治体···12

3.　地方自治を支える地方公務員···14

第2節　地方自治体における消費者行政の現状······················18

1.　消費者行政の誕生···18

2.　財政面からみた地方自治体における消費者行政の位置·······19

3.　地方自治体における消費者行政の推進体制·······················21

第3節　地方自治体と国の消費者政策・消費者行政·················24

1.　地方自治体の消費者政策・消費者行政·····························24

2.　国の消費者政策・消費者行政···26

第4節　地方自治体と国の教育政策・教育行政······················28

1.　地方自治体および国の教育政策・教育行政·······················28

2.　教育政策・教育行政にみる消費者教育·····························30

第5節　消費者政策としての消費者教育と地方自治体の役割·············33

第2章　先行研究からみた地方自治体における消費者教育推進の阻害要因···41

第1節　分析の枠組み···41

第2節　消費者教育生成史にみる時代区分·····························42

1.　国における消費者教育生成史の時代区分··························42

2. 地方自治体における消費者教育生成史の時代区分 ……………………49

第3節　時代区分ごとに見た地方自治体の消費者教育と阻害要因 …………52

1. 第Ⅰ期（1963〜1985）……………………………………………………52

2. 第Ⅱ期（1986〜2000）……………………………………………………65

3. 第Ⅲ期（2001〜2008）……………………………………………………72

4. 第Ⅳ期（2009〜）…………………………………………………………81

第4節　先行研究からみた地方自治体における消費者教育推進の
　　　　阻害要因 ………………………………………………………………88

第3章　成功要因分析モデルとしての「実践コミュニティ」概念の理論的検討 …………………………………………91

第1節　「実践コミュニティ」概念 ………………………………………………91

1. 実践コミュニティ（community of practice）とは ……………………91

2. 状況論的学習観の3つの分析概念 ……………………………………94

3. 「実践コミュニティ」概念を分析枠組みとするためのキーワード …………99

第2節　実践コミュニティ概念を活用した先行研究 …………………………107

1. 主要な研究動向 …………………………………………………………107

2. 実践コミュニティの「所在」の視点からみた先行研究 ………………108

3. 実践コミュニティへの「関与」の視点からみた先行研究 ……………111

第3節　実践コミュニティ概念の有用性 ………………………………………113

第4節　本書のリサーチクエスチョン（RQ）の設定 ………………………115

1. 地方自治体における消費者教育推進の人的構成に関するRQ ………115

2. 先行モデルの成功要因に関するRQ …………………………………117

3. 組織間の壁を乗り越えるその他の方法に関するRQ ………………118

第4章　地方自治体における消費者教育推進の人的構成 ……………121

第1節　分析の枠組み ……………………………………………………………121

第2節　消費者行政内部に配置された人材の実態……………………122

1.　行政職員……………………………………………………122

2.　消費生活相談員……………………………………………125

3.　消費者教育の専門的人材…………………………………127

第3節　配置された人材相互の関連性…………………………………130

1.　消費者行政職員との関連性………………………………130

2.　消費生活相談員との関連性………………………………131

第4節　消費者教育推進に向けた今後の課題…………………………132

1.　消費者教育担当職員が抱える課題………………………132

2.　消費生活相談員が消費者教育に関わる時の課題………133

3.　消費者教育の専門的人材配置に向けた課題……………134

第5節　実態調査からみた地方自治体における消費者教育…………134

第5章　先行モデル分析からみた成功要因

「実践コミュニティ」を手掛かりに…………………137

第1節　分析の視点………………………………………………………137

第2節　分析の枠組み……………………………………………………138

第3節　A市のケース……………………………………………………140

1.　取り組みの概要……………………………………………140

2.　実践コミュニティ概念に基づく分析の視点……………143

3.　事例検証……………………………………………………145

4.　A市における成功要因……………………………………158

第4節　B市のケース……………………………………………………160

1.　取り組みの概要……………………………………………160

2.　実践コミュニティ概念に基づく分析の視点……………162

3.　事例検証……………………………………………………163

4.　B市における成功要因……………………………………176

第5節　先行モデル分析からみた成功要因……………………………178

第6章　諸外国にみる消費者教育の推進体制
スウェーデンの専門的人材による「実践コミュニティ」……………181

第1節　分析の枠組み………181

第2節　OECD政策提言にみる消費者教育の推進体制………182

第3節　スウェーデンにおける消費者教育の推進………190
1. 国の概要………190
2. 国における消費者教育の推進体制………191
3. 地方自治体における消費者教育の推進体制………194

第4節　事例にみる地方消費者行政の特徴………196
1. 消費者アドバイザーの活動内容………197
2. 関連するその他の専門的人材………199
3. 消費者アドバイス室の形態と位置づけ………200

第5節　地方自治体にみる消費者行政と環境行政の「実践コミュニティ」………201
1. カールスタード市：消費と環境のアドバイス室………201
2. ヨテボリ市：消費者と市民のサービス部………203

第6節　海外事例からみた日本に対する示唆………204

第7章　本書の理論的意義………207

第1節　リサーチクエスチョンの検討………207
1. 地方自治体における消費者教育推進の人的構成（RQ1）………207
2. 消費者教育推進の先行モデルの成功要因（RQ2）………208
3. 組織間の壁を乗り越えるその他の方法（RQ3）………211

第2節　理論的意義を支える実践コミュニティ概念の援用方法と成果………211
1. 「実践コミュニティ」概念を援用した空間構造的アプローチ………211
2. 組織の縦割りを乗り越える「人」の関与メカニズムの解明………215
3. 公正で持続可能な社会をつくる「実践コミュニティ」を基礎にした組織の生成………218

目次　vii

第3節　本書の理論的意義…………………………………………………………219

第8章　本書の実践的意義……………………………………………………227

第1節　「人」の観点から……………………………………………………228

1. 行政職員が多重成員性を獲得できる消費者行政と教育行政との計画的な人事ローテーション等の構築………………………………………………228
2. 消費者教育の専門的人材の効果的な配置……………………………………229

第2節　「組織」の観点から…………………………………………………231

1. 実践コミュニティ構築に関する情報提供とコーディネーター役となる行政職員に対する支援……………………………………………………231

第3節　教員による消費者教育の「実践コミュニティ」の観点から………232

1. 教員が消費者教育の実践について交流できる実践コミュニティの構築への支援…………………………………………………………………232
2. 実践コミュニティを管理するコーディネーターの役割と地方自治体における位置づけの明確化……………………………………………………233
3. コーディネーターの育成とそれを支える実践コミュニティの構築………234

第4節　「海外比較」の観点から……………………………………………234

1. 国の教育行政への期待………………………………………………………234
2. 持続可能な社会を目的とした実践コミュニティ型組織の構築……………235

終　章……………………………………………………………………………237

引用および参考文献……………………………………………………………243

あとがき…………………………………………………………………………261

消費者教育の未来
分断を乗り越える実践コミュニティの可能性

序 章

1. 本書の問題意識

　消費者教育とは，消費者自らが権利の主体であることを認識して行動できるとともに，公正で持続可能な社会の実現に向けて消費者としての役割を果たすことができる資質の育成である。現代社会に生きる私たち消費者は，幼児期から高齢期まで発達段階に応じて消費者教育を受ける権利を持っており，様々な場面で消費者教育が行われているが，特に，学校における消費者教育は，発達段階における適時性，機会の平等性という観点からきわめて重要である。子どもたちは，日常生活の身近な題材から，「主体的，対話的な深い学び」によって「私たちの消費行動が未来をつくる」という気づきをもたらされ，身近な買い物という社会参加を通じて，民主主義を学ぶのである。

　近年，2015年に国連で採択された持続可能な開発目標（SDGs：Sustainable Development Goals）により，生産者側だけでなく，「消費者の責任」ある行動にもクローズアップされており，消費者政策・消費者教育のあり方にも社会的に大きな関心が寄せられている。

　しかしこれまで，消費者の主体形成のための教育がわが国において十分に行われていたかと問われれば，筆者の答えはノーである。これまでの消費者教育は，消費者保護を目的とした地方の消費者行政が中心的な役割を果たしてきたことから，その内容は「消費者被害の防止」という観点が強く，学校側からは被害防止の啓発活動がそれほど重要視されないというミスマッチが起きていた。

　消費者行政の役割には，強すぎる事業者の活動を制限する規制行政と，弱い立場にある消費者を支援する「支援行政」の2つがあり，消費者教育は支

3

援行政の一つとして位置づけられるものである。先行研究では，細川（2007）が支援行政について，「消費者が被害に遭わないようにするための消費者教育や啓発」と「消費者が被害を受けた場合のその救済活動」に区分し，行政と私人の機能からみた消費者行政のタイプ分類を試みている[1]。また，従前の消費者行政の枠組みを超えて，夷石（2008）のように，消費者行政を「協働行政」の視点からアプローチする研究や，最近では古谷（2016）のように，現在の消費者政策が消費者や社会の変化に対応できる枠組みを提供できているのかという問題意識から，従来の消費者主権を捉え直し，現代社会にふさわしい持続可能な社会の実現に向けた消費者政策の枠組みを提案する試みも見られるようになっている。

　本書の問題意識は，消費者に対する支援行政の一環として 1960 年代から行政主導で行われてきた消費者教育が，2012 年に「消費者教育の推進に関する法律」（以下，消費者教育推進法）が議員立法で成立したことにより，大きく二つの側面から転換の局面を迎えたことを端緒としている。

　第一は，内容面の転換である。消費者教育の定義を消費者の自立支援と定め，そこに欧州，特に北欧を中心に発展してきた「消費者市民社会」の概念を法に位置づけたことにより，消費行動を通じて社会に影響を及ぼす市民としての役割を育むことが消費者教育の重要事項となったのである。「消費者市民社会」とは，「消費者が，個々の消費者の特性及び消費生活の多様性を相互に尊重しつつ，自らの消費生活に関する行動が現在及び将来の世代にわたって内外の社会経済情勢及び地球環境に影響を及ぼし得るものであることを自覚して，公正かつ持続可能な社会の形成に積極的に参画する社会」をいう[2]。この考え方は，もともと Consumer citizenship 概念として，カナダのスー・マクレガー（2004）やノルウェーのヴィクトリア・トーレセン（2005）が発展させてきた考え方に基づく[3]。また，この動きは，「持続可能な消費」

---

1)　細川（2007）37-42 頁。
2)　消費者教育の推進に関する法律　第 2 条第 2 項。
3)　この考え方は，国際消費者機構（Consumers International：CI）が提唱した消費者の権利と責任と同じ理念だと考えられる。すなわち，消費者の責任とは①批判的意識をもつ，②意見をいう，③社会的弱者への配慮，④環境への配慮，⑤連帯する，の 5

として国連の持続可能な開発目標（SDGs）の目標12「持続可能な消費と生産形態を確保する」へと継承されている。

　ところが，これまで地方消費者行政が実施する消費者教育は，消費生活センターで受ける相談件数の減少を目的にして，既述の通り，「消費者被害の防止」という問題を中心に扱ってきた。そこへ「消費者市民社会」概念が導入されたことにより，その内容の幅が広くなるとともに，被害防止というネガティブな内容のみならず，消費行動を通じて公正で持続可能な社会の形成に参画するといった積極的な方向性も持つ必要性が出てきた。これは，消費者庁が消費者基本計画に位置づけた「エシカル（倫理的）消費」[4]に代表されるように，消費者の行動変容によって労働者の人権や貧困問題，気候変動等の地球規模への課題解決へとつなげようとする消費者の役割に対する大きな期待によるものだが，地方消費者行政が，このような動きと連動しながら，どのような成果を出していけるか，という新たな課題が提示されたと言えよう。

　第二は，推進体制の転換である。推進法では，国[5]と地方自治体[6]には消費者教育推進の責務が課され，地方自治体には消費者教育推進計画の策定[7]，消費者教育推進地域協議会の設置[8]が求められた。さらに，法制定の翌年に閣議決定された「消費者教育の推進に関する基本的な方針（基本方針）」では，消費生活センターを地域の消費者教育の拠点とし，そこで「コーディネーター」が消費者教育の機会を拡充する姿が描かれた。

　ところが，地方消費者行政の現実に目を向ければ課題が山積であり，推進体制の充実は容易ではない。高橋（2010a）は，消費者行政が上手く機能す

つである。また責任を役割と置き換えると消費者市民社会の考え方に接近できると思われる。消費者市民の国際的動向については，柿野（2013b）に詳しい。

4)　消費者庁は倫理的庁調査研究会最終報告書において，エシカル（倫理的）消費を「消費者それぞれが各自にとっての社会的課題の解決を考慮したり，そうした課題に取り組む事業者を応援しながら消費行動を行うこと」と定義している。

5)　同上　第4条。

6)　同上　第5条。

7)　同上　第10条。

8)　同上　第20条。

るためには，「法令などの規制制度や手法とともに，組織体としての経営を効率的，効果的に行うことが不可欠」だと指摘し，OECD諸国の消費者行政機関による組織経営手法，特に各国機関が効率的かつ効果的に消費者行政を推進するために提唱している『戦略的執行（Strategic enforcement）』と『実証に基づく消費者政策（Evidence-based consumer policy）』を紹介している。その結果，日本の消費者基本計画は，地方自治体が計画の具体的内容の実施対象になっていない，また数値目標も掲げていない点，さらには「予算，定員（人員配置）と戦略計画の関連性（一体性）が図られていない」ことが大きな違いであると指摘する。「限られた予算，人員を最大限生かし，消費者行政のプロ集団として評価を受けるには，他国と同様に一貫した組織経営という視点が今後，重要になってこよう」と述べている。

　すなわち，消費者教育推進法の理念に基づいて全国各地で推進していくためには，従前の消費者教育の内容および推進体制の大きな転換が必要とされており，これを地方自治体において実現していくための具体的な方策が不可欠であると考えた。これまで，実施主体となる地方消費者行政に着目した研究には，川口（2008a）のように九州地区を対象としたものや，色川（2010a）（2010b）（2012a）（2012b）等の一連の実証研究によりその実像が解明されつつあるが，地方自治体における消費者教育政策そのものに着目した研究は十分ではない。

　そこで本書では，消費者市民社会の構築に向けてその推進主体となる地方自治体の消費者教育推進のあり方に着目して多面的に検討し，消費者教育を受ける権利を阻害する要因を明確にした上で，その先行モデル分析の成功要因から改善策について明らかにすることを目的とする。

2．本書の構成

　本書は図表1に示すように，8章構成である。

　第1章から第3章は先行研究を検討し，リサーチクエスチョンを導出するパートである。第1章は，「地方自治体における消費者教育推進の意義と役割」と題して，地方自治体に対する基本的理解，地方自治体における消費者

| 序章 | 1. 研究の背景と問題意識 | 2. 本書の構成 |

先行研究分析とリサーチクエスチョンの導出

| 第1章 地方自治体における消費者教育推進の意義と役割 |

| 第2章 先行研究からみた地方自治体における消費者教育推進の阻害要因 |

| 第3章 成功要因分析モデルとしての「実践コミュニティ」概念の理論的検討 |

〈リサーチクエスチョン〉
1. 地方自治体における消費者教育推進体制の人的構成はどうなっているのか？
2. 地方自治体における消費者教育推進の先行モデルの成功要因は何だったのか？
3. 行政組織間の縦割りを乗り越え，消費者教育を充実させるためには他にどのような方法があるのか？

リサーチクエスチョンの検討

| 第4章 地方自治体における消費者教育推進の人的構成 |

| 第5章 先行モデル分析からみた成功要因──「実践コミュニティ」を手掛かりに |

| 第6章 諸外国にみる消費者教育の推進体制
──スウェーデンの専門的人材による「実践コミュニティ」 |

結論

| 第7章 本書の理論的意義 |

| 第8章 本書の実践的意義 |

| 終章 |

図表1 本書の構成

教育の現状，地方自治体と国の消費者政策・消費者行政，地方自治体と国の教育政策・教育行政，消費者政策としての消費者教育と地方自治体の役割について述べる。消費者教育推進法が成立し，国には消費者教育推進会議が設置されるなど，これまでにない力強い動きが見られたが，地方自治体については，特に学校（教職員）と消費者行政の連携，コーディネーターの役割の重要性が示され，その具体的な内容は今後の検討課題とされた。推進法によ

序章 7

り新たにコーディネーターが担い手として登場したが，それが配置されるべき地方自治体の消費者教育推進の実態がブラックボックスのまま，検討を進められようとしている点について指摘する。なお本章の内容は，柿野（2017a）「地方行政論・地域政策論──「コーディネーター」が必要とされる２つの理由」（西村隆男編著『消費者教育学の地平』慶應義塾大学出版会）をもとに執筆されている。

　第２章の「先行研究からみた地方自治体における消費者教育推進の阻害要因」では，国および地方自治体の消費者教育推進を時代ごとに区分し，その中でどのような阻害要因があったのか，先行研究から検討する。ここでは，二つの仮説「①消費者教育の実施に向けた動きは，消費者行政から教育行政へのアプローチの歴史である。そのアプローチの困難さをそのまま国から地方自治体が引き継いだことにより，いわゆる「セクショナリズム（縦割り行政）」が地方自治体においても消費者教育推進の阻害要因となったのではないか」，「②特に2000年代以降，地方消費者行政の弱体化のあおりを受け，予算・人の脆弱化により，消費者教育事業が充分に実施できなくなった。国が示す消費者教育の理想像と地方の実態には乖離があるのではないか」について検討を行う。その結果，最大の阻害要因が「消費者行政と教育行政の縦割り行政」であること，この問題が1980年代から明示され，解決に向けた国の関与があったにもかかわらず，現在も同様の問題を抱えていることを特定する。なお本章の内容は，柿野（2017b）「地方消費者行政における消費者教育推進の人材に関する研究──制度の生成をめぐる歴史的検討から」（日本消費者教育学会編『消費者教育37冊』）の歴史的検討をもとに執筆されている。

　第３章では，この縦割り行政を乗り越え，先行的に学校現場で消費者教育の実践が広がっている地方自治体を分析する理論的枠組みとして，1991年にLave and Wengerが提唱した「実践コミュニティ」の概念検討を行う。実践コミュニティ概念を活用した先行研究を検討することを通じて，概念の有用性について述べる。

　以上の検討を受け，第３章第４節では，本書のリサーチクエスチョンについて以下の３点を導出する。

RQ1. 地方自治体における消費者教育推進体制の人的構成はどうなっているのか？

RQ2. 地方自治体における消費者教育推進の先行モデルの成功要因は何だったのか？

RQ3. 行政組織間の縦割りを乗り越え，消費者教育を充実させるためには他にどのような方法があるのか？

第4章から第6章は，リサーチクエスチョンを検討するパートである。

第4章はRQ1に対応し，地方自治体における消費者教育推進の実態について，都道府県，政令市，県庁所在市の消費者教育担当職員を対象に実施したアンケート調査の分析結果から，その実像に迫る。本章の内容は，柿野 (2016b)「地方消費者行政における消費者教育推進の人材に関する研究——質問紙調査にみる現状と課題」（日本消費者教育学会編『消費者教育 36 冊』）をもとに執筆されている。

第5章はRQ2に対応し，教育行政との関係を構築し，学校現場で消費者教育の実践が先行的に広がっている2つの地方自治体を調査対象として，実践コミュニティ概念に基づいて成功要因の分析を行う。分析の視点には，①実践コミュニティの「所在」，②意味の交渉による物象化の形（共有レパートリー），③実践コミュニティへの「関与」のあり方を用い，エスノグラフィー調査，文献調査，ヒアリング調査から成功要因を導く。本章の事例1については柿野 (2017b) をもとに，また事例2については柿野 (2017a) に実践コミュニティ理論を援用する形で加筆修正している。

第6章はRQ3に対応し，海外の消費者教育の推進に目を向ける。なかでも地方分権が進み，消費者市民社会の考え方が広がっている北欧のスウェーデンを調査対象国として，地方自治体にみる消費者行政と環境行政をつなぐ実践コミュニティを取り上げる。本章の内容は，柿野 (2013b)「消費者市民の国際的潮流」（岩本諭・谷村賢治編著『消費者市民社会の構築と消費者教育』晃洋書房），および，柿野 (2017c)「スウェーデン　国の消費者行政：消費者庁」「地方自治体における消費者行政」（（公財）消費者教育支援センター編著『海外の消費者教育——ノルウェー・スウェーデン』）をもと

序章　9

に，独自のヒアリングを加えて加筆修正したものである。

　以上の内容を踏まえ，第7章では本書の理論的意義，さらに第8章では実践的意義として，地方自治体で消費者教育を広げていくための政策提言をまとめる。最後に終章において，残された課題について述べる。

第1章

地方自治体における消費者教育推進の意義と役割[1]

第1節　地方自治体に対する基本的理解

1．地方自治体とは

「地方自治体」とは，私たちの最も身近なところで自治権を行使する主体であり，具体的には都道府県，市町村，特別区を指す。法令上では，地方公共団体という用語が用いられるが，本書では，消費者教育推進法が目指す消費者市民社会を実現する地方行政のあり方として，あえて「地方自治体」を用いる。

「地方自治」とは，「地方の政治や行政事務を中央政府ではなく，その地域の住民を構成員とする地方公共団体が担い，地域住民の意思に基づき政治や行政活動を行うこと」である[2]。憲法92条では「地方公共団体の組織及び運営に関する事項は，地方自治の本旨に基づいて，法律でこれを定める」とし，憲法制定の1948年に地方行政に関わる諸法律の中核をなす「地方自治法」を制定した。地方自治は行政学の重要な一分野であり，戦後民主主義の新しい理念でもある。

わが国には，都道府県および市町村を指す普通地方公共団体（地方自治法1条の3第2項）と，特別区や地方公共団体組合，財産区を指す特別地方公共団体（地方自治法1条の3第3項）がある。2017年10月現在，都道府県47か所（1都，1道，2府），市町村のうち政令指定都市（人口50万以上の

---

1)　本章は，柿野（2016a），（2017a）をもとに執筆した。
2)　山田・代田（2012）58頁。

市のうちから政令で指定）20 か所，中核市（人口 20 万以上の市の申出に基づき政令で指定）48 か所，施行時特例市（特例市制度の廃止（2015 年 4 月 1 日施行）をへて，現に特例市である市）36 か所，その他の市（人口 5 万人以上の市）687 か所，町 744 か所，村 189 か所，合計 1724 か所である[3]。この数字を 20 年前と比較すると，市町村合併により基礎自治体の行政体制整備が進み，町村は 3 分の 1 近くに減少している。

2. 地方分権改革と地方自治体

村上・佐藤（2016）によれば，地方自治は憲法に位置づけられたにもかかわらず，行政学や政策学[4]において行政は「政府の執行機関と，それが行う執行・立案等の活動」と定義され，これまで主に国レベルの議論が中心に行われてきたという[5]。「1970 年代までは「政策」の語はもっぱら国レベルで用いられ，自治体では「施策」や「事業」が一般的だった」のである。西尾

---

3) 総務省 e-Stat http://www.e-stat.go.jp/SG1/hyoujun/searchMunicipalityCount.do
（2017 年 12 月 28 日閲覧）。

4) 「行政学」は 19 世紀のアメリカで政治学の一分野として生まれ，公務員制度，行政組織，予算過程，都市行政などを主要なテーマとして，実際の改革とリンクしながら発展してきた。西尾（2001）によれば，「行政学」は「公的な官僚制度組織の集団行動に焦点を当て，これについて政治学的に考察する学」として定義され，異なる価値基準に基づく，「制度学」（権力分立などの憲政構造を基礎に正当性・合理性に注目），「管理学」（組織や予算の膨張傾向を抑制すべく，経済性・能率性に注目），「政策学」（多様な公共サービスに注目し，その公共性・有用性を追求するもの）に区別されると説明する。

なかでも「政策学」は比較的新しく，第二次世界大戦後に行政学の一領域を超えて，主に政治学の影響を受けながら「政策科学」として発達してきた。また現在では「政策科学」から発展して「公共政策学」といった学問分野があり，これを専攻する大学や大学院が数多く存在している。しかしその学問領域においても，「公共政策学とはどのような学問で，どのような教育が行われるべきかという根幹にかかわる部分に関しては，明確な定義や合意が存在していない。いまだ「公共政策学とは何か」という問いを繰り返し，自分探しを続けている状態であることは否めない」という指摘もある。

5) 村上・佐藤（2016）2 頁。

（2016）は，その背景には，「政策とは国がつくるもので，自治体が下請け的にその実施を担当するという暗黙の前提があった」ことを指摘している[6]。

官僚制をとる政府では，非効率性，セクショナリズム（縦割り行政），法規万能主義等，様々な病理が生まれた。政府の業務の受け皿として地方自治体の組織が形成されていったため，地方自治体も政府と同様の問題が引き起こった。

このような国と地方の関係を見直す動きは，1993年に「地方分権に関する決議」が採択されたことに始まる。地方分権の改革は，現在まで段階的に行われてきた。第1次分権改革では，1995年に地方分権推進法が成立し，2000年に「地方分権の推進を図るための関係法律の整備等に関する法律」（地方分権一括法）の施行と地方自治法の大改正につながった。第一次分権改革の最大の成果は，地方自治体に裁量権のない国の機関委任事務制度を全面廃止したことである。これにより，山田・代田（2012）は，国と地方自治体の関係は主従関係から対等関係へと変化したと述べている[7]。

その後，財源移譲を改革の課題とする三位一体改革，出先機関の縮小など国と地方の役割分担を議論した第2次地方分権改革，2009年に民主党政権が「地域主権」の名で改革を継続するなど，現在に至っても断続的な取り組みとなっている。このように，地方行政や地域政策に向かう関心は，時代とともに高まってきたと言えよう。

この間，「ガバメントからガバナンスへ」という考え方が広がっている。ガバナンス（governance）とは，「公共性の実現や公共政策を政府（国，自治体）と民間（市民，企業など）が協力して進めるような様式」のことであり，従来の，政府が上から公共性を実現する「ガバメント（government）」（統治）と異なり，政府と自立した社会諸アクターとが，対等な協力関係によって政策を進め，社会を運営することを指す[8]。西尾（2016）によれば，2002年に著書 "Transformation of Governance" を執筆したアメリカのD. F. ケトルは「現代の行政理論はガバナンスの理論である」と指摘している

6）　西尾（2016）214頁。
7）　山田・代田（2012）122頁。
8）　村上・佐藤（2016）21頁。

という。すなわち「政府とその周囲の環境との関係変化，社会の中での政府の役割変化，とくにサイズの縮小傾向に注目した概念」であり，「厳しい資源不足の中で，増大する社会的ニーズに対応しようとする新たな試み」と概念整理している。これまで行政が独占的に行ってきた公共サービスを，企業やNPO・市民も担う「新しい公共」の考え方である[9]。

　しかしその一方で，村上・佐藤（2016）は「参加者の対等性や相互協調（相互の利益）などの条件が必要で，それを欠く場合にはガバナンスモデルを適用すると無理を生じ機能不全に陥らないか，あるいは，参加者がそれぞれの立場から協力するだけで，公共性，責任，必要な費用などが確保できるのか，誰がリーダーシップをとるのか，といった問題が起きうる」と指摘する。各セクターの自律的な動きが求められるなかで，あえて行政が積極的にどのような役割を担うべきかが課題となっている[10]。

3. 地方自治を支える地方公務員

　地方自治体の地方自治を支える地方公務員は，1950年に公布された地方公務員法により発足した。地方公務員法第2条によれば，地方公務員とは「地方公共団体のすべての公務員」であり，同法は一般職地方公務員（同第3条第2項）について定めている。知事や市町村長等も特別職地方公務員（同第3条第3項）であるが，地方公務員法は適用されない（第4条第2項）。すなわち本書で扱う地方公務員（行政職員）は，一般職地方公務員を指すものとする[11]。

　2017年4月現在，地方公務員数は約274万2596人で，1995年から連続で

---

9)　ガバナンスの具体例としては，自治体が図書館や公園などの管理運営を民間に委託したり（指定管理），イベントなどをNPOや市民参加の協力を得つつ進めたりする方法（パートナーシップ）などが見られる。

10)　西尾（2016）は著書のまえがきで，「行政学・政策学が扱う広範な領域を「ガバナンス」と称する局面が増え，本書も各セクターの相互関係に注目する。だが同時に，ガバナンスやネットワーク型公共管理の進展が「ガバメント」への新たな期待を生んでいることも否定できない」と述べている。

11)　文中では地方公務員と同義で「行政職員」を用いる。

減少をしてきたが，2017年は23年ぶりに増加した[12]。また行政分野別にみると，国が定員に関する基準を定めている教育，警察，消防，福祉の従事者が全体の3分の2を占めている。国家公務員を合わせた国内の全公務員数のうち，地方公務員は82.4％と大多数を占めており，このあり方について断続的な議論が続いている[13]。

井田（2013）は，戦後の公務員制度を概観する視点として，①国家公務員制度との関係，②行政需要の増大による公務員制度の膨張と合理化の流れの2点を指摘する。地方公務員制度は，国家公務員制度と歩調を合わせる形で変遷しているが，地方分権の流れのなかで，地方自治体の意識が高まっているという[14]。

地方公務員に関しては，地方公務員制度，任用，給与，服務等に関する幅広い研究があるが，ここでは地方公務員の人事管理，専門性の観点から，先行研究を概観しておきたい。

太田（2013）は，公務員の人事管理制度については，民間企業および海外の二重の比較から考察することで，現在の公務員が置かれている環境，ならびに公務員という仕事の特殊性や日本的特徴を考えることができると指摘している[15]。一般的な公務員の人事管理は，「採用後は各職場に配属され，専門的な職種を除けばおおむね3年前後で異動する。異動を繰り返しながら昇進・昇格し，いわゆるジェネラリストとしてキャリアを形成する」というものである。しかし，米国をはじめとするアングロサクソン系の一般行政職は，「職務主義」をとっており，それぞれの職務について，職務要件，職務内容などが記載された職務記述書に基づいて，個人ごとに契約する。日本のジェネラリストと比較すると，スペシャリスト型，プロフェッショナル型であり，「本人の意向によらない異動が一般的に行われているところは，主要国のな

---

12) 2016年「地方公共団体定員管理調査結果」によれば，児童相談所や福祉事務所のほか，観光や地方創生への対応などによる増員により，一般行政部門が増加傾向。教育部門において，特別支援学校の児童数の増加に伴う教職員の増員などにより，その減少幅が縮小傾向となった。
13) 「2016年度人事院年次報告書」目-9頁。
14) 井田（2013）2頁。
15) 太田（2013）48頁。

かではわが国のみ」だと指摘している[16]。またこのことは，地方公務員制度調査研究会（1999）によっても，「地方公務員の一般行政部門における人事管理については，技術職員を除けば一般に，一定期間単位の人事ローテーションにより各部署を経験させるというジェネラリストの養成が中心となっており，必ずしも特定の行政分野に精通したスペシャリストを計画的に育成するシステムが確立されていない」と指摘されていることとも重なっている[17]。

　キャリア形成や人材育成の観点から異動に焦点を当てた研究に中嶋（2002），中嶋・新川（2004）（2007）がある。中嶋（2002）は，地方自治体における幅広い異動は，「仕事に慣れ，マンネリが生じる前に幅広い異動を行うことにより，職務に必要な技能と現在保持している技能との落差を作り出し，人材が育つ状況を意図的に作り出し，職員の職務への努力を引き出している」と述べ[18]，異動の効果を積極的に見いだしている。また，中嶋・新川（2004）では，基礎自治体（市レベル）の人事異動に関して量的調査を行ったところ，次のような結果を得た。すなわち，①自治体の規模による人事異動形態の差異は小さい，②採用区分による人事異動形態の差異はほとんどない，③自治体は組織の活性化を第一の目的として人事異動を行っており，それゆえ配属期間が異動対象者選定の際の基準になる。④配属期間はおおむね4年程度となっている，⑤人事異動の幅としては，なるべく以前に配属されたことのない部門へ，部門を超えて幅広く人事異動が行われている，といった点である[19]。

　さらに，中嶋・新川（2007）は，地方自治体のキャリア形成について，これまでの昇進（タテのキャリア）ではなく，異動（ヨコのキャリア）に着目して検討を行ったが，ヨコのキャリア・パターンが形成されているものの，「分権時代において，自治体の役割が変わり，専門的問題処理能力や政策形成能力が求められている中で，人事異動目的とジェネラリスト型の「ヨコ」のキャリア・パターンの間の不調和が生じる可能性が高い」ことを指摘し，

---

16)　太田（2013）49-50頁。
17)　地方公務員制度調査研究会（1999）25-26頁。
18)　中嶋（2002）356頁。
19)　中嶋・新川（2004）85頁。

今後の課題についても触れている[20]。中嶋らが指摘するように異動のもつ積極的な効果が期待できる反面，従来型の異動では，行政組織の専門性が確保できないという議論がある。

　この点については，自治体職員の能力開発の原点として，そもそも「専門性」概念とは何かについて検討した林（2013）の研究がある。林は多様な「専門性」の概念を踏まえて，自治体職員の「専門性」の定義を「自治体職員が社会の中で果たすべき役割からくる能力」と定義し，重要な人的要素として〈倫理〉〈専門的な知識や技術〉〈政策立案展開力〉〈基礎〉を抽出し，それぞれの習得状況を可視化する試みを行っている。

　林の研究は自治体職員個人の能力開発という点からのアプローチであるが，地方自治体行政の専門性という観点に立って，2009 年度から（公財）日本都市センター内に都市自治体における「行政の専門性」に関する研究が深められ，多くの成果が生まれている[21]。大谷（2016）によれば，都市自治体が「個別分野の専門性」[22]および「組織管理の専門性」[23]を確保するためには，「自治体内部に確保する方法と，外部の資源を必要に応じて活用する方法」の二つのやり方があるという。前者には，既存職員の育成や外部人材の採用など，後者には外部専門家の活用なアウトソーシングなどの手法が用いられると述べている。

　稲継（2011a）は，都市自治体の専門性を「特定の行政分野において専門

---

20)　中嶋・新川（2007）58-59 頁。

21)　大谷（2016）114-134 頁。

22)　「個別分野の専門性」は，①国家資格を有し，それだけで転職可能な「専門性」（例：医師，薬剤師，獣医師，弁護士など），②国家資格を有しているが，それだけでは転職が難しい「専門性」（例：社会教育主事，食品衛生監視員など），③国家資格ではないが自治体の外（民間）に出ても通用しうる「専門性」，④国家資格ではなく，自治体の外では通用しないが，自治体内で「専門性」と呼べるもの（例：自治体法務，公会計など），⑤処遇の観点から単に専門職として位置づけているもの（例：○○専門職）として分解できる。

23)　総合管理としての専門性としては，①組織の共通の目的（組織や部門の方針）を理解し，行うべき目的を自分で設定できる課題設定能力，②その目的を達成するための職務遂行能力，③他の人と協力して目的を達成するための対人能力，④目的達成の際に起こる問題を克服する問題解決能力を挙げている。

知識・能力を有するとともに，地域ニーズ・課題を把握して対応策を企画立案し，都市自治体全体として効果的・効率的に実施することを可能にする知識・能力」と定義している。また，大谷（2016）は稲継の定義を受けて「自分の専門のことを理解するだけではなく，都市自治体のどの部署と連携し目の前の課題を解決するかといった総合力も求められている」と述べている。

　以上に見るように，地方自治体を支える地方公務員（行政職員）は，一般的に組織の活性化を目的として人事異動を繰り返すが，近年では専門性の観点から，公務員のあり方を含む，組織の専門性について注目が集まっている。これらの指摘は，行政の一分野である消費者行政においても共通する考え方である。そして，地方自治体において地方自治の担い手である地方公務員のあり方についても，まさに断続的な議論が行われているように，地域住民に密着した地方自治体・地方公務員のあり方に着目することは大きな意義があると言えよう。

第2節　地方自治体における消費者行政の現状

1. 消費者行政の誕生

　行政論・政策論が中央政府から地方行政へと研究の対象を拡大してきたことを見たが，消費者行政は，地方から誕生し国の政策へと発展した逆の流れをもつ行政分野である。

　最初の動きは，東京都が，不当表示が社会問題となった「ニセ牛缶事件」を契機として，1961年4月に経済局総務部食料課を消費経済課として，全国で初めて消費者行政担当課を設置したことである。これを受けて，中央省庁では1963年1月に農水省に消費経済課が設置された。国ではその後，1964年に通商産業省に消費経済課[24]，1965年に経済企画庁に国民生活局消費

---

24)　わが国の消費者政策・消費者行政の歴史を振り返るとき，樋口（2007）は当時の通商産業省（現在の経済産業省）は，昭和30年代後半から昭和40年代後半を中心とした時期に消費者行政が確立されており，確立期から政府内で大きなウエイトを占めていたこと，昭和40年代から最重点施策としの一つとして位置づけられていたことを指摘している。また，経済企画庁国民生活局との人事交流を通じて，「通産省担当者

18

者行政課が設置されている。同じ年，兵庫県では初めての消費生活センターとして「神戸生活科学センター」，「姫路生活科学センター」が開設され，翌年，経済企画庁と自治省の通達「地方公共団体における消費者行政の推進について」によって，消費者教育を消費者行政担当組織の事務の1つとして明示するに至った。

　環境行政の誕生も，消費者行政と同じ流れをもつ。消費者行政が消費者問題を契機にしたように，環境行政は経済発展に伴う公害問題や，環境破壊への対応策として生まれてきたのである。時代の流れに応じて，住民の生活実態から発生した問題に対応するため，地方自治体の取り組みとして誕生し，国によって法制化され，さらに全国各地へ広がりを見せた。

　地方自治体に消費者行政の事務が明文化されたのは，消費者行政の基本的枠組みを定めた消費者保護基本法制定の翌1969年に改正された地方自治法においてである。第2条第3項の事務の例示規定において「消費者の保護」が「固有事務」として規定された。その後，2000年の地方自治法の大改正で，事務の例示規定はなくなったが，現在も「自治事務」として位置づけられている。2015年4月現在，市区町村では1,552自治体（90.2％）において規則等に事務分掌が規定されている。

　ただし，消費者教育の観点から見ると，2011年の「地方消費者行政推進本部」制度ワーキングの報告書で「現行法上，地方公共団体の事務として，苦情相談への対応，あっせん，情報収集・提供等が位置づけられているが，例えば「消費者教育」の事務について，法的な位置づけを明確にすることも検討が必要」と指摘されるように[25]，消費者教育は自治事務として法的位置づけが明瞭でないという側面をもっている。

2. 財政面からみた地方自治体における消費者行政の位置

　この消費者行政の地方自治体への位置づけについては，その財政負担を巡

　　の消費者問題に関する自覚と士気を高め，産業の既得権益を守るという狭い問題意識
　　から担当者を解き放つことに貢献することとなったと見られる」（7頁）と述べている。
25）　地方公務員制度調査研究会（1999）25-26頁。

って議論が続いている。図表2のように地方消費者行政（都道府県，政令市，市区町村等）の合計予算は1995年の200億円をピークに減少し，消費者庁設置の前年に当たる2008年には100億円へと半減した。これを受けて，地方消費者行政の充実は，消費者庁設置の議論の中で重要な柱となり，2008年度第二次補正以降，地方消費者行政活性化基金や地方消費者行政推進交付金等を国は交付し，財政支援を継続している。しかし，これは恒久的なものではない。

また，図表3で地方消費者行政の予算（狭義）の内訳を見ると，都道府県の消費生活相談は自主財源が81.9％を占めるが，消費者教育・啓発の場合は45.4％であり，国から交付される活性化基金や交付金への依存度は過半を占めている。

国と地方の財政負担について，2012年に消費者委員会の建議において，地方消費者行政は自治事務であることを基本としながらも，消費者庁設置後，消費者安全法に課された消費生活センター設置や消費者事故等の国への通知等を「法定受託事務的な要素が強い業務」と指摘し，これらの増加により自治体の負担が新たに発生したことに鑑みれば，国は自治体に応分の財政負担を行うことが必要だとした。当時，消費者委員会委員長だった河上（2012）は，「地域主権の強調や，自治事務としての消費者行政の性格付けに限界がある」とも言及している[26]。

消費者庁設置以降，地方消費者行政に対する財政支援として2008年第2次補正から2015年度末まで国から都道府県を窓口として約438億円が交付されているが，依然として地方自治体の財政基盤は弱い。「地方自治体内部で自発的かつ短期的に消費者行政の優先度が上がることは想定されにくい中で，国において地方消費者行政に自治事務以上の役割を認め，それを地方自治体への財政支援に反映する展開があり得るのかが，地方消費者行政の大きな論点」と指摘する声もある[27]。

---

26) 河上（2012）73頁。
27) 田中（2012）11頁。

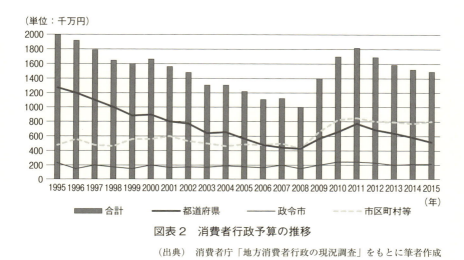

図表2　消費者行政予算の推移

（出典）　消費者庁「地方消費者行政の現況調査」をもとに筆者作成

図表3　都道府県の消費者行政予算（狭義）の内訳（2015.4現在）

		消費者 教育・啓発	消費 生活相談	その他
自主財源	3,538,001 (71.0)	701,836 (45.4)	2,099,298 (81.9)	736,867 (84.6)
活性化基金(交付金相当額)＋推進交付金	1,443,280 (29.0)	844,981 (54.6)	464,158 (18.1)	134,141 (15.4)
合　計	4981281 (100)	1,546,817 (100)	2,563,456 (100)	871,008 (100)

上段：金額(千円)　下段：割合(%)

（出典）「平成27年度地方消費者行政の現況　第3分冊：予算・事業編」をもとに作成

3. 地方自治体における消費者行政の推進体制

(1) 専管部署と消費生活相談窓口

　消費者行政を専ら担当する「専管部署」の設置は，2015年4月現在，図表4に示す通りである。都道府県，政令市はほぼ専管部署が設置されているが，その位置づけは都道府県では係レベルが，政令市では課レベルが最も

図表 4　消費者行政を専ら担当する部署（専管機構・組織）の設置状況

		都道府県	政令市	市区町村
専管部署なし		1（ 2.1）	1（ 5.0）	1284（74.6）
専管部署あり	部局レベル	1（ 2.1）	0（ 0）	0（ 0）
	課レベル	18（38.3）	11（55.0）	127（ 7.4）
	室レベル	5（10.6）	3（15.0）	48（ 2.8）
	係レベル	22（46.8）	5（25.0）	262（15.2）
合　計		46（97.9）	19（95.0）	437（25.4）

枠内の数字は実数，カッコは割合％を表す。

（出典）　消費者庁「平成 27 年度地方消費者行政の現況」をもとに作成

多い。また，市区町村では 74.6％で専管部署が設置されていない状況にある。

　その一方で消費者庁設置以降，国から地方への財政支援などにより，市区町村への相談窓口の整備が進み，2015 年に設置率は 100％に達した。その方法は，消費生活センターの単独設置が 647 か所，消費生活センターを広域連合等により複数の市区町村で設置したところが 215 か所，相談窓口として単独設置が 849 か所，広域連携により相談窓口設置をしたところが 10 か所と，各地の実情に合わせて相談体制の整備がようやくなされたところである。

(2)　消費者行政担当職員と消費生活相談員

　消費者庁「地方消費者行政の現況」によれば，2015 年 4 月 1 日現在の消費者行政担当職員は，事務職員は 5,183 人，消費生活相談員 3,367 人，商品テスト 67 人，消費者教育・啓発員 472 人であった。事務職員のうち約 7 割が他の行政分野の業務を兼務しており，特に市区町村等の兼務職員の約半数が消費者行政に関する業務ウエイト「10％」という厳しい環境にある。

　地方自治体全体の職員数を総務省「地方公共団体定員管理調査結果」で確認すると，1995 年を 100 としたとき，この 20 年間で一般行政の職員数は 77.4 に減少している。そのうち行政分野ごとに見ると，防災は 286.0，児童相談所等 168.3，福祉事務所 153.1 のように人員が増加している分野がある一方，総務一般 83.3，企画開発 77.9，清掃 53.9 のように行政分野によって人員配置に差が見られる。では，消費者行政はどうか。

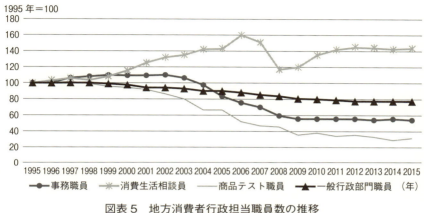

図表5　地方消費者行政担当職員数の推移

(出典)　消費者庁「地方消費者行政の現況調査」総務省「地方公共団体定員管理調査結果」をもとに筆者作成

　図表5は，地方消費者行政職員数と一般行政部門職員の人数の推移について，1995年を100として示したグラフである。消費者行政の事務職員は20年間で54.8の水準に下がっており，行政組織全体でも特に人員が減った行政分野であると言える。その一方で，主に非常勤職員として採用される消費生活相談員が相談窓口の対応として人員を増加させている。予算の減少は国からの交付金によって財政支援が可能だという考え方もあるが，今後，地方消費者行政を推進する上で，一般行政部門を上回って削減された人員をいかに確保するのか，あるいは兼務職員の業務のウエイトをいかに確保するのかが大きな課題と言える。

　また，消費者委員会地方消費者行政専門調査会の報告書では「消費者教育推進法による新たな業務への対応等も考えれば，消費者行政担当職員の人員拡充に加え，消費者行政への専任化・長期在任化（専門職の新設を含む)，また，他の行政分野と兼務の場合，消費者行政分野の比重を上げることが期待される」との指摘もある。

第3節　地方自治体と国の消費者政策・消費者行政

1. 地方自治体の消費者政策・消費者行政

　西尾（2001）によれば，「政策」とは，「政府が，その環境諸条件またはその対象集団の行動に何らかの変更を加えようとする意図の下に，これに向けて働きかける活動の案」と定義している。「活動の案」とするのは，政策とその実施活動を区別しようとすることであり，「政治機関により決定済みの活動案を政策と考え，行政機関の決定に委ねられている事項の立案・決定活動は政策の実施活動の一部」であると考えられる[28]。

　しかし真山（2005）は，この定義に対し，対象集団に働きかける具体的な行政活動が念頭にあることは行政学らしいと言えるが，「このような政策概念は，行政実務における用語法とズレがあると言わざるをえない」と批判している[29]。真山は，「自治体の業務は個別の具体的な活動が中心であるため，政策について語ることがほとんどない」という。しかし，1980年代に自治体を地方政府として見る見方がそれなりに定着することで政策という理解も生まれてきたが，「自治体にとっては，政策は特殊な概念であり，「施策」や「事業」を中心にした発想が今なお支配的」だという。そこで政策研究の観点から，行政実務の世界における政策概念を，抽象度の高い概念から具体的かつ実務的な概念という基準で，政策→施策→事業の順に整理し，「政策」を「国または地方自治体として，一定の分野や問題についてどのような方針と理念で取り組むのかを示すもの」と定義している[30]。

　このように，「政策」という言葉は，地方分権が進められてきた今，国だけでなく地方自治体でも用いられる言葉になっているが，これまでの「消費者政策」の用語の使われ方を見ると，国が消費者基本法に基づいて行う総合的な施策を指していることが多い[31]。

---

28)　西尾（2001）245-246頁。
29)　真山（2005）69-73頁。
30)　同上。
31)　例えば，神山・中村・細川（2016）「消費者の権利を守り，消費者の利益を擁護し，その増進を図るための総合的な施策」，細川（2007）「消費者と事業者との情報の質及

一方，地方自治体における消費者政策・消費者行政は，「地方消費者行政」として総称されている。例えば，消費者庁が毎年実施する「地方消費者行政の現況調査」によれば，消費者行政の推進体制が中心の調査項目となっており，施策の関わる内容は，「事業の実施状況」（下線は筆者）の 1 項目のみであり，そこに消費者教育も含め，6 つの事項がまとめて掲載されている[32]。調査では資料として，都道府県・政令指定都市の消費生活条例の設置状況や，消費者教育・啓発・広報事業等の具体的項目もリスト化されているが，たとえば地方自治体が消費者政策の具体化として定めている消費者基本計画の策定状況については，地方自治体の義務規定ではないためか，質問項目ではない。当然，地方消費者行政に対する体制整備は不可欠なことではあるが，地方自治体が推進している施策を「事業」として表現していることからも，国では地方消費者行政が政策を行う主体とは十分に位置づけられていないと理解できよう。

　この点について，柿野・大野田（2015）によれば，2012 年に成立した消費者教育の推進に関する法律で「消費者教育推進計画」の策定を都道府県，市町村の努力義務規定としたが，これにより，特に都道府県では消費者基本計画を策定している自治体はその中に位置づける傾向があることや，まだ消費者基本計画を持たない地方自治体は，先に消費者行政全体の基本計画を策定し，その中に消費者教育推進計画を位置づける事例も見られることが明らかになっている[33]。つまり，消費者教育推進法によって消費者教育推進計画が都道府県の義務規定になったことで，地方自治体においても消費者教育を

　　び量並びに交渉力等の格差を是正することにより，消費者の利益の擁護及び消費者の権利を確立することを目指す政策」等として定義されている。

32）　目次は以下の通りである。Ⅰ消費生活相談窓口の状況，Ⅱ 消費者行政担当職員の配置，Ⅲ 消費生活相談員の採用形態，待遇，Ⅳ 消費者行政担当部署の配置，事務分掌，Ⅴ事業の実施状況に区分されている。Ⅴ 事業の実施状況については，①相談事業の実施状況，②研修の実施・参加状況，③消費者教育・啓発・広報事業の実施状況，④法施行の実施状況，⑤商品テストの実施状況，⑥各主体との連携状況に分けられる。

33）　ただし，消費者行政全体の計画を持たず，消費者教育推進計画をもつ都道府県も存在する。この点について，韓国消費者政策・教育学会（2015 年）でポスター発表を行った。

単なる出前講座等の施策や事業ではなく，基本理念にもとづいて実施する消費者政策として位置づけるようになったのではないかと考えることができる。

しかしこの考え方は，消費者基本法第4条「地方自治体の責務」において地方自治体が消費者政策の推進主体であることを法は定めているにもかかわらず[34]，現状では地方自治体の消費者政策のありようを国はブラックボックスにしており，政策主体としての地方自治体と国との関係が明確ではない点に問題があるように思われる。

以上のことを踏まえ，本書では，「消費者政策」を法や条例等に基づいて消費者の権利を守り，消費者の利益の増進を図るための総合的な政策，「消費者行政」については消費者政策を実行する行政内の推進組織として位置づけて論じる。ただし，「地方消費者行政」と表記する場合には，消費者行政と消費者政策を一体的に論じるが，本書では「消費者政策」は国および地方自治体いずれにも存在するものとし，なかでも地方自治体における消費者政策に焦点を当てるものとする。

2. 国の消費者政策・消費者行政

わが国において，一般的に「消費者政策」という用語が積極的に使用されるようになったのは，消費者保護基本法のもとに設置された国民生活審議会消費者保護部会が，消費者政策部会として名称変更された1977年以降である[35]。それ以前の政府刊行物を見ると，「消費者保護政策」あるいは，「消費

---

34) 「地方公共団体は，第二条の消費者の権利の尊重及びその自立の支援その他の基本理念にのつとり，国の施策に準じて施策を講ずるとともに，当該地域の社会的，経済的状況に応じた消費者政策を推進する責務を有する」。

35) 及川・田口（2015）によれば，この変更は，「当時，わが国の消費者行政は，消費者に権利を認めずに，消費者が弱者であるがゆえに保護しているにすぎないと批判されていました。これに対して，世界にみられる消費者政策は，消費者の権利をしっかりと確立した上で，消費者の権利を擁護するものでした。わが国も，消費者保護基本法などの改正によって消費者の権利を確立し，消費者が自立するような消費者政策を打ち立てていくべきであるという強い政策的意図を示すため，消費者保護部会の名称から，「保護」という文字を削除することになったのです」（75頁）と述べている。

者行政」がほぼ同義で使用されていた。現在でも，論者によっては両者を区別せずに用いる場合もある。

　現在，わが国の消費者政策は，2004年の消費者基本法に基づき実施されている。同法では消費者政策を「消費者の利益の擁護及び増進に関する総合的な施策」（第2条）と定義し，その基本理念として，「消費者の権利」[36]と「消費者の自立の支援」を定めている。

　消費者政策の誕生は，1968年の消費者保護基本法にさかのぼることができる[37]。当時は，消費者は保護の対象とされ，消費者保護政策を図ることが基本であった。この法律の改正に向けた動きは，2002年から「21世紀型の消費者政策の在り方について」の議論が開始され，翌2003年に国民生活審議会消費者政策部会報告として取りまとめられ，2004年には議員立法として法改正，消費者基本法として公布・施行された。この当時，「保護から自立へ」というパラダイム転換が起こったことに対し，岩本（2007）は，「市民―消費者が権利の主体であることと，国家―行政の保護という次元を異にする価値を同じ秤にかけたかのような説明が立法時になされたことが，自立の意味内容を適切に捉える機会を見失わせた感がある」と批判する。すなわち，消費者が権利の主体であることを認識し，行動することが，消費者の自立の意味内容として捉えられる必要があるのである[38]。

　同法では，消費者政策を計画的・一体的に推進するために消費者基本計画を策定することを定め，検証・評価・監視を行う枠組み，さらに計画を5年ごとに策定するというPDCAサイクルを確立した。消費者基本計画は，内

36）　消費生活における基本的な需要が満たされ，健全な生活環境が確保されるなかで，①消費者の安全の確保，②自主的・合理的な選択の機会の確保，③必要な情報の提供，④教育の機会の確保，⑤消費者政策への消費者の意見の反映，⑥適切・迅速に被害が救済されること。

37）　「消費者の利益の擁護及び増進に関し，国，地方公共団体及び事業者の果たすべき責務並びに消費者の果たすべき役割を明らかにするとともにその施策の基本となる事項を定めることにより，消費者の利益の擁護及び増進に関する対策の総合的推進を図り，もつて国民の消費生活の安定及び向上を確保すること」を目的とした法律である（第1条）。

38）　岩本（2007）229-231頁。

閣総理大臣を会長とする消費者政策会議で審議され，閣議決定される。現在では，内閣府消費者委員会が「消費者行政全般に対する監視機能を最大限に発揮しつつ，本計画に基づく施策の実施状況について，随時確認し，KPIも含めて検証・評価・監視を行う」ことが消費者基本計画の中に位置づけられている[39]。

また，消費者政策は消費者行政と一体的に用いられることがあるが，消費者行政は一般的には消費者政策を担当する行政組織である。消費者問題の現状や関係府省庁による施策の状況について示した消費者庁（2014）によれば，消費者政策の推進体制は，消費者行政の司令塔として消費者庁，消費者行政全般の監視機能を有する第三者機関として内閣府消費者委員会を位置づけている。また，地方公共団体の体制を「地方消費者行政」とし，行政組織内部の状況について述べ，さらに，担当窓口を「都道府県・政令指定都市の消費者政策担当室」として紹介している[40]。

第4節　地方自治体と国の教育政策・教育行政

1．地方自治体および国の教育政策・教育行政

ここまで，地方自治体および国における消費者政策・消費者行政に着目してきたが，第4節では教育政策および教育行政を概観した上で，消費者教育との関わりについて述べる。

日本国憲法第26条で保障される「教育を受ける権利」は，現在，2006年12月に公布・施行された教育基本法がその政策実現にむけた方向性を示している。この法律は，戦後改革の中で日本国憲法の精神に則って教育の基本を確立するために1947年に公布された旧教育基本法から，59年ぶりに改正

---

39)　消費者委員会は，消費者庁を含めた各府省庁の消費者行政全般に対して監視機能を有する独立した第三者機関として，消費者庁および消費者委員会設置法に基づき，2009年9月に設置。同委員会は，消費者行政に係わる重要事項について自ら調査審議し，内閣総理大臣や関係各大臣等に建議を行うこと，内閣総理大臣や関係各大臣等の諮問に応じて調査審議を行うこと，内閣総理大臣に対して勧告・報告要求を行うことなどの役割を担っている（消費者庁：2014）。

40)　消費者庁（2014）20-24頁。

28

されたものである。教育基本法では，教育行政における国と地方の役割分担や教育振興基本計画の策定について規定しており，地方自治体にも教育振興基本計画の策定が広がっている[41]。すなわち，地方教育行政が教育基本法の趣旨にのっとり行われることが示されていることから，「「教育振興基本計画」のあり方が今後の地方教育行政の運営を左右する構造になっている」（辻村：2008）のである。

　教育行政の基本的な枠組みとして，国には中央官庁としての文部科学省と，その諮問機関である中央教育審議会が置かれ，地方自治体には首長から相対的に独立した行政委員会である都道府県教育委員会，市町村教育委員会が置かれている[42]。地方自治体の教育行政を担う教育委員会は，当初は1948年に制定された教育委員会法に基づいて，首長から独立した公選性・合議性の行政委員会として発足したが，1956年には地方教育行政法（地方教育行政の組織及び運営に関する法律）が制定し，現在では，地方分権一括法および教育基本法の成立に伴い，教育の地方分権化に向けた改正が進んでいる[43]。

　地方分権と教育行政について実証的に分析した青木（2013）は，地方分権によって「文部科学省の地方政府に対する統制力が低下したことで，地方政府，特に都道府県のプレゼンスが高まり，市町村でも自律的な政策選択が一

---

41)　国は義務規定，地方自治体は努力義務規定。国は2018年度から5年間の第3期教育振興基本計画を策定する予定である。地方自治体の策定状況は，全都道府県，政令市，中核市（1市を除く）で策定され（2017年9月現在），全国の76.1％の市区町村（中核市を含む）で策定済みである（2016年3月現在）。

42)　現在では地方自治法第180条8および，地方教育行政法によって定められ，教育長および5人の教育委員，指導主事等による事務局からなる。教育委員の数は，条例により変更することができる。委員は，首長が議会の同意を得て任命する。

　　稲継（2016）によれば，教育委員会制度については，形骸化していることを理由として，また公選である首長の権限が及ばない部分があることを問題視して，教育委員会を廃止して，首長部局へ統合すべきだとする議論があるという。学界の議論としては，教育委員会必置制度の廃止，自治体が自らの判断で教育ガバナンスの形態を選択できるよう教育ガバナンスを多様化することが有力に主張されていると述べられている。

43)　最近では，学校運営委員会制度について定めた2004年改訂，国と教育委員会の責任が明確化した2007年改訂，さらに2014年には，自治体首長による大綱の策定と総合教育会議の設置や，教育委員長と教育長を一本化した新「教育長」の設置等，抜本改訂が行われている。

般化」し，特に「首長が教育行政に影響力を行使するようになった」と分析する。しかし，このような地方分権の流れの中にあっても，新藤（2013）は，国および地方自治体の教育行政は，国は文部科学省，地方自治体には都道府県教育委員会，市町村教育委員会という「タテの行政系列」があり，「教育における国の責任が戦後一貫して強調されてきた」ことを問題視する。また，戦後の教育改革の過程で強調された「教育行政の一般行政からの分離・独立」は，教育委員会を支える論理となっていったが，この論理に当初より欠落しているのは，「自治・分権のあり方や地方政府（自治体）の行政組織についての洞察」だと指摘している。

このように，地方自治体における教育行政を担う教育委員会については，稲継（2016）が「教育問題に関する社会の関心が強くなり，分権化が進められていけば，教育委員会制度のあり方がこれまでもよりも広い角度から問題とされるだろう」と指摘するように，そのあり方そのものが問われていると言えよう。

2. 教育政策・教育行政にみる消費者教育

学校における教育内容は，学習指導要領において，国レベルで一律に定められる[44]。第2章で述べるように，消費者教育は，消費者行政から教育行政に向けた働きかけによって推進してきた歴史をもつが，その最初は1966年に国民生活審議会が「消費者保護」理念の導入を提言したことを受けて，1969年告示の中学校社会科（公民的分野）[45]，1970年告示の高等学校社会科

44）　学校での教育課程（カリキュラム）の編成の基準。学校教育法等に基づき，約10年に一度告示されてきた。法律ではないが，法的拘束力があるとする最高裁判決が出ている。学習指導要領に基づいて作成される学習指導要領解説をもとに検定教科書が作成され，義務教育の場合には市町村の教育委員会単位で教科書採択が行われている。

45）　公民的分野では，以下の2か所に「消費者保護」が登場する。
⑴家族生活 ㈡家族生活の課題「消費者保護の推進，住宅・生活環境施設の整備，家庭に対する社会的保護など，経済や政治のはたらきが家族生活の向上にとって重要な意味をもっていることに気づかせる」
⑶経済生活 ㈋日本経済の現状と課題「さらに，国民生活の向上のためには，生産の

（政治・経済）[46] に「消費者保護」の理念が登場したことである。

　現在，小・中学校では 2008 年，高等学校は 2009 年に告示された学習指導要領に基づき，学習が進められているが，2017 年 3 月には小中学校の新学習指導要領が告示され，小学校は 2020 年，中学校は 2021 年から完全実施となる。今回の改訂では，重要項目に「消費者教育」が明示されるとともに[47]，社会科，家庭科，特別な教科道徳を中心に消費者教育推進法を踏まえた内容の充実が図られている[48]。さらに，2018 年 3 月末に告示された高等学校の学習指導要領においても，新教科「公共」で主権者教育や消費者教育の充実が図られている。

　このように，学校における消費者教育は国が定める学習指導要領の内容に規定される側面が強い。その一方で，文部科学省では 2010 年から独自予算を持ち，生涯学習政策局男女共同参画学習課内に消費者教育推進係のポストを新設，外部有識者による消費者教育推進委員会を設置し，消費者教育推進支援を独自に行うようになった。そこでは，全国の大学，教育委員会を対象

　　集中が進む中での消費者保護，住宅・生活環境施設の整備，公害の防除，雇用と労働条件の改善，社会保障制度の充実などを図り，経済の発展と国民の福祉の増大とが結びつくことが必要であることを理解させる。その際，個人や企業などの社会的責任についても考えさせる」（下線は筆者）

46)　政治・経済では，(2)日本の経済と国民福祉の日本経済の課題を「たとえば，経済成長と国民福祉，都市問題，社会資本の問題，農業と農村の問題，中小企業の問題，物価問題，消費者保護の問題などを取り上げて考えさせる」として登場している（下線は筆者）。

47)　2008 年告示の改訂においても，「消費者」に関する学習が重要事項に位置づけられていたが，「消費者教育」として明示されたのは，2017 年告示が初めてである。これは，学習指導要領が法的性格を持つためであり，消費者教育推進法に「消費者教育」が初出の用語として，定義付けられたことによる。学校現場に対して「消費者教育」として周知されてこなかったことは，この分野の全教員の理解度が低い要因の 1 つと考えられる。

48)　民法改正による成年年齢引き下げを受け，未成年者契約の取り消し権が行使できなくなり，消費者被害の拡大が懸念されることから，小学校家庭科に売買契約の基礎，中学校技術・家庭分野に消費者被害の背景についての学習が新設されている。また，持続可能な社会の担い手を育む観点から，消費者の権利と責任の学習の基礎として小学校家庭科に消費者の役割が入るなど，内容の充実が図られている。

にした調査や指針の策定，連携・協働による実証研究，消費者教育フェスタの開催等，継続的に事業を展開している。2015 年度には，教員や社会教育主事などの指導者向け啓発資料をはじめて作成し，消費者教育の内容や担い手の広がりについて周知する等，国から全国の担い手に向けて情報発信を行っている[49]。しかし，文部科学省の中で学校教育を所管するのは初等中等教育局教育課程課であり，課が異なるため，省内連携がどこまで進んだのか[50]，また現在，約 10 年に 1 度改定される学習指導要領の改訂の時期と重なっているため，学校教育の充実がどこまではかられたのか評価が難しい側面もある[51]。

　国レベルの動きに対して，地方教育行政の動きは遅々としている。文部科学省が 2016 年に全国の都道府県，市町村教育委員会を対象にした調査結果によれば，都道府県教育委員会では消費者行政部局との連絡調整を行う組織の設置が進んでいるが，市町村教育委員会については，ほとんど進展が見られない[52]。義務教育の所管が市町村であることを考えると，市町村の教育行政のあり方が今後，大きな問題になると言えよう。

　その一方で，徳島県[53]や姫路市[54]のように，首長や教育長のトップダウン

---

49)　文部科学省（2016）「いつでも　どこでも　だれでもできる　消費者教育のヒント＆事例集」。

50)　生涯学習政策局は 2018 年 10 月に，学校教育と社会教育を通じた教育政策全体を総合的・横断的に推進することを目的に総合教育政策局に再編され，課の名称は男女共同参画共生社会学習・安全課となった。これまで初中局にあった教員の養成・免許・研修は，教育人材政策課として，同じ局に位置づけられた。

51)　柿野（2017a）254-255 頁。

52)　文部科学省生涯学習政策局「平成 28 年度消費者教育に関する取組状況調査　報告書」。

53)　徳島県では 2017 年に消費者庁の消費者行政新未来創造オフィスを誘致し，全県的な高等学校での消費者教育，「とくしまエシカル宣言」によるエシカル消費の推進等に取り組んでいる。徳島県（2017）「徳島県における消費者志向経営，消費者教育，消費者行政についての取り組み事例集」に詳しい。

54)　姫路市では教育委員会が主導して「教育振興基本計画」に消費者教育を位置づけ，市内の教員により「姫路市学校園消費者教育指針」を策定した上で，実践を広げている。消費者教育支援センター（2017c）によれば，教育長が消費者教育に着目するようになった契機は，阪神淡路大震災を経験したことにより，生きること，豊かな暮ら

により消費者教育の推進に地方自治体全体として取り組む事例も一部に出てきた。しかしこのような，ごく一部の先進自治体の裏側で，多くの地方自治体で消費者教育推進の顕著な動きが認められないという点に本書では着目したい。

第5節　消費者政策としての消費者教育と地方自治体の役割

　「消費者教育」が初めて法律に登場したのは，2012年の消費者教育の推進に関する法律（第2条）である。1968年の消費者保護基本法では，第12条「啓発活動及び教育の推進」において「消費生活に関する教育」として[55]，2004年の消費者基本法においても，第17条「啓発活動及び教育の推進」の中で「消費生活に関する教育」[56]と定められていた。ただし，2004年の消費者基本法においては，消費者の権利の一つとして「消費者に対し必要な情報及び教育の機会が提供」されることが示されており，これをもって「消費者教育を受ける権利」として理解される場合が一般的である。

　図表6に示す通り，消費者教育推進法は，消費者教育を「消費者の自立を支援するために行われる消費生活に関する教育及び啓発活動（消費者が主体的に消費者市民社会に参画することの重要性について理解及び関心を深めるための教育を含む）」と定義し，総合的・一体的な推進を図るために，国

　しとはいったい何かを見つめ直すようになったことだったという。「自分が一人の消費者としてどのように生き，世界や周りの人とどのように関わって生きていくのか，という関わり方そのものや，生き方を考えることこそが，これからの消費者教育」だとインタビューに答えている。

55)　「国は，消費者が自主性をもつて健全な消費生活を営むことができるようにするため，商品及び役務に関する知識の普及及び情報の提供，生活設計に関する知識の普及等消費者に対する啓発活動を推進するとともに，消費生活に関する教育を充実する等必要な施策を講ずるものとする」（消費者保護基本法第12条）。

56)　「国は，消費者の自立を支援するため，消費生活に関する知識の普及及び情報の提供等消費者に対する啓発活動を推進するとともに，消費者が生涯にわたつて消費生活について学習する機会があまねく求められている状況にかんがみ，学校，地域，家庭，職域その他の様々な場を通じて消費生活に関する教育を充実する等必要な施策を講ずるものとする」（第17条）。

第1章　地方自治体における消費者教育推進の意義と役割　　33

図表6　消費者教育の推進に関する法律の概要

目的（第1条） ・消費者教育の総合的・一体的な推進 ・国民の消費生活の安定・向上に寄与 定義（第2条） 「消費者教育」 　消費者の自立を支援するために行われる消費生活に関する教育および啓発活動（消費者が主体的に消費者市民社会に参画することの重要性について理解および関心を深めるための教育を含む） 「消費者市民社会」 ・個々の消費者の特性および消費生活の多様性の相互尊重 ・自らの消費生活に関する行動が将来にわたって内外の社会経済情勢および地球環境に影響を及ぼし得ることの自覚 ・公正かつ持続可能な社会の形成に積極的に参画	国と地方の責務と実施事項	
	国	地方公共団体
	責務（第4条） 　消費者教育の推進に関する総合的な施策策定，実施	責務（第5条） 　団体の区域の社会的経済的状況に応じた施策策定，実施（消費生活センター，教育委員会その他の関係機関と連携）
	財政上の措置（第8条）推進に必要な財政上の措置その他の措置（地方は努力義務）	
	基本方針（第9条） ・消費者庁・文部科学省が案を作成・閣議決定 ・基本的な方向 ・推進の内容等	都道府県消費者教育推進計画 市町村消費者教育推進計画（第10条） ・基本方針を踏まえ策定（努力義務）
基本理念（第3条） ・消費生活に関する知識を習得し，適切な行動に結びつける実践的能力の育成 ・主体的に消費者市民社会の形成に参画し，発展に寄与できるよう積極的に支援 ・幼児期から高齢期までの段階特性に配慮 ・場（学校，地域，家庭，職域）の特性に対応 ・多様な主体間の連携 ・消費者市民社会の形成に関し，多角的な情報を提供 ・非常時（災害）の合理的行動のための知識・理解 ・環境教育，食育，国際理解教育等との有機的な連携	消費者教育推進会議（第19条） 消費者庁に設置 （いわゆる8条機関） ①構成員相互の情報交換・調整〜総合的，体系的かつ効果的な推進 ②基本方針の作成。変更に意見 委員（内閣総理大臣任命）〜消費者，事業者，教育関係者，消費者団体・学識経験者等 ※委員の数等，組織・運営については政令で規定	消費者教育推進地域協議会（第20条） 都道府県・市町村が組織（努力義務） ①構成員相互の情報交換・調整〜総合的，体系的かつ効果的な推進 ②推進計画の作成・変更に意見 構成〜消費者，消費者団体，事業者，教育関係者，消費生活センター等
消費者団体（努力義務）（第6条） 　〜自主的活動・協力 事業者・事業者団体（努力義務） 　〜施策への協力・自主的活動 　〜消費生活の知識の提供，従業員の研修，資金の提供（第14条）	義務づけ（国・地方） ○学校における消費者教育の推進（第11条） 　発達段階に応じた教育機会の確保，研修の充実，人材の活用 ○大学等における消費者教育の推進（第12条） 　学生等の被害防止のための啓発等 ○地域における消費者教育の推進（第13条） 　高齢者・障害者への支援のための研修・情報提供 ○人材の育成等（第16条） 努力義務（国および地方） ○教材の活用等（第15条） ○調査研究（第17条） ○情報の収集（第18条）	

（出典）　消費者庁資料より筆者作成

および地方公共団体（以下，地方自治体という）の責務を定めた法律である。

国は，第4条第2項で「内閣総理大臣及び文部科学大臣は」と両主体を主語とし，「施策が適切かつ効率的に策定され，及び実施されるよう，相互にまたは関係行政機関の長との間の緊密な連携協力を図りつつ，それぞれの所管に係る消費者教育の推進に関する施策を推進しなければならない」と定めている。地方自治体の責務（第5条）では，「消費生活センター，教育委員会その他の関係機関相互間の緊密な連携の下に，消費者教育の推進に関し，国との適切な役割分担を踏まえて，その地方公共団体の区域の社会的，経済的状況に応じた施策を策定し，及び実施する責務を有する」と定められている。国と異なり，主語は「地方公共団体」である。教育委員会は地方自治体が連携する一つとして位置づけられており，国の文部科学省の位置づけと比較すると，教育委員会の主体性がやや薄れているのが特徴である。

地方自治体には，国の消費者教育の推進に関する基本的な方針（以下，基本方針第9条）に基づき，都道府県消費者教育推進計画，市町村消費者教育推進計画の策定（第10条）や消費者教育推進地域協議会の設置（第20条）を求めるとともに，学校（第11条），大学（第12条），地域（第13条）における消費者教育の推進と人材の育成（第16条）を義務づけている。国の基本方針は，消費者教育推進会議（第19条）や消費者委員会の意見等をもとに2013年に閣議決定された。その中で，消費者教育は，2013年1月に公表された「消費者教育体系イメージマップ」に基づき，その領域を①消費者市民社会の構築，②商品等の安全，③生活の管理と契約，④情報とモラルの4つに定めている。

基本方針の中では，「消費生活センターの拠点化」と「コーディネーターの育成」が明記された。消費生活センターの拠点化については，「消費生活センターを消費生活相談だけでなく，いわば消費者教育センターとしても位置づけて，消費者教育の拠点とし，そこに様々な情報を集積して，地域住民に消費者教育を提供する場として，また，消費者教育の担い手を支援する場として活用することが期待される。その場合，国が，それらの機関の充実のための情報を提供するとともに，独立行政法人国民生活センターが情報提供等について消費生活センターに対し支援を行う役割を担う」として示されて

いる。

　コーディネーターの育成については，「消費者教育を担う多様な関係者をつなぐためには，間に立って調整をする役割を担う者が必要となる。このようなコーディネーター（いかなる名称とするかは問わない。以下同じ。）は，消費者市民社会形成の推進役としての重要な役割を果すことになる。このため，消費生活センター等が拠点となって，多様な主体が連携・協働した体制づくりが進むよう，コーディネーターの育成に取り組む」として示された[57]。

　これを受けて，第1期消費者教育推進会議に設置された地域連携推進小委員会では，コーディネーターについて検討を行い，消費者行政職員，サポーターの概念とともに，次のような整理を示した[58]。

　「コーディネーターは，担当地域における日々の消費者教育を実務面・実践面において全般的に企画・調整し推進する。消費者教育の拠点等で，地域全体の消費者教育の実践を支援する専門職として下記③[59]のサポーターが活躍しやすい環境の整備などを担う。コーディネーターの役割を担う人材としては，例えば，消費者教育担当行政職員，元職員等のほか，基本方針にあるとおり，消費生活相談員，消費者団体やNPOの一員として活動する者や，社会教育に関する専門的・技術的な助言・指導に当たる社会教育主事が考えられる。なお，コーディネーターが円滑に活躍できるように，地方公共団体

---

57)　「この場合，地域において啓発活動に取り組む消費生活相談員，消費者団体やNPO
　　の一員として活動する者や，社会教育に関する専門的・技術的な助言・指導に当たる
　　社会教育主事が，学校，消費者団体，事業者・事業者団体，大学等と連携するための
　　コーディネーターの役割を担うことが期待される。国は，コーディネーターの育成や
　　配置など，モデル地区を設けて実施すること等も含め，調整の機能を実効あるものと
　　するための具体的方策を検討する」。ただしこの位置づけは，2.消費者教育の人材（担
　　い手）の育成・活用，⑶消費者団体・NPO等の地域人材といった細目の中で登場し
　　ており，控えめである。
58)　消費者教育推進会議「消費者教育推進会議取りまとめ」2015年3月。
59)　報告書の中では，消費者教育コーディネーターと消費者行政職員，サポーターに区
　　別し，サポーターについては「消費者教育に関して，地域の多様な組織・個人のつな
　　ぎ役をいう。①学校と学校に協力可能な地域人材や団体等とのつなぎ役，②地域で活
　　動する主体相互のつなぎ役，③見守り活動を行う主体と消費者教育・啓発活動を行う
　　主体相互のつなぎ役などが考えられる（後略）」と説明している。

がコーディネーターの資格を認定したり，消費生活センターの非常勤職員として委嘱したりすることも考えられる」。

　柿野（2017a）は，2013 年に閣議決定された基本方針に，「消費者市民社会形成の推進役」として重要な役割を果たす「コーディネーター」が消費者教育の担い手として位置づけられたことに対し，「これまで担い手といえば，教員や消費生活相談員，消費者団体のような消費者教育を実施する直接的な主体であったが，地方自治体において間接的に支援を実施する存在を「コーディネーター」として担い手に位置づけたことは，消費者教育推進の大きな転換点である」と述べた[60]。

　基本方針（2013 年閣議決定）で示された消費者教育の推進体制は，消費者教育推進会議（2017）が示した基本方針の改訂に向けた論点整理においても，「特に学校（教職員）と消費者行政の連携，コーディネーターの役割の重要性が議論された。地域における多様な主体の連携・協働に向けては，消費生活センターを消費者教育の拠点として「場」を設けること，多様な主体をつなぐ「人」としてコーディネーターの役割が重要である。これらについては，引き続き検討を行っていく必要がある」とまとめられた。2018 年度からは，これらの意見を踏まえて，基本方針の改訂が行われた。

　しかし，このように期待される地方自治体での消費者教育であるが，必ずしもその実態が明確になっているとは言えない。消費者庁ホームページには推進法第 10 条第 1 項に定める都道府県消費者教育推進計画について 2017 年 8 月現在で 46 か所，第 10 条第 2 項に定める市町村消費者教育推進計画については政令指定都市で 15 か所が策定していることを伝えているが[61]，その内容がどのようなものか，またその他の市町村の様子を把握することはできない。また，本章第 2 節で示したように，毎年実施する地方消費者行政現況調

60）　この点について柿野（2017a）は，第 2 次消費者基本計画（2010 年 3 月閣議決定）に基づき設置された消費者教育推進会議（2010 年 11 月〜 2012 年 4 月）の報告「消費者教育推進のための課題と方向」にも「消費者教育コーディネーター」が存在することを指摘し，「学校における消費者教育推進方策の 1 つとして，学校の校務分掌上に位置付け，学校内部の推進役として登場するものであり，基本方針に示されたコーディネーターと比較すると限定的である」と言及している。

61）　http://www.caa.go.jp/information/index18_1.html（2018 年 1 月 7 日閲覧）。

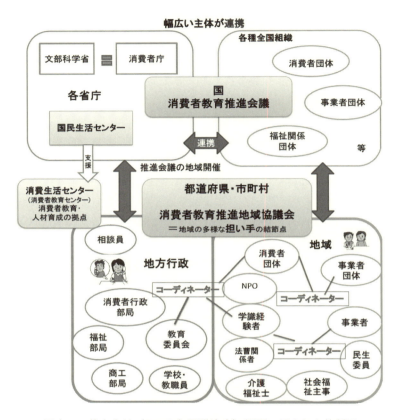

図表 7　基本方針（2013 年閣議決定）概要に示された体制図

（出典）　消費者庁 Web サイト

査の結果からは，消費者行政の概要がつかめるものの，消費者教育の推進体制やそこで抱える課題などはまったくといっていいほど見えてこない。

福頼（2017）は，自治体の自治事務について地方の特性に特に配慮するべき立法原則（地方自治法第 2 条第 13 条[62]）により，義務的事務の創設が抑制

---

62) 「法律又はこれに基づく政令により地方公共団体が処理することとされる事務が自治事務である場合においては，国は，地方公共団体が地域の特性に応じて当該事務を処理することができるよう特に配慮しなければならない」。

的であるような法律上の構成は，「国レベルで消費者教育の推進を掲げたとしても，その具体的な実現に際して，各自治体の判断により温度差が発生する余地を残す」と指摘している。

　以上に見るように，消費者教育を実践する「現場」である地方自治体は，これまで消費者保護基本法や消費者基本法に基づいて地域の実情に応じた消費者教育の施策を実施してきたが，推進法により消費者教育推進が責務とされ，法の理念に基づき，それを具体化させるために，今まさに歩みを始めたところである。世界に類を見ない法律ができたとしても，それを実際に実施する主体にとって，基本方針に示されたような「政策」が実現できるのかどうか，その実態把握は欠かせないであろう。また，推進法の理念に基づいて地方自治体における消費者教育を推進していくための阻害要因は何なのかを十分に検討し，その改善策を明らかにしていくことは喫緊の課題であると言えよう。

　そこで本書では第2章において，消費者教育推進に関する先行研究を歴史的な視点から分析することを通じて，阻害要因を特定することとしたい。

第2章

先行研究からみた地方自治体における
消費者教育推進の阻害要因[1)]

第1節　分析の枠組み

　第2章では，消費者教育推進に関する先行研究を歴史的な視点から検討することを通じて，以下の仮説を検証する。

仮説1：消費者教育の実施に向けた動きは，消費者行政から教育行政へのアプローチの歴史である。そのアプローチの困難さをそのまま国から地方自治体が引き継いだことにより，いわゆる「セクショナリズム（縦割り行政）」が地方自治体においても消費者教育推進の阻害要因となったのではないか。

仮説2：特に2000年以降，地方消費者行政の弱体化のあおりを受け，予算・人の脆弱化により，消費者教育事業が充分に実施できなくなった。国が示す消費者教育の理想像と地方の実態には乖離があるのではないか。

以下では，次のように論を展開する。
　まず，第2節では消費者教育の生成史を時代区分するために，先行研究を

---

1)　本章は柿野（2017b）をもとに，大幅に加筆修正した。

41

手掛かりに国の消費者教育推進の時代区分，次に地方自治体の消費者教育推進の時代区分を取り上げて検討する。第3節では，色川他（2015）が示した地方自治体の時代区分をもとに，その時期の地方自治体の現状と阻害要因について，先行研究や報告書等から明らかにする。さらに，第4節では仮説検証するとともに，第3節の時代区分を再検討し，国と地方自治体の時代区分の相違について明らかにする。

第2節　消費者教育生成史にみる時代区分

1. 国における消費者教育生成史の時代区分

消費者教育の生成史に関する主な先行研究には，呉（1976），川端（1977）（1980），植苗（1996b）（1998c），西村（1999）（2017），色川（2004），色川他（2015），川口（2008a），山田・前田（2012），阿部（2015）等がある。

最新の時代区分に関する先行研究としては，消費者教育学の確立を目指してこれまでの研究成果をまとめた西村（2017）が，自身の著書（1999）[2]を踏まえて，現在に至る消費者教育の系譜を捉えて時代区分を行ったものがある。

全時代は「萌芽期」，「展開期」，「転換期」，「革新期」で構成される。まず，「萌芽期」は主婦連や生協等の消費者組織による消費者教育，すなわち日本生産性本部に消費者教育室が設置され，その発展として日本消費者協会が誕生した時期を指す。次に，西村（1999）で第一の時代として示した，消費者保護基本法の制定を通じて実施された消費者保護政策の時代を「展開期」，第二，第三の時代を合わせて「転換期」とした。最後に，1994年の製造物

---

2)　西村（1999）では時代区分を明示していないが，行政による消費者教育の史的展開として，主に次の3段階があるように思われる。第一は，戦後の高度成長のひずみとして発生した消費者被害に対応すべく消費者保護基本法の制定を通じて実施された消費者保護政策の時代，第二は，「消費者教育が施策運営の行政課題として本格的に議論のテーブルに上がった」1985年の豊田商事事件を契機にして，契約意識醸成のための教育を徹底して行っていくことが不可欠と考えられた時代，第三は，1988年の国民生活審議会の意見書「消費者教育の推進について」を受け，1990年に財団法人消費者教育支援センターが設立され，「消費者教育の新展開」が見られた時代である。

責任法，2000年の消費者契約法と消費者保護法制が整備・強化され，2001年の中央省庁の大幅な整理で経済企画庁が歴史に幕を閉じ，内閣府国民生活局に消費者行政が移管，さらには消費者保護基本法が改訂され2004年に消費者基本法が制定された頃から，消費者教育推進法が成立した今日までを「革新期」として表現している[3]。

　この時代区分は，わが国の消費者教育の「発展」に着目したものと言える。確かに，消費者教育が誕生し，年月を経て推進法が制定され，地域に広がりつつある状況を鑑みれば，このような見方もできるであろう。しかし，実際には消費者教育の推進においては，順調な時代ばかりではなく，困難な時代もあったはずである。この点に言及した史的研究には植苗（1996b），色川（2004）等がある。

　植苗（1996b）は，川端（1980）の時代区分を受けてわが国の発展段階を示している。川端（1980）は，「わが国での消費者教育は社会教育としての消費者教育が先行したが，40年代になってようやく，学校教育での消費者教育の必要性が強調され，一方教育者，研究者による研究が進み教育の場である家庭・学校・社会での消費者教育の必要性が認識されるに至った[4]」とし，社会教育における消費者教育の発展段階は，昭和20年代の第一段階を萌芽期，昭和30年代の第二段階を導入期，昭和40年代の第三段階を展開期とした。また，学校教育については，昭和20年代の第一段階を播種期（潜在期），昭和30年代の第二段階を萌芽期，昭和40年代の第三段階を導入期，昭和50年代の第四段階を展開期とし，社会教育とは別に表現した。

　植苗はこれに基づき，図表8のように発展段階を示した。川端（1980）と同様，「企業や行政サイドの必要性からスタートしたこともあって，成人・社会人に対する消費者教育は，情報の提供や啓発事業というかたちで一貫して充実してきている」とし，これは主に特殊法人国民生活センターや消費生活センターに負うところが大きいと指摘する。

　一方，学校における消費者教育は，「その時代の動向によって大きく波打っている」とする。特に視点を示したのは，「第3段階の昭和40年代と第5

---

3)　西村（2017）19-39頁。
4)　川端（1980）95頁。

図表 8　わが国における消費者教育の発展段階

段　階		第 1 段階	第 2 段階	第 3 段階	第 4 段階	第 5 段階
名称	生涯学習	移植期	萌芽期	展開期	展開期	高揚期
	学校教育	移植期	後退期	展開期	後退期	高揚期
年　代		昭和 20 年代	昭和 30 年代	昭和 40 年代	昭和 50 年代	昭和 60 年代及び平成時代

(出典)　植苗（1996b）をもとに筆者作成

段階の昭和 60 年代」であり，「昭和 43 年の消費者保護基本法の制定を契機として，学習指導要領に消費者教育が広範に採用されたものである。昭和 60 年代は，消費者問題の変化によって消費者教育の重要性が一層と増した時期」であるとし，平成元年の学習指導要領の改訂で消費者教育の記述につながったとしている[5]。

　植苗の時代区分で注目すべきは，「後退期」として示される「第 2 段階の昭和 30 年代と第 4 段階の昭和 50 年代」である。昭和 30 年代は本格的な始動前にあると思われるので，ここでは特に，消費者保護基本法の制定とともにいったん広がった消費者教育が後退したという昭和 50 年代に着目したい。植苗は，「昭和 50 年代において特記すべきことといえば，昭和 57 年に日本消費者教育学会が設立されたことぐらい[6]」とした上で，消費者政策の最高意思決定機関である消費者保護会議の決定内容を分析している。その結果，昭和 49 年の第 7 回決定から「消費者教育」の記述が見られるが，「昭和 53 年から 57 年までの消費者保護会議の決定には「消費者教育」の用語はみあたらない[7]」ことをその論拠としている。なぜ，植苗の言う「後退期」が生まれたのだろうか[8]。この後退期は地方自治体でも同時発生したのだろうか。

---

5)　植苗（1998c）550-551 頁。

6)　植苗（1996b）57 頁。

7)　同上 59 頁。

8)　植苗（1996b）には，次のような記述がある。「2 年前の日本消費者教育学会の役員会において，学習指導要領の改訂の時期になってきたので，消費者教育振興の要望書を提出してはと提案したが，全く賛同を得られなかった。（中略）大学の先生と話す機会があり，昭和 50 年代の停滞について語り，その必要性を訴え続けなければ，またもとのもくあみになってしまうのではないかと申し上げたところ，その先生はことも

消費者教育の推進を考える上で重要な論点であろう。

　同じように色川（2004）は，行政における消費者教育の発展段階において，停滞していた時期があることを指摘している。消費者保護基本法の見直し時期に公表された第18次国民生活審議会消費者政策部会『21世紀型の消費者政策の在り方について』（2003）に対し，消費者政策の歴史的評価がされていないこと，また国の消費者行政による消費者教育の歴史的総括もなされていないまま，抜本的な見直しを行うことに対し，危惧を覚えると述べ[9]，自ら歴史的評価を試みている。そこでは時代区分を1960年代が国の消費者行政による消費者教育の「出発点（導入期）」，1970〜1980年代半ばまでを「停滞期」，1980年代後半から現在（2004年ごろ）にかけて「展開期」と表現している。

　この「停滞期」は，植苗（1996）の「後退期」と重なり，「後退期」の前5年も加わった15年間を指す。色川は，1966年の国民生活審議会の答申に国民生活優先が謳われたにもかかわらず，「わずか3年後には消費者行政予算が少額なのを問題」にして，「せいぜいが「学校教育，社会教育を通じて，消費者教育が適切に行われるよう指導する」と記載されているだけ」となったと指摘する[10]。

　重要な点は，色川によればこの時期，「消費者行政そのものが停滞しているとは言えない。換言すれば，二大施策のうち，消費者保護が優先された時期」であるとする考え方である。当時，政策には優先順位があり，つねに消費者教育のみが優先的に取り上げられない行政内部の事情があったのではないか。それは国の消費者行政のマンパワーや予算上の問題と考えることもでき，これが消費者教育を推進していく上で，一つの阻害要因になっていた可能性もある。

　なげに今回は大丈夫ですよといわれた。どうしてと聞くと，これだけ盛り上がっているのだからということであったので，40年代も盛り上がっていたのですがねといったところ，返事はなかった」。植苗は平成元年の学習指導要領改訂に向けた動きの中で，経済企画庁消費者行政第一課長の立場であり，外からの働きかけによって学校における消費者教育が充実してきたことがこの文章から分かる。

9)　色川（2004）175頁。
10)　同上180頁。

図表9　国における消費者教育に関する答申および主な報告書

公表年	タイトル	発 行
1963 (S38)	「消費者保護に関する答申」	国民生活向上対策審議会
1965 (S40)	「消費者意向の方策と消費者教育の在り方についての答申」	産業構造審議会消費経済部会
1966 (S41)	「消費者保護組織及び消費者教育に関する答申」	国民生活審議会
1968 (S43)	『消費者教育の意義と内容』	国民生活研究所
	消費者保護基本法制定	
	第3次学習指導要領改訂 (1968-1970)	文部科学省
1974 (S49)	『消費者教育の現状と課題』	国民生活センター
1976 (S51)	『自治体における消費者教育の現状——消費生活センター講座を中心に』	国民生活センター
	『学校における消費者教育の実践例』	国民生活センター
1977 (S52)	『消費者問題と消費者政策——消費者教育の体系化』	国民生活センター
	『学校教育における消費者教育』	国民生活センター
	第4次学習指導要領改訂 (1977-1978)	文部科学省
1982 (S57)	『消費生活センターにおける消費者教育の実態に関する調査』	国民生活センター
1983 (S58)	『学校における消費者教育』	国民生活センター
	『消費者教育の現状と課題』	国民生活センター
1984 (S59)	『消費者教育の在り方に関する調査——欧米の学校教育における消費者教育の原理・方法とわが国の学校教育における消費者教育のあり方に関する調査・研究』	経済企画庁消費者行政第一課（委託事業）
1986 (S61)	「学校における消費者教育について」（教育課程審議会への要望書）	国民生活審議会
1987 (S62)	『学校における消費者教育の新しい視点——市民社会における消費者教育へ』	経済企画庁消費者行政第一課（委託事業）※
1988 (S63)	『消費者の主体性の確立を目指して——新たな消費者教育の展開』	経済企画庁消費者教育を考える研究会
	「消費者教育の推進について」	国民生活審議会
	『新しい消費者教育の推進をめざして』	経済企画庁消費者行政第一課※
	『消費生活センターにおける消費者教育の現状と課題』	国民生活センター

1989（H1）	『子どもの消費生活と消費者教育——家庭における消費者教育を中心に』	国民生活センター
	第5次学習指導要領改訂	文部科学省
	財団法人消費者教育支援センター設立	
1990（H2）	『学校における消費者教育実践のための教材と解説』	経済企画庁（委託事業）
	『学校における消費者教育の支援方策研究報告書』	経済企画庁消費者行政第一課（委託事業）
	『新たな消費者教育の展開を目ざして』	経済企画庁消費者行政第一課※
	『消費者教育への提言〜「消費者教育を考える会」とりまとめ』	経済企画庁消費者行政第一課※

（注）　※印は出版されていることを示す。

（出典）　西村（2017）をもとに筆者作成

　図表9は，国の消費者行政および特殊法人国民生活センター（1970年に国民生活研究所から改組）が公表した消費者教育に関する答申および報告書の一覧である。これを見ても，「後退期」および「停滞期」と呼ばれる時期には国が公表したものはなく，特殊法人国民生活センターも報告書を公表しているが，1977（昭和52）年の第4次学習指導要領改訂から4年間，報告書も何も出されていないことが分かる[11]。その理由は，国民生活センター調査研究部における消費者教育の取り組みが，「昭和51（1976）年度をもって一応終了し，10年を経た昭和62（1987）年度から再開される」という空白の10年間があるからだ[12]。

---

11)　国民生活センター（1991）7-12 翻訳書には他に，ケネディ，ジョンソン，ニクソン各大統領の『消費者保護教書』（1970年），『ニクソン大統領消費者教書』（1971年），「消費者利益に関する大統領委員会活動の概要」（1971年），Consumers Unionの消費者教育テキストシリーズを翻訳した「消費者教育（要約）」（1973年），「消費者教育者の養成（訳）」（1977年），『北欧の学校における消費者教育』（1975年）がある。

12)　調査研究部が消費者教育から離れた10年間に見られた成果は，研修部で昭和57（1982）年の集計結果を取りまとめ，企画調整室において，これまでの調査研究の成果を敷衍する形で，昭和58（1983）年に2冊の報告書を取りまとめたことに限られていた（国民生活センター：1991）。

国民生活研究所（1970 年から特殊法人国民生活センター）では，1966（昭和 41）年の国民生活審議会「消費者保護組織及び消費者教育に関する答申」において，国民生活研究所[13]が消費者教育の体系化を確立することが明示されたことを受けて，1967（昭和 42）年から消費者教育の内容の体系化を図るための調査研究が本格的に取り組まれ，『消費者教育の意義と内容』を公表した[14]。また，特殊法人国民生活センターになってから，当初は精力的に消費者教育の調査報告書を出しており，例えば 1974（昭和 49）年に『消費者教育の現状と課題』，1976（昭和 51）年に『自治体における消費者教育の現状』（1976a），『学校における消費者教育の実践例』（1976b），1977（昭和 52）年に『消費者問題と消費者政策──消費者教育の体系化』（1977a），『学校教育における消費者教育』（1977b）など，消費者教育の内容の定着と，地方自治体への広がりのために重要な役割を果たしてきたのである[15]。

国の答申で取り上げられなかっただけでなく，特殊法人国民生活センターの研究テーマの対象でなくなった昭和 50 年代という時期，地方自治体はど

---

13)　同研究所は 1965（昭和 40）年から 2 年間にわたり国際比較研究を行い，機関紙『国民生活研究』で公表した。「消費者教育の必要性は強調されたものの，わが国における消費者教育は手さぐりの状態にあり，諸外国における現状を把握するにとどまっていた」（国民生活センター：1991）。

14)　この調査研究を踏まえ，昭和 44（1969）年に至誠堂から『生活経営学』が出版された。

15)　この空白の時期に，特殊法人国民生活センターが発行する『国民生活研究』には，消費者教育に関する論考が報告されている。例えば，戦後教育の変遷との関連で学校における消費者教育について考察した川端（1977），学校における消費者教育の現状と問題点を指摘した川端（1979），生涯学習との関連で考察した川端（1980），「消費者教育を反省と再出発」と題し，消費者教育の低迷に関わる問題への反省について述べた佐原（1980），社会教育における消費者教育について理念と方向性を検討した君塚（1985）等があり，いずれも重要である。

佐原（1980）は，消費者教育論の社会諸科学と自然諸科学の総合化というきわめて困難な学際的成果が必要だという。わが国のあらゆる分野でいわゆる「タテ割り」または「タコツボ」的状況が存在することは周知のことであり，その打破は容易なことではない。しかしながら，「タテ割り」状態の強いといわれた行政の分野では，この 20 年間において実はわが国においては多大の進展があったのであり，わが国の消費者行政は質・量ともに世界の先進国になっている。消費者教育の分野においてそれが不可能ということはありえないであろう，と述べている。

のような状況であったのだろうか。また，国が「後退期」あるいは「停滞期」だった時期（以下では，「停滞期」を用いる），地方自治体も同様であったのだろうか。

次に，地方自治体における消費者教育の生成史区分を行い，そこに阻害要因を発見する手がかりとしたい。

２．地方自治体における消費者教育生成史の時代区分

地方自治体における消費者教育発展の歴史的動向を示した研究には，熊本県と熊本市を対象に地方消費者行政の体制を主体とした川口（2008a），川口・谷村（2007）の研究や，福岡県と滋賀県を対象に地方消費者行政の歴史的推移について論考した色川他（2014），事業概要等の資料で把握ができた福岡県，滋賀県，広島県を対象とし，国の施策との対比で時代区分を示した色川他（2015）がある[16]。

中でも色川（2015）は，色川（2004）で示した国の時代区分を踏襲しつつ今日までの展開を踏まえて，第Ⅰ期（1963〜1985年度：導入期），第Ⅱ期（1986〜2000年度：再検討期），第Ⅲ期（2001〜2008年度：展開期），第Ⅳ期（2009年度以降：再編期）と４期に分けて地方自治体の消費者教育施策を分析した。

以下，はじめに色川他（2015）の時代区分に基づき，その内容を紹介する。

第Ⅰ期の消費者保護基本法前後には，国および地方の消費者行政推進体制を整備していくとともに，トピックスを含めた消費者教育施策を推進していく基本的なモデルが補助金付きで国から提示されていた。当時は，通達と補助金によって，国が地方をコントロールしていた面もあったからこそ，可能な取り組みであったと指摘している。

代表的な例として，1966年に経済企画庁と自治省が共同で出した次官通達「地方公共団体における消費者行政の推進について」で，消費者教育施策

16）　色川他（2015）によれば，消費者行政が本格的に整備された1970年前後から今日まで，事業概要等である程度追跡可能なところは，きわめて少なく全体の１割程度だという。

第2章　先行研究からみた地方自治体における消費者教育推進の阻害要因　　49

図表 10　色川（2015）における地方自治体における消費者教育施策の歴史的区分

	第Ⅰ期	第Ⅱ期	第Ⅲ期	第Ⅳ期
期間	1963～1985	1986～2000	2001～2008	2009～
区分	導入期	再検討期	展開期	再編期
メイン	体制整備	学校における消費者教育	21世紀型消費者政策	消費者教育推進法

(出典)　色川他（2015）に基づき，筆者作成

として①モニターの設置・運営，②消費者啓発を項目として挙げ，具体的にその内容が示されていた[17]。また同年に「消費生活センター設置費補助金」の具体的な要件として，「消費生活センター運営要項」が示され，センターが行う消費者教育の業務として，①消費者啓発のための実習および研修，②消費生活に関係する図書資料の閲覧提供，③消費生活に関する各種広報活動，④辺地の消費者を啓発するための移動消費生活センターの開催等が具体的に示されたことを受けている。

　第Ⅱ期は，消費者教育の新たな対象として契約等を位置づけることや，教育方法の再検討がなされているだけでなく，規制緩和の進展に伴って，消費者教育の重要性が増しているとの認識のもと，きめ細かい消費者教育施策の推進を検討していた時期である。学校における消費者教育は学習指導要領の充実の時期とも重なり，制度的進展もあったが，教員支援などは第Ⅰ期でも述べられたことであり，あまり進展がなかったことを指摘している。

　第Ⅲ期は，2000年に地方分権一括法が施行され，地方消費者行政は自治事務になり，国と都道府県と市町村は対等・協力関係になった時代である。国からの通達は法令上なくなり，都道府県や市町村への指導がしにくくなった。すでに第Ⅱ期でも類似した動向は見られたものの，地方分権が健在化し

---

17)　モニターには，消費者啓発のリーダー的役割を期待することが想定されていた。また，消費者啓発については，広報誌等を通じての啓発，パンフレット，スライド等の作成，上映，研究会，研修会等の開催，消費者リーダーの養成，生活展示会，マスコミを通じての消費者啓発などの事業例をあげ，各啓発事業において国，都道府県，市町村がどのように関わって進めていくかが示されている（色川他 2015：54 頁）。

たのはこの時期からだとしている。この時期の国による消費者教育施策は，「消費者基本法制定前後を通じて，これまでと比較しても，着実に推進されてきた」とするがその内容は変化し，「地方に直接働きかけるよりは，国レベルで行うべきこと，および地方を支援するための調査研究，教材の作成等」の「後方支援」に変化したという。

さらに現在につながる第Ⅳ期は，消費者庁設置，消費者教育推進法の制定等「消費者教育施策の歴史から見ると，制度的にも，財政的にも，施策的にも，最も消費者教育推進の条件が整った時期」であるとする。しかし，「整った時期という見方は，あくまで国の立場からみたものである。地方からみると，消費者教育を国の示したモデルケースや先駆的事例を参考にしつつ，自分たちの主体性と企画力をもって，基金もうまく利用して，事後評価も考慮しつつ，これまでの取組み以上に踏み込んだ事業を推進することが期待されていることになる」ことを指摘している。

色川他（2015）が分析したように，国の動きを踏まえれば上記のような結果になろう。この分類は，色川（2004）が示した国の時代区分では1975〜1980年代を「停滞期」と位置づけたが，地方自治体ではそのような記述は見られない。また，西村（2017）と比較すると，西村が「革新期」として示した現在に続く20年ほどの時期を，色川は国と地方の関係性が変わった2000年を一つの区切りとし，二つ（もしくは三つ）の時代区分にした点が異なっている。地方自治体の特性に配慮すれば，国とはまた違う時代区分が明示できるのだと言えよう。

また色川他（2015）は，現時点を，国の立場から見た場合に最も条件が整った時期とするが，実際にそれを運用する地方自治体にその資源や能力を有しているか，という点についての十分な考察は見られない。現在，求められている状況にあることは確かであるが，地方自治体においてそれを推進する上で阻害要因を特定し，その解決を図ることをなくしては，推進することは難しいというのが考え方が本書の立場である。

そこで色川他（2015）を踏まえて，さらにこの時代区分を地方行政の立ち位置から再検討することで，地方自治体の消費者教育推進の阻害要因を明らかにしていきたい。

第3節　時代区分ごとに見た地方自治体の消費者教育と阻害要因

　ここでは，いったん色川他（2015）の時代区分に基づき，地方自治体の現状と阻害要因について，先行研究や報告書等から明らかにする。

1．第Ⅰ期（1963〜1985）

　この時期は，まさに兵庫県に初めて消費生活センターが設置され，地方自治体の消費者教育が充実していった時期である。この時期，地方で消費者行政の第一線にいたはやし（1984）[18]は，「この時点で過去をふりかえるとき，素手に近い状態で新しい分野の消費者行政に情熱を燃やした人びとのことを忘れてはならない」と指摘する。産業優先で，超スピードで経済発展があった昭和30年代以降，その結果もたらされた生活上の危機を数々救済し，調整役として登場したのが消費者行政だったという。そしてその「消費者行政は当初から，①現実に発生している消費者被害の救済という任務，②社会的にまた個人としての損失であり悲劇である消費者被害を未然に防止するための消費者教育の任務を持ってスタートした」と位置づけている[19]。

　第Ⅰ期に区分される時代は20年強に及び，実は非常に長期間である。また，国における「停滞期」をそのまま含んだ時期である。当初は消費者保護基本法もでき，特殊法人国民生活センターでも地方自治体の事例を取り上げた調査報告書が出された時期であるが，いずれかのタイミングからは課題も明確化されている。

　そこでここでは，地方自治体の状況と阻害要因を明らかにするため，特殊法人国民生活センターが公表した『学校教育における消費者教育』（1977b），『学校における消費者教育』（1983a）と，地方自治体のなかでも東京都がこの時期（1980，1985年）に，消費生活対策審議会答申において消費者教育をテーマに議論していることから，分析対象とする。

---

18)　執筆当初の所属は大阪府立消費生活センター。

19)　はやし（1985）58頁。

⑴　国民生活センター『学校教育における消費者教育』（1977b），『学校における消費者教育』（1983a）

　一冊目は，『学校教育における消費者教育』（1977b）である。ここでは，「社会教育における消費者教育は時間にめぐまれ，生活水準も中以上の一部の中高年層の主婦に対象が固定化されつつも拡大してきているが，さらに層を拡大しなければ深刻化している消費者問題を真に解決することはできない」と地方自治体の現状を分析した上で，「学校教育の段階で実施し，男女を問わず，成長段階においてなされれば，消費者教育の影響と成果に大きな期待が持てるから，義務教育段階での消費者教育が強調されている」と述べている。

　しかし，「現実の問題として学校教育における消費者教育体制を確立していくためには，多くの困難な問題に突き当たる」とし，1966 年国民生活審議会の指摘や，アメリカのイリノイ州では州法によって学校教育のなかに消費者教育が位置づけられていることを挙げて，わが国の立場はようやく焦点が当てられ，「その一歩をふみだした，ということができようか」と，わが国の遅れた立場を明確にしている。またここでは，第二の問題として「消費者教育を担当する教師の質的側面と姿勢の問題」も続けて指摘している。

　報告書では，上記の問題点を指摘した上で，地方自治体の消費者教育の施策として副読本作成や，教員研修の先進事例が紹介されている。例えば，副読本作成については（図表 11），1972 年 9 月に神戸市市民局物価部が小学校 5・6 年用に作成した『くらしとしょうひ』が最も早く，初版作成後に増刷・改訂を行ったこと，1977 年 3 月末で小学校用副読本は市で 6 冊，県で 7 冊作成されていたことが紹介されている[20]。

　国民生活センター（1977b）では，副読本の他にも，研究指定校と教員を対象にした講座の実施のように全国的にみて先駆的な事例も紹介している。例えば，兵庫県では全国で初めて，同県教育委員会とともに，消費者教育の研究指定校を小学校 2 校，中学校 3 校，高等学校 2 校に設け，消費者教育の体系化に関する研究を 1968・1969 年の 2 か年にわたって行っている。この

---

20)　国民生活センター（1977b）13-18 頁。

図表11　地方自治体の消費者教育資料作成状況（小学校）

資料名	発行年 （初版）	発　行	編　集
くらしとしょうひ	1972.9	神戸市市民局物価部	・神戸市小学校教育研究会家庭科部 ・神戸市市民局物価部消費生活課
かしこい消費	1973.1	熊本市商工課消費者行政係	・熊本市小学校家庭科研究会
しょうひせいかつ	1973.9	滋賀県	・滋賀県小学校教育研究会家庭部会 ・滋賀県生活環境部県民生活課
消費生活読本 よりよいくらし	1974.9	尼崎市	・尼崎市小学校消費生活教育研究部会 ・尼崎市立消費生活センター
わたしたちの消費生活	1974.11	千葉県企画部流通対策課	・学童向消費者啓発資料委員会
消費生活読本 これからのくらし 家庭科用	1975.1	福井県生活環境部	・福井県小学校教育研究会家庭部会
わたしたちのくらし 消費生活読本	1975	福岡県（商工水産部消費生活局）	
わたしたちのくらし	1975.9	金沢市経済部消費経済課	・金沢市教育委員会学校教育課
くらしと消費	1975.11	松山市福祉部生活厚生課	・松山市教育委員会学校教育課
かしこい消費者シリーズNo. 20 わたしたちのある日曜日 ※くらしの家族読本 （児童向）	1976	愛知県	・愛知県企画部生活課 ・愛知県東三河消費生活センター
よりよいくらし	1976	宮城県消費生活センター	・小学生用消費者教育参考資料編集委員会
消費生活読本 よりよいくらし	1976.4	八戸市経済部商工観光課	・八戸市小学校家庭科研究会 ・八戸市経済部商工観光課消費生活係
物とわたしたちのくらし	1976.4	物を大切にする富山県推進会議	・富山県県民生活局 ・富山県教育委員会

（出典）　国民生活センター（1977b）をもとに筆者作成

54

同時期である 1968〜1970 年には，静岡県県民生活課と県消費生活センターが委嘱した研究実践校に県教育委員会が協力，助言する形で，高等学校家庭科の教師が共同研究を進めたという[21]。

また，教員を対象にした講座の開催も，1971 年の兵庫県が最初であったことが紹介されている。このような先駆的実践を踏まえ，「全国的に消費者行政による学校教師再教育講座がもたれるようになったのは，ここ 2〜3 年のこと」だという。すなわち，1970 年代半ばには，全国的に教員対象の講座が広がったと理解できる。

しかしこの当時の状況に対して，植野（1976）は，家庭科教育の観点から批判的立場で意見を述べている。自治体発行の読本に家庭科対象が多いことに対して，「各地方自治体が副読本を作成し，家庭科に働きかけてきたところには，多少とも便宜主義の感じもしないではない。各地方自治体が，消費者教育の一環として消費者教育を実施する場合，その主たる対象は学校外の成人教育におくべきであろう。たとえ地方の教育委員会の協力をえたとしても，教育の場へ働きかける場合，現行副読本をもってしては少々無理であろう[22]」と厳しい見解を示している。その理由として，各自治体発行の副読本に見られる「消費者」と，家庭科教育でいう「生活者」との関連が明確ではなく，家庭科教育と消費者教育の関連が不明瞭なまま導入された点を挙げる。1976 年当時，「小中高の現場での実践活動の方が先走り，その理論化，具体化に試行錯誤を繰り返し，苦しみ，悩んでいるのが実情」だという。副教材の発行に当たっては，地方行政によって副読本ができたことに光が当たりがちであるが，受け入れる側の学校現場においては一部で混乱があったことがうかがえる。

また，この時期，先進的な事例として紹介される兵庫県では，消費者教育用副読本が 1977 年までに 3 回発行されたが，「受験戦争が激化するなかで，中学校の教育体制が受験中心に構成され，それ以外の教科を迎え入れる余裕がなくなったこと，さらには第 2 次オイルショック後の行財政改革の過程で消費者教育の推進についても見直しが行われ，学校における教材としての副

---

21) 国民生活センター（1977b）31-32 頁。
22) 植野（1976）30 頁。

読本作成から，広く一般に消費者情報を提供していく方向に方針が転換されていった」との指摘もある[23]。

　川端（1981）は，特殊法人国民生活センターが発表した報告書等を踏まえて，「学校教育において消費者教育を導入する必要性や理念については，久しく消費者行政や消費者問題研究家の間で度々提唱されながら，その実践は少しずつ前進してはいるものの，いまだ十分とは言えない」と現状を分析した上で，そこでの阻害要因を①消費者教育者の養成，教員の現職教育，②親の問題，③教科書，④副読本の4項目として挙げている[24]。そのなかでも，消費者教育は学校教育において新しい課題であることから「教師自身の消費者問題に対する関心が低く」，教科書や教材などよりもまず，「現職教師の再教育と教員養成」の問題を解決すべきであるとしている。

　当時，学校教育は受験戦争に象徴される教育の危機的状況にあり，教育の正常化へ向けて大きく転換しようと，学習指導要領（第4次）を改定した時期であった。特に，教育内容の精選と授業時間を削減して，ゆとりと充実した学校教育をもたらそうとしている時期に，川端（1981）は「学校教育に山積している多くの問題をそのままにし，正常化させるための方策を立てることなしに消費者教育の導入は考えられない[25]」と指摘する。学校における消費者教育は，学校教育そのもののあり方が揺れ動くなかで，その外部で導入可能性が検討されてきた歴史があることが分かる。

　以上のことからこの時期は，消費者保護基本法や第3次学習指導要領の改訂を受けて，地方自治体で学校における消費者教育が誕生した時期であり，地方自治体における消費者教育のまさに「萌芽期」であると言えよう。当然，そこでは教育委員会や現場の教員が学校において新しく消費者教育を作り出していく時期であり，苦悩や混乱があった時期だとも言えよう。

　二冊目となる『学校における消費者教育』は，1983年に特殊法人国民生活センターから発行されている。そこでは，学校における消費者教育の進展が遅れた要因として，以下の5点を指摘している[26]。

---

23)　戸村・半沢・安田（1990）52頁。

24)　川端（1981）151頁。

25)　同上137頁。

第一は，現代の学校教育を取り巻く教育環境のなかで受験体制という大きな壁が消費者教育の実践を妨げていることである。また，非行化，低学力化など現代の学校教育にかかわる根源的な問題をその理由に加えている。

　第二は，現代の急激な社会変化に対応して，学校教育に導入すべきであると社会的に要請されている○○教育という名の教育が増えており，学校側では消費者教育もその一つとして受け止められ，いずれも必要性が認められながら真正面から取り組む時間的ゆとりがないことである。第4次の学習指導要領改訂で，内容の精選と時間数の削減されたため，いっそう消費者教育の導入が困難になったと指摘する。

　第三は，学校で教える教師が消費者教育を受けておらず，これまでわが国における消費者教育者の養成が不十分であったことである。

　第四は，児童・生徒の発達段階に応じた教育目標，内容，方法を体系化するための研究が不十分であること，第五に家庭，地域社会との連携が不十分であることである。

　同報告書では，このような阻害要因を指摘しつつも，「10年前に比較すると，消費者教育に取り組む教員ははるかに増えており」，各地の消費生活センターを講座や見学，情報収集のために訪れることは珍しくなくなったとし，「地方自治体における教育行政と消費者行政との10年に余る連携の歴史の成果ということができる」と一定の評価をしている。

　この報告書では，1977年報告書で紹介した教材作成状況についても記述している[27]。しかし，「せっかく作成された副読本がすべて学校で活用されているとは言えず，配布されても家庭へ持ち帰ったままという場合もある」とし，「副読本を作成しても学校での利用度は教師の消費者教育の意識度に関わることから，教師用の指導資料を作成」する必要があるという動きにつながったという。

　当初より生徒用に配布する教材の作成は進んできたが，教師用解説書は滋賀県で1975年に第1号が作成されたのを皮切りに，岐阜県，奈良県，長野

---

26)　国民生活センター（1983a）1-2頁。

27)　小学生用副読本が11県12市1町の計24冊，中学校用副読本が1都5県1市計7冊，幼児・親子用が1府4県2市の計7冊だった。

第2章　先行研究からみた地方自治体における消費者教育推進の阻害要因　　57

県, 三重県, 埼玉県の各県で作成されたことが紹介されている[28]。星（1983）によれば, 1979年（小学校）, 1980年（中学校）に長野県と長野県教育委員会が作成した消費者教育の学習指導資料は, 当時, 「学校に消費者教育を導入したものとして, 画期的な試み」と言われ, 全国の注目を浴びたという[29]。長野県内の教育現場での実践が成功した背景には, 教育県と呼ばれたほど教育に熱心な県民性, 教師たちの教育研究集会等が盛んであることを挙げ, 「消費者行政を県や教師が一体となって進めていこうという長野県の行政全体が取り組んだ成果」だと評価する。しかし, この活動を一層充実させていくための予算不足が阻害要因になっているとしていることも同時に指摘している[30]。

この時期の消費者行政の動きについて, 宮坂（1998）は, 「消費者行政当局者が教育行政当局者に働きかけて了承してもらい, 専門学者・教員・指導主事などの協力によってテキストを編纂することに, かなり多くの自治体が取り組んできた」ことを評価する一方で, 「質・量ともに自治体間の格差がきわめて激しいことを」指摘している。また, いくら優れた副読本でも「学校当局者がその普及に熱心でなく, 現場の教師もその活用方法がわからないといった状況がしばしば見られ, せっかく苦心の結晶としてつくられた副読本も, 十分利用されないままで終わることが多かった」ことも問題点として指摘している。さらに, 「そうしたネックを突破するために, 教員に対する消費者教育の研修を企画する消費者行政当局がしだいに多くなり, また, 消費者教育の実践について工夫する教員が現れるようになった」という。ただし, 「全教員数からいえば点の存在にすぎず, 他の教員に大きな影響を与えるには至らなかった」と当時を振り返っている[31]。

---

28) 国民生活センター（1983a）26頁。

29) 星（1983）267頁。

30) 長野県は, 消費者教育をもっと深めていくために, 学習指導資料をよりいっそう綿密なものにしたり, 補足できる副読本の作成を検討したりしているが, 「なにせ, 予算がないもんで, 苦しい状態」（県民生活課）という。保育園, 幼稚園児向けに作った紙芝居も, 苦しい予算の中で, やっと捻出したものである。財政事情が悪化すると, 消費者行政のようなセクションが最も打撃を受けるといわれるが, まさにその通りになっている, と述べている（星 1983：279頁）。

以上のことから，国の「停滞期」と重なる時期には，国レベルの消費者行政に目立った動きはなかったが，消費者保護基本法の制定，学習指導要領の改訂というきっかけを受けて，地方自治体は教育行政と連携しながら，様々な取り組みにチャレンジする段階にあったということが分かる。国が「停滞期」として国レベルで議論の俎上に載らずとも，地方自治体は確かに動きをみせていることから，学習指導要領への記述を受けて学校における消費者教育が誕生し，地方自治体が教材や研修等の形で支援するという図式が形成されていった時期であったと言えよう。

　しかしこの時期には，先進自治体を生み出すとともに，推進が遅れた自治体も同時に生み出し，自治体間格差が誕生したという側面も忘れてはならない。1983 年時点の教材作成数を見れば，都道府県レベルで 11 冊，すなわち2 割強の自治体で作成しているに過ぎず，8 割近い都道府県では，教材を作成していない，ということになる。1972 年の神戸市の教材作成に始まり，確かに副教材を作成する自治体は増えたものの，その広がりには力強さが欠ける。このような格差が生まれる背景には，「受け入れる側の学校教育の現場が変容していること」（国民生活センター：1983a），「現職教師の再教育と教員養成が不十分」（川端：1981），「予算の問題」（星：1983），など複数の阻害要因が指摘されている。

(2)　地方自治体の消費者教育に関する答申——東京都を中心に

　半沢（1988）は，特殊法人国民生活センターが公表した「地方自治体における消費者教育の現状と問題点」の自由記述欄の意見を中心としてとりまとめ，考察を加えている。地方自治体では，消費者講座の位置づけについて，「消費者啓発」事業が 75.8% に及ぶ一方で，「消費者教育」事業との回答は政令市や東京特別区では 3 分の 1，実数はきわめて少ないことから，「ほとんどのセンターでは，各種消費者講座を消費者啓発事業の一環として実施しているようであり，消費者教育事業として独自に位置づけているセンターはまだ稀なようである」と指摘する。

---

31)　宮坂（1998）144-145 頁。

第 2 章　先行研究からみた地方自治体における消費者教育推進の阻害要因　　59

半沢（1988）では，地方自治体が出した，消費者教育に関する報告書や答申についても触れており，昭和 50 年代の答申は，昭和 55（1980）年の東京都に代表されるように，「消費者教育は本来主体としての消費者が自主的に学習することが基本であり，行政は消費者教育推進のための条件づくりをすることが自治体における消費者行政の基本的課題である」との考え方をもっていた。また，昭和 60 年代の答申にあっては，「消費者自身の主体性の形成をより重視し，行政側の条件整備を一方の柱として強調している自治体が多い」という。この時期の自治体における消費者教育の整備の方向は，昭和 50 年代における考え方を継承しながら，自治体としての条件整備のあり方を具体的に考え直してみるというものが主流になっている，と指摘する[32]。

　自由記述からは地方自治体の消費者教育の姿が見えてくるとして，詳細に分析を行っている。すなわち，「系統的な消費者教育やその基本的部分は学校教育，社会教育の中で行われるべき，センターはその不足する部分や便宜的な問題について補完的に啓発を図る」と消費生活センターの位置づけについて学校教育・社会教育の補完的要素を指摘する回答が目立っていたという。また，学校教育との連携を考える視点として「教師に啓発を行い，資料教材などを援助する体制が必要」等，教員への消費者教育を充実することによって児童生徒へ浸透させる方向を提示しているセンターも少なくないことを指摘している。学校における消費者教育に対しては，「消費者行政は消費者講座の企画・運営の中でしか実現できないという限界があり，今までのところは現実に日々生起する消費者問題に関する知識，情報の類を断片的に提供することに追われて，体系的な消費者教育の実践にまでは至っていなかったのが現実である」と述べている。

　次に，半沢（1988）で答申の代表として挙げられた，東京都の昭和 55（1980）年，昭和 60（1985）の 2 つに注目しよう。

　東京都は，1975（昭和 50）年に全国に先駆けて消費者の権利を明示した

---

32)　東京都，大阪府の他，昭和 50 年代後半に入って消費者教育のあり方に関する自治体としての対応をまとめた答申が相次いで出されている。昭和 61 年 3 月高知県「消費者啓発のあり方に関する意見書」，昭和 62 年 3 月熊本県「消費者啓発のあり方について答申書」等。

消費生活条例（略称）を制定し[33]，条例に基づく積極的かつ独自の消費者行政を展開しており[34]，全国の自治体，さらには国への影響も少なくなかった[35]。また，条例に基づいて設置される東京都消費生活対策審議会を中心に消費者行政が展開される特色をもち[36]，多い時期には1年に複数の答申を出してきた。消費者教育関係の施策は，消費経済課（昭和36年設置），消費経済部（昭和39年設置）など，消費者行政の専管組織の設置とともに，消費者意識の啓発という形で開始された[37]。そのなかでこの時期，消費者教育について取り上げた答申として，1980（昭和55）年「消費者行政における情報活動と消費者教育に関する答申」（以下，昭和55年答申），1985（昭和60）年には「消費者行政における消費者教育関連事業の改善・強化策に関する答申」（以下，昭和60年答申）がある。

昭和55年答申は，消費者教育と情報活動の基本的な考え方や現状を整理した上で，推進体制の強化について具体的な提言を行っている。そこで示された消費者教育の問題点としては，第一に教育講座等の受講者数の伸びに，近年，停滞ないし減少の傾向がみられること，第二に，教育講座等の実施にあたって，その内容や方法について十分な吟味がなされ，より適切な教育事業を効果的に実施していくという点が，必ずしも十分とは言えないことの2点を挙げている。この背景には，教育技術等に関する教育担当職員の専門性の向上が，「従来，担当職員の個人的努力に委ねられ，組織的，系統的な努力が不十分であった」ことを挙げ，今後は教育担当職員の研修の機会を拡大することが必要だと述べた。

また，消費者教育の一層の振興を図るための課題として，第一に教育事業の企画・立案にあたって，消費者自身の積極的な参加を得るための方策が考

---

33) 1995年の全面改訂の時に，「消費者教育を受ける権利」，「消費者教育の推進」を新たに規定した。

34) 消費生活条例の第一号は，1972年に環境条例の中に消費者保護条例を設けた神戸市であり，1974年に消費者主権の確立を目的に掲げ，消費者の権利を明示する消費者行政全般に係わる「神戸市民のくらしを守る条例」を制定した（島田2011：161）。

35) 同上158頁。

36) 島田（2007）。

37) 東京都消費生活対策審議会（1980）25頁。

慮される必要があること[38]，第二に，学校教育における消費者教育の必要性，重要性からみて，その推進の方策を明らかにする必要があること，第三に，東京都および区市町村それぞれの役割と相互の関係を明らかにする必要があることを挙げている。

特に，学校教育における消費者教育に注目すると，「これまで都内外でいくつかの実践例が見られるものの，未だ端緒的段階の域を出ていない」とし，当時すでに実施されていた「消費者問題教員講座」の拡充や，教員に対する情報や教育素材の提供を行っていく必要性等が示されている。また今後の改善，拡充を図っていくためには，教育事業を担当する組織の拡充が必要であることを述べている。さらに，消費者センターが，「消費者教育センター」としての役割を果たすこと，消費者教育企画委員会（仮称）を立ちあげること，「消費者教育指導資料」を教育委員会と協力して作成する必要があること，消費者教育モデル校を指定して，実践を重ねること等が示されている。このように，東京都の昭和55年答申では，消費者教育を進めていくための体制作りに向けて，現在にも通じる提案が行われたと見ることができる。

さらに昭和60年答申では，昭和55年答申で提言した諸事項のうち，行政当局の努力によってすでに実現したものと，「主として財政資源上の問題に制約されて」今日まで実現をみていないものがあると評価し，本答申では，前回答申と重複する事項を避け，「財政上の問題をも配慮して，実現が必ずしも困難ではないと思われる現実的な提言にとどめる」として提言している[39]。ここに，この時期において，「財政資源上の問題」が制約条件として大きく掲げられてきたことが，前回答申との大きな相違である。

ここでも，学校教育における消費者教育に注目すると[40]，「欧米や一部の途

---

38) 従来，教育事業は行政の教育担当職員によって行われてきたが，本来，消費者は学習の主体であるとともに教育の主体でもあるという基本原則に則るならば，その企画・立案に教育の主体である消費者ができ得る限り参画することが何よりも必要である。このことにより，消費者教育は市民のものとなり，「消費者のための，消費者による教育」，いわば「消費者教育の市民化」が達成されることになるのであり，消費者参加が制度化される必要がある，と述べている（同上 1980：28頁）。

39) 東京都消費生活対策審議会（1985）1頁。

40) 同上 18-23頁。

上国では，学校教育において消費者教育が重視され，きわめて組織的・系統的に実施されている。これに対して，わが国の学校では，消費者教育が概して不十分にしか行われず，不振の状態にあるといわざるをえない」と，当時の様子を評価している。さらに学習指導要領や教科書にある程度内容が盛り込まれているが，「こうした教材を消費者教育の観点から正しく教えられる教員もでてきているものの，それらはまだ少数である。教員の集団や，学校全体が消費者教育に取り組むような事例はほとんどない」と，昭和55年答申よりも一層厳しく学校教育における消費者教育の立ち遅れを指摘している。その問題点として，わが国の学校教育が「受験体制」のもとにおかれ，多量な知識の暗記，偏差値中心の教育指導が行われやすいシステムであり，「生活と教育とが遊離する傾向」にあることが深くかかわっているという。その抜本的な条件整備としては，「教育改革」を挙げ，「教育行政・学校経営・教育実践の取り組む教育関係者のあいだに市民形成の教育，生活教育の意義，とりわけ消費者問題と消費者教育の重要性についての認識と理解を深めること」が急務であると指摘している。

　本答申では，これを振興させる具体的方策の一番目に「消費者行政と教育行政の連携・協力」を掲げる。「教育行政が行政内において一定の独自性を持たされている現在の行政構造のなかで，二つの行政の連携には困難な問題があるにせよ，市民主体の形成という共通課題のために，二つの行政部門間に意思疎通が行われることは急務である」（下線は筆者）とあるように，両部門間にはいわゆる「縦割り」意識があり，相互に意思疎通が行われていなかった状況がみてとれる。すでに東京都では，昭和55年答申ののち，昭和57（1982）年に両行政により「消費者教育検討会議」が設置されており，その成果として，教育庁指導部による「消費者教育指導資料（小学校編）」が作成されていた。これについて，「最近，消費者行政部局と教育行政部局のあいだの相互理解が深まりつつある徴候をみることができるのは，大いに喜ばしい」と，執筆者の想いが込められた文章が加えられることからも，画期的な出来事であったと推察できる。ただ，この件によって継続的な親密な関係が構築されたとはみておらず，「両行政間の連絡・連携をさらに前進させ，制度化するためにも，両行政間で消費者教育に関する共同研究の場を定期的

第2章　先行研究からみた地方自治体における消費者教育推進の阻害要因　　63

に設定することを望む」と述べている。それだけ，教育行政との関係構築に苦労をしていた様子をうかがい知ることができる[41]。

　教育行政との関係性を構築できない点については，学校教育だけなく，社会教育においても同様であったようだ。宮坂（1983）によれば，「この時期の教育庁社会教育行政における消費者教育の不振・低調はすでに常識になっている」とし，その問題点は「消費者教育の推進は消費者行政固有の責務であり，社会教育行政の方ではもっと一般的なテーマを狙った方がよい」という「行政各部局の分業体制」があったと指摘する[42]。過去の通達では，国レベルの社会教育行政のトップの方では消費者教育について一定程度見識があったが，「都道府県や市町村のレベルになると，消費者教育の意識が理解されにくくなる」その最大の理由は，「分業意識」だという。今後は，「行政内部で社会教育行政・消費者行政の職員間の相互交流・提携，共同研究・調査などが不可欠であるし，消費者行政サイドに蓄積されている消費者問題・消費者教育に関する情報ストックを社会教育行政サイドにフロウさせることが必要である」ことを述べている[43]。

　この時期の縦割り行政について，佐古井（1987）はあえて「個別実践か体系化か」と問題提起している。佐古井の主張は，「消費者教育はそれぞれの教育実践主体合同によるシステム化，体系化ではなく，少なくともそれぞれの消費者教育実践主体が，それぞれの立場，理念にもとづいた個別実践を行った方がいい」とするものである（図表12）。すなわち，「消費者行政が消費者保護教育だけでなく，消費者権利教育や消費者役割教育を実践することは一向にかまわない」としつつ，「教育主体の主たる守備範囲を意識しながら教育実践に取り組んだ方がよいのではないか」という。その理由として，「学校，行政，民間消費者団体，企業で消費者教育にとりくむ理念は必ずし

---

41)　この他に，教員講座を共催事業とすること，教員向けの定期的な消費者教育用資料の提供とそれの企画編集に実践者の参画をえること，都センターにおける「消費者教育資料コーナー」の開設等が提案されている。消費者教育資料コーナーについては，消費者教育全般にかかわるコンサルティング機能をも発揮できるような人的・物的配置を行うことも提案されている。

42)　宮坂（1983）131頁。

43)　同上 135頁。

64

図表 12　教育主体とその教育

教育主体	教育名称	教育内容	教育方法
学　校	消費者発達教育	教　育	教　授
消費者行政	消費者保護教育	啓　発	主に情報提供
社会教育行政	消費者教養教育	啓　発	主に情報提供
民間消費者団体	消費者権利教育	啓　発	主に情報提供
企　業	消費者役割教育	啓　発	主に情報提供

（出典）　佐古井（1987）23 頁をもとに筆者作成

も一致していない」ことを挙げている。この当時，佐古井の言う「学校にお
ける消費者教育の論理が存在しなかった」ことに加えて，各主体の消費者教
育の理念が一致していない，という事実は消費者教育推進において大きな阻
害要因になっていたと思われる。そのような状況において推進していくため
に用いられた「守備範囲」という表現に，各主体が相互に乗り入れることの
困難さを強調しているように思われる。

　以上のことから，この時期には，当初，地方自治体における消費者教育へ
の萌芽が見えたものの，学校教育が「受験体制」にあり，受験科目になりに
くい消費者教育に対する教育行政側の協力体制が弱かったことや，体制を整
備するにあたって「財政資源上の問題」があり，理想として描くようには推
進体制を構築することが難しかったことが阻害要因として浮かび上がった。
まさに，第Ⅰ期のうちに，現在につながる阻害要因が発生してきていること
から，第Ⅰ期の後半を地方自治体における学校消費者教育推進上の「問題発
生期」として位置づけることができよう。

2．第Ⅱ期（1986〜2000）

(1)　第Ⅱ期の特徴

　第Ⅱ期は，1985 年の金のペーパー商法，豊田商事事件を経て，「消費者教
育が施策運営の行政課題として本格的に議論のテーブルに上がった時期」[44]
である。

当時，1986 年には国民生活審議会から「学校における消費者教育について」が，第 5 次学習指導要領の改訂に着手した教育課程審議会に送付された。経済企画庁には教科書における消費者教育の記述を検討する消費者教育研究会が設置され，翌 1987 年『学校における消費者教育の新しい視点——市民社会における消費者教育へ』が公刊された。このような国の消費者行政の動きが，1989 年の第 5 次学習指導要領改訂の記述の充実につながっていくのである。

　学校教育における消費者教育の位置づけの問題は，「学校教育における消費者教育課題の根本問題」とされ，学習指導要領の記述の充実は「お墨付き」が与えられたとして，「文部当局の英断は高く評価されなければならない」と経済企画庁が発行する報告書は述べている[45]。また，この「遅れていた消費者教育」が学習指導要領の改訂で学校における消費者教育にバックボーンと魂が与えられて問題が大きく前進し，そのスムーズな実行のための容として，消費者教育支援センターの設立が急務とされなければならない，とも経済企画庁（1990a）は述べている[46]。

　1988 年の国民生活審議会からの意見書「消費者教育の推進について」では，消費者教育の総合的体系づくりと体制づくりのため，政府・消費者・教育者・企業の 4 者による協力関係の構築と，それを担う機関の設立が提案された。これにより，1990 年に経済企画庁と文部省の共管法人として財団法人消費者教育支援センターが設立された。国の消費者行政主導で，学習指導要領の改訂やそれに伴う学校教育に対するリソースセンターとして消費者教育支援センターの設立が進められたのである。

　宮坂（1998）は，学校消費者教育の発展に大きな画期となったのは 1992 年から小学校で新しい学習指導要領が実施されるようになったことであり，「これまで日陰者扱いだった消費者教育が，ようやく学校教育の中に正規の市民権を得ることができた[47]」という。その理由として，「わが国のように，学習指導要領の規制力がきわめて強く，また地方教育行政当局や学校の自主

---

44)　西村（1999）。

45)　経済企画庁国民生活局消費者行政第一課（1990a）16 頁。

46)　同上 18 頁。

47)　宮坂（1998）145 頁。

的裁量権が制限されていたところでは，実に大きな意味をもつ改善だった」
と評価している[48]。

　また，宮坂（1995）は，「消費者行政の関係者たちは，教育行政や学校の
関係者たちが消費者問題の重要性をなかなか理解せず，消費者教育に無関心
であることに長らく不満を抱いていた」とし，文部省に強く申し入れをして
学習指導要領へ盛り込むようになった「消費者教育元年」以降も，「消費者
行政サイドでは学校での消費者教育を支援することに熱心」だったという。
「学校教育関係者の消費者問題についての知識と理解が浅薄であることに不
安をおぼえている消費者行政関係者は，消費者問題の現状・動向についての
最新情報を提供しようと手ぐすねをひいている」が，学校教育の現場とは
「くいちがい」があるという。それは，「消費者行政関係者の最大関心事は，
消費者問題であり，消費者被害の防止で実績をあげることに自己のレゾン・
デトルを見出そうとする。そのために教育＝人間形成という長期的なスパン
で考えなければならない領域の特質を理解できなくなる傾向」があるのだと
いう[49]。

　この時期の消費者行政を中心とする消費者教育の展開に対し，鶴田
（1996）も批判的立場をとる。鶴田（1996）は，1980年代以前と1980年代
後半に時代を区分し，わが国における消費者教育は行政主導で取り組まれて
きた点に特徴があり，「学校における消費者教育の理念や内容の独自の検討
がないままに，消費者行政からの要請内容をそのまま受け入れていったこ
と」が弱点であることを指摘する。

　特に，1980年代後半に経済企画庁国民生活局消費者行政第一課から消費

48）　宮坂（1998）では，今日の最大の問題点は，生涯学習の観点から「意図的・計画的
　　な消費者教育の力がまったく弱い」ことであり，「本来なら，家庭・学校・職場・地
　　域で一貫した教育方針のもとに，システマティックな消費者教育が行われなければな
　　らない。しかし現実には，きわめてバラバラに，散発的に，しかも前後左右で対立し，
　　矛盾するような消費者教育が行われている。その結果，消費者の主体性がなかなか確
　　立しない」ことだと述べている。
49）　宮坂（1995）では，「目先の，トレンドにこだわる対処療法的な被害防止キャンペー
　　ンではなく，消費者問題の歴史的変遷を知ることで，問題の歴史的構造（本質）に迫
　　る認識が志向されるべき」と述べている。

第2章　先行研究からみた地方自治体における消費者教育推進の阻害要因　　67

者教育に関する答申および報告書が数多く出されたことに対して，二つの問題点を指摘している。第一は，この状況を「経済企画庁の学校における消費者教育への並々でない期待を読み取ることができる」とし，「消費者教育の内容ばかりでなく，学校教育における消費者教育の指導方法や指導資料に関するものまで発行されている。これは行政側の消費者教育の意気込みのあらわれとみられるが，教育に携わる者の立場からは，それが様々な研究団体に委託した事柄であろうと，要請以上の，指導・介入としてとらえるべき[50]」だと批判している。

第二の問題点は，その内容についてである。「取引をめぐるトラブルに関しては，事業者責任の強化，取引面の適正化は一応述べながら，それに対する消費者の役割及び規制を求める消費者の育成については全く触れていない[51]」と指摘する。特に 1986 年の国民生活審議会答申では，「経済社会において消費者の権利と責任を自覚する消費者ではなく，自己管理のみに徹する受け身の消費者像が期待されていると読み取ることができる」とし，「消費者保護の施策に関しては，消極的立場に立ち，事業者規制の不措置を，消費者教育で補うという発想になっている」とする。

鶴田（1996）の主張では，家庭科教育の立場においては，消費者行政から期待される「自己管理のみに徹する受け身の」消費者像を目指すものではないと，明確に区別している。またこれまでの経緯のなかで，「日本の消費者教育の中では，消費者の権利と責任について十分取り上げられたことがなかった」ことを課題とし，今後は，消費者の権利と責任を自覚する市民教育としての消費者教育の発展を目指すことの必要性をその当時に明確に論じている点に特徴が見られる。

また西村（1989）は，消費者教育が学校教育で取り沙汰されて久しいにもかかわらず，ごく一部を除き未だ定着をみない原因として，消費者教育に関する教員研修を取り上げて，現状を調査している。全都道府県，10 政令市を対象にしたところ，調査対象の 42.1％ で教員講座を実施していたことが明らかになった（回収率 84.2％）。また，日米の教員研修の比較を通じて，日

---

50)　鶴田（1996）40 頁。
51)　同上 41 頁。

本の教員研修の問題点として，①研修のテーマ設定にやや偏りが見られる点，②研修形態，③研修主体の３点を指摘している。特に，「消費者行政が消費者啓発の一環として学校における消費者教育を位置付け始めていった」ため，「教育と啓発にやや混同がみられ，消費者教育を単に消費者被害防止教育としてしかみない消費者行政職員も少なくないのではないか[52]」と述べている。教員が求める研修テーマはそれよりも幅広いのであり，消費者行政に対して「学校教育になじむ内容の消費者教育の展開を期待したい」としている[53]。

(2) 地方自治体の動向

この時期の地方自治体の様子を知る資料に，戸村・半沢・安田（1990），消費者教育支援センター（1993）等がある。

戸村・半沢・安田（1990）では，自治体における消費者教育事業の連携について，福島県，埼玉県，大阪府，兵庫県を対象として事例紹介を行っているが，その結果を受けて「一口に消費者教育事業における連携といっても，具体的な事業の推進という場面ではきわめて多彩で，組織的・定型的なケースばかりではない。むしろ，密度の比較的に低い連携・協力・調整・連絡・情報提供など，ゆるやかな連携・協力が多様な形をとって広がっているのが特徴」だと指摘する[54]。また，分析対象が都道府県に限定されており，調査では分析対象になっていないが，「都道府県から市町村への浸透が進んでい

---

52) 西村（1989）30頁。

53) 西村（1989）は，「消費者教育教員研修にふさわしい研修主体は，それをもっぱら行いうるリソースセンターと考えざるをえないのではないか」という。「すでに経済企画庁がその設置をうたいあげているものの，資金上の問題から設置時期や規模が明らかではないが，体系だった研修を行うには，それ相応のノウハウが必要であり，そのための研究機関としてリソースセンターの設置は焦眉の急であろう。もちろん，全国１か所とすれば，必ずしもリソースセンター自身が開催しなくともよいかもしれない。むしろ消費者教育の中央センターとして，教員研修のカリキュラム開発，資料・教材の整備・開発，講師のあっせんなどの業務を通じて，地域の消費生活センターでの研修が円滑に行えるような協力体制を築くことが肝腎である」と述べている。西村はこののち，1990年4月にはリソースセンター（消費者教育支援センター）の初代主任研究員に着任することになる。

54) 戸村・半沢・安田（1990）36頁。

る」ことも述べられている。そのなかで，興味深い事例として，福島県では，消費生活センターの兼務職員制度があり，「業務課，環境衛生課，経営指導課，農業改良課，住民課，福島工業試験所に所属する1名の職員に兼務の辞令」が出され，これによって「消費生活センターの幅広い業務内容について，直接的に支援・連携・協力を得ることが可能」になっているという。この状況に対し，戸村ら（1990）は，「幅広い行政分野にまたがる消費者行政においては，様々な機関との相互の連携・協力関係が不可欠といわれるが，その一方で，限られた予算・人員で消費者教育事業を進めざるをえないという制約のなかで，さまざまな連携・協力の工夫が生み出されている」と評価し，この工夫を「風穴方式[55]」として表現している。

　地方自治体が作成する教材について，消費者教育支援センター（1993）は当時の様子を，「消費者行政担当課が企画，立案し，それらを消費生活センター等消費者啓発担当者が実施しているのが一般的」だったという[56]。1992年8月に地方自治体を対象に実施した調査によれば，小学生向きの副読本・指導書の発行は10都道府県（20.4％），中学生向きは8都道府県（16.3％），高校生向きは8都道府県（16.3％）で作成しているという結果であった。「学習指導要領へのお墨付き」があったとしても，この数字はこれまでと比較して飛躍的に伸びているとは言えない。この結果を受けた今後の課題として，1991年の第24回消費者保護会議の決定事項[57]を引用し，教材，指導者のマニュアル等の作成および配布の重要性について触れるとともに，「これらの実施のためには，消費者問題，消費者保護の専門である消費者行政担当部局と教育の専門である教育委員会が連携会議等を持つことが不可欠」だと述べている[58]。このように消費者教育教材の作成には，さまざまな角度からの情報交換が必要であり，「タテ割りという言葉があるが，「消費者教育」で結ば

55）　消費者行政職員が異動した先の部局の壁に，新たに消費者行政に入った職員が元の部局の縦割りの壁に風穴を開け，連携・協力を求めていく方式。

56）　消費者教育支援センター（1993）7頁。

57）　（1）消費者教育の一層の推進　①平成元年3月に改訂された小・中・高等学校学習指導要領が平成4年度から逐次実施されることに伴い，その趣旨の徹底に努める。さらに，望ましい消費者教育の総合的な体系の確立，教材，指導者のマニュアル等の作成の配布，データベースの整備等を推進し，消費者教育の定着・安定を図る。

れるヨコの連携が，今後のよりよい消費者教育教材の作成の鍵となるであろう」としている[59]。

　また，本報告書では学校における消費者教育の課題[60]を挙げ，「こうした諸問題を一歩一歩克服していってこそ学校における消費者教育の推進が一層可能になる」としている。特に，教育行政にあっては，「消費者教育については学校・教育委員会主導のもとに推進されるまでに意識が高められなければならない」と，教育行政の役割を強調している。さらには「各地域に実情に応じた消費者教育を推進するための核となるべき地方消費者教育支援センターの設立構想も検討課題」として挙げている。

　推進体制の整備については，地方自治体にも波及した。東京都は1995年，1975年に制定した消費生活条例を全面改訂し，「消費者教育を受ける権利」や「消費者教育の推進」を新たに規定した。このため，「消費者教育推進計画」を策定するにあたり，「消費者教育推進計画策定検討委員会」を設置し，1997年に報告書が出されている。

　これらのことから，地方自治体が抱えていた消費者行政と教育行政との連携の困難さを受けて，国レベルで学習指導要領改訂や，文部省と経済企画庁の共管法人とした財団法人消費者教育支援センターの設立等の取り組みを通

---

58)　消費者教育支援センター（1993）8頁。本報告書のヒアリング結果から，連絡会議についていくつかのパターンがあることが明らかになっている。①恒常的に連絡会議等を設置している，②連絡会議は設置していないが，教員を対象とする消費者教育研修の実施，教員用指導書，副読本等の作成について消費者行政担当部局と連携を図っている，③特に連絡会議は開催していないが，消費者行政担当部局と教育委員会が懇談会等を開催した，等のケースである。

59)　鈴木・中村（2002）は，2001年に都道府県，政令指定都市を対象にした教材の調査を実施し，過半数の自治体が教材を作成しているが，「学校における消費者教育の取扱いが高等学校（家庭科）に傾斜していることから」，高等学校の生徒を対象とした教材作成が最も多かったことを報告している。教材を作成していない自治体は，「人手がいない」ことが理由である場合が最も多く，「消費者教育教材の作成が，単独のセンターでは物理的に困難な状況」であることを指摘している。

60)　①学校における消費者教育に関する基礎研究の実施，②学校における消費者教育の指導資料の作成，③消費者教育実践モデル校の取組，④教員の研修の質・量的拡充，⑤大学での消費者教育教員養成の強化，⑥消費者教育研究・実践の成果の交流。

じて，地方自治体の消費者教育を推進しようとしていたことが分かる。この動きは，特殊法人国民生活センターの前時代の報告書にはみられないものであり，この時期のひとつの特徴である。また，地方自治体は国の動向を後ろ盾にして，「風穴方式」と呼ばれるような，自治体職員の工夫によって施策を推進するという状況が，ごく一部であるが国レベルで把握できる時代であったと言えよう。

3．第Ⅲ期（2001〜2008）

⑴　第Ⅲ期の特徴

　2000 年の地方分権一括法による地方分権の一層の推進と地方消費者行政の衰退の一方で，2004 年に消費者保護基本法が消費者基本法へと改訂されたことに伴い，地方消費者行政の条例改訂や消費者基本計画の策定等，地方自治体の枠組みに変化が見られた時期である。

　また，国の消費者行政の精力的な動きとは反対に，1999 年改訂の学習指導要領では「ゆとり教育」が主眼となり，2000 年代は，「この煽りを受け，家庭科，社会科の消費者教育関連項目が減少」してしまった時期でもある[61]。

　消費者行政は，規制緩和の進行による市場ルールの導入や，国際化などによる消費者問題の多様化，複雑化などの変化を受けて，消費者と事業者が市場において自由で公正な取引を行うためのルールを整備し，悪質事業者の監視・取り締まりや，被害を受けた消費者を救済する制度を充実させた。消費者基本法では，はじめて消費者の権利が明文化され，その一つとして「消費者教育を受ける権利」が盛り込まれた。

　消費者は消費者保護基本法において「保護」される対象であったが，消費者基本法では消費者政策の理念として消費者の権利の尊重および消費者の「自立の支援」が定められ，これまで以上に消費者教育への関心が高まった[62]。また消費者教育については，消費者基本法第17条で「国は，消費者の自立を支援するため，消費生活に関する知識の普及及び情報の提供等消費者

---

61)　細川（2013）84 頁。

62)　柿野（2008）31-33 頁。

に対する啓発活動を推進するとともに，消費者が生涯にわたつて消費生活について学習する機会があまねく求められている状況にかんがみ，学校，地域，家庭，職域その他の様々な場を通じて消費生活に関する教育を充実する等必要な施策を講ずるものとする」とし，同条2で地方公共団体にも社会的，経済的状況に応じた施策を講ずるよう定めた。

　岩本（2010）は，「消費者の権利」を確立する上で欠くことのできない消費者行政の理念が「自立の支援」とされたことは，本来「消費者の権利」を確立する上で積極的な役割を担う消費者行政の大きな後退だと批判する[63]。この立法経緯において，「消費者の権利は何か」について，また「個々の消費者が消費生活を営む日本の市民社会の性格と現状について十分な議論が行われないままに，いわば「輸入」するかたちで権利規定の導入が行われた」ことで，日本は教育を通じて「知識としての権利」を修得した社会であると指摘する。消費者の自立支援のフレーズは，消費者教育の推進にとっては好機となったが，本来必要となる「消費者の保護」を後退させたと考えることもできよう。

　法改正につながる議論として，国民生活審議会消費者政策部会（2003）の「21世紀型の消費者政策の在り方について」では，「消費者教育の果たす役割はますます大きくなっている」とし，「このため，学校，地域，職場，家庭などにおいて，幅広い年齢層を対象に消費者教育を充実させることが必要」だと指摘している。そのなかで，消費者教育に関する各推進主体の主な機能・役割を図表13のように描写している。

　同法の理念を具体化し，政策を計画的・一体的に進めるため，2005年には「消費者基本計画」が策定された。そこでは5カ年のうちに推進すべき3つの基本的方向（①消費者の安全・安心の確保，②消費者の自立のための基盤整備，③緊要な消費者トラブルへの機動的・集中的な対応）と9つの重点事項が示された。なかでも②消費者の自立のための基盤整備の一つとして[64]，

---

63)　岩本（2010）316頁。
64)　消費者の自立のための基盤整理として，以下4つの課題が示された。①消費者取引の多様化に対応したルールの整備，②消費者団体訴訟制度の導入，③消費者教育を受けられる機会の充実，④環境に配慮した消費行動の促進。

第2章　先行研究からみた地方自治体における消費者教育推進の阻害要因　　73

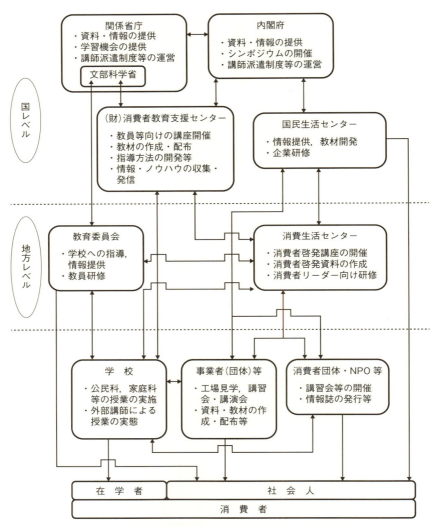

図表13 消費者教育に関する各推進主体の主な機能・役割

(出典) 「21世紀型の消費者政策の在り方について」参考資料「Ⅳ 消費者教育の充実」

「消費者教育を受けられる機会の充実」が挙げられ，「消費者教育の推進体制の強化」，「消費者教育の担い手の強化及び機会の拡充」，「消費者教育の内容の充実」，「リソースセンターの機能強化」の各項目について具体的施策が定められた[65]。

図表 14 は，第一次消費者基本計画の重点施策とその成果をまとめたものである。「誰が」，「何を」，「いつまでに」行うのかが明確になったため，消費者教育の体制整備は着実に前進している。個別の政策に対しては実施時期が決められ，成果に対して検証・評価・監視が行われるなど，政策の実効性を高める機能も付与されている。

なかでも，「消費者教育の内容の充実」の目玉は，2005 年度から 3 年間にわたって実施された消費者教育の体系化と総合的推進に関する調査である。消費者教育の体系化では，まず「自立した消費者の育成」という理念のもと，消費者基本法第 7 条に基づき，目標を設定した[66]。

次に，消費者教育の内容を「安全」，「契約・取引」，「情報」，「環境」に 4 区分し，幼児期，児童期，少年期，成人期（高齢期を含む）の各ライフステージに応じた学習の目標（2005 年度）と内容（2006 年度）を示した。さらに，消費者教育の総合的推進に向けてライフステージ別の課題を整理した上で，体系的な推進のための方策を提示した。

2007 年度はこの内容をさらに深化させ，消費者教育を総合的に推進するための方策が具体的提言として取りまとめられた。提言では，「現行制度の見直しや新法（消費者教育推進法（仮称））の策定等による体制の整備」についても指摘されている[67]。

---

65) この時期以降，リソースセンターの機能強化の議論が，ポータルサイトの充実にすり替わっていく。情報通信技術の発達によりポータルサイトという方向性が出てきたことは評価できるが，それを支える人や組織の議論が行われなかったことは，国レベルで消費者教育の実践をどのように支援していくのかを議論する上で片手落ちであり，現在につながる大きな問題点である。

66) 目標は次の 2 つである。①消費生活に関して，自ら進んで必要な知識を習得し，および必要な情報を収集する等自主的かつ合理的に行動する消費者の育成，②消費生活に関し，環境の保全および知的財産権等の適正な保護に配慮する消費者の育成。

67) 新情報センター（2008）6 頁。

第 2 章　先行研究からみた地方自治体における消費者教育推進の阻害要因　　75

図表 14　第一次消費者基本計画の消費者教育関連の消費者政策の重点

項　目	第一次基本計画の重点	取組内容[68]
消費者教育の推進体制の強化	内閣府・文部科学省間の連携強化	内閣府・文部科学省消費者教育連絡協議会の設置（2005 年度）以降，継続的に開催
	消費生活センターと教育委員会との連携強化	内閣府および文部科学省連名による文書を都道府県，政令指定都市あてに送付（2005 年度）
消費者教育の担い手の強化および機会の拡充	「出前講座」実施の専門家育成	「消費者教育の講師育成に関する実態調査」（2006 年度） 「消費者教育の総合的推進方策に関する調査研究」（2007 年度）
消費者教育の内容の充実	消費者教育の基盤整備／教材	関係省庁消費者教育会議の設置（2006 年度） 2005 年度以降，継続的に教材を作成 「消費者教育体系化のための調査研究」（2005 年度）
	消費者教育の体系化	「消費者教育の総合的推進に関する調査研究」（2006 年度） 「消費者教育の総合的推進方策に関する調査研究」（2007 年度）
リソースセンターの機能強化	消費者教育の基盤整備／ポータルサイト	基本方針の策定（2006 年度） 運用方針の策定（2007 年度） サイト運用開始（2008 年度）

（出典）　柿野（2008）をもとに一部修正し，筆者作成

(2)　地方自治体の動向

　この時期，国ではそれ以前には考えられなかったほどに質量ともに消費者教育推進体制の検討が行われたわけであるが，地方自治体はどのような状況であったのだろうか。図表 14 の重点施策は国の取り組みであり，「地方自治体が計画の具体的内容の実施対象となっていないし，数値目標も掲げていない」[69] ことから，地方自治体に対する推進力は弱い。ただ，この時期の国の取り組みは，地方自治体に対するアンケート調査や，詳細なヒアリング調

---

68)　記述内容は 2008 年当時のものであり，その内容が現在まで継続しているわけではない点に注意が必要である。

69)　高橋（2010a）19 頁。

査を行った上で，地方自治体の状況に応じた施策を検討しようとしている点に特徴があった。

　特に，新情報センター（2008）は内閣府請負事業として，第一次消費者基本計画を受けて実施された消費者教育の各種調査研究を踏まえ，都道府県，政令指定都市のアンケートおよびヒアリング調査を実施している[70]。調査結果からは，「事業を積極的に実施している地方公共団体でも，その多くは予算の減少は避けられないと回答しており，地方消費者行政が非常に厳しい状況にあることが浮き彫りとなった。その一方で，職員の熱意と創意工夫等に支えられた消費者教育の施策も見られたが，取り組みに格差があり，国全体として消費者教育の機運が十分に高まっているとは言い難い状況にあった」と分析している[71]。

　また，消費者担当部局と教育担当部局の両部局間の連絡協議会の開催については，定期的に会議を開いているが約6割（40団体），現在は会議を開いていないが，今後は開催予定が9団体，会議を開いておらず，今後もその予定はないが15団体であったことが報告されている[72]。会議の開催時期については，2006年度と回答した自治体が最も多いが，2005年度に内閣府・文部科学省消費者教育連絡協議会が設置され，内閣府および文部科学省連名による文書を都道府県，政令指定都市あてに送付したことにより，この時期に会議開催が広がったと言えよう[73]。しかし，「学校現場での消費者教育に対する意識がまだまだ低く，今後も引きつづき連絡協議会等を通じて学校関係機関との連携を強化する必要があるとする意見が大半」であったが，「都道府県の部局同士が連携しても情報交換に終わってしまう」ことや，「教育担当部

70）　新情報センター（2008）は，第一次消費者基本計画の各種消費者教育の推進施策を踏まえて，総合的な立場で推進方策を述べており，その後につながる重要な報告書だとみることができる。前述の通り，消費者教育を総合的に推進するための国への提案として，「提案1　現行制度の見直しや新法（消費者教育推進法（仮称））の策定等による体制の整備」を掲げている。

71）　新情報センター（2008）5頁。

72）　同上65頁。

73）　会議の開催は，2006年度が最も多く都道府県では18か所であったが，都道府県ではそれ以前に13か所が開催されていたことが明らかになっている。

第2章　先行研究からみた地方自治体における消費者教育推進の阻害要因　　77

局内で消費者教育を総括して推進する立場の部署がないため，消費者担当部局からそれぞれの課へのお願いになってしまいがち」だとする課題を指摘している。このように消費者行政と教育行政の連携に向けて，国からの働きかけを契機に地方自治体に協議会の設置という形式がこの時期に広がったが，教育現場に目を向けると，「各方面からの要望過多による教員の多忙感は否めず，それを解消して本質的な意味でのゆとりある教育を実現する必要があるのではないか」という地方自治体からの意見も紹介されている。

　この時期の地方自治体の様子について知ることができる先行研究には，岩本（2007），樋口（2009），色川（2007），川口・谷村（2007）等がある。

　岩本（2007）によれば，旧基本法の制定以来，日本の消費者行政は，「消費者の保護」と「消費者の権利の擁護」の二つの理念を柱として展開されてきたが，新基本法において「消費者の自立の支援」という新たな法目的が加えられたことにより，自治体の消費者行政のよりどころである消費生活条例は改正され，そこではほとんどの自治体（都道府県）が「消費者教育を受ける権利」を定めているという[74]。

　また消費者の権利を実現するために，岩本は「行政基盤の整備の必要性」を強調する。すなわち，旧基本法では「啓発活動及び教育の推進」において，国が啓発と教育の実施主体とされていた（12条）のに対し，新基本法では国（17条1項）に加えて自治体（同2項）が共に施策主体となっており，さらには「消費者に対し必要な情報が提供される権利」と「消費者に対し教育の機会が提供される権利」が「消費者の権利」（2条）として掲げられていることから，権利実現のためには行政基盤の整備と充実が必要となるのである。

　加えて，これを実施するにあたっては，「啓発活動」と「消費者教育」の意味内容を確認し，それぞれについての政策が個別に必要であることや，これを実施することについて個々の自治体における確認が必要である点にも触れている。特に，「消費者教育」の場合，「現状において，国による学校教育

74）　岩本（2007）232-234頁。このことは，「日本の場合，消費者教育の担い手は自治体
　　　―都道府県である，ということもできる」と指摘し，日本型消費者教育を検討する手
　　　がかりになるという。

における体系的な消費者教育の実現には至っていない」ため，「今般の消費者基本法における消費者教育の重要性と行政上の担い手の明確化，また同法を受けて見直しが行われた多くの自治体条例における消費者教育に関する規定の整備は，日本における消費者教育のあり方を考察する好機」だという[75]。しかし，運用上は複数要因によって左右されがちな状況であり[76]，「居住する地域によって自治体から受けることができる行政サービスに差異が生じることのない体制づくり」が求められるとしている。

　この時期，「47都道府県の中で最も遅く制定した」長野県の消費生活条例の制定に詳しい樋口（2009）によれば，「今回の条例制定の過程においては，最後の条例ということで，地方の消費者行政の抱える様々な問題点が，集約的な形で顕在化している」という[77]。地域の消費者が巻き込まれる消費者問題の実態や生活環境の変化に加え，予算・人員の大幅な落ち込み，消費生活相談に関する専門的な人材養成の立ち遅れなどから，「自治体の消費者行政はその役割を大きく後退させている」と指摘している[78]。そのため，「新たな行政課題への対応を十分に行いえない状況が続いているという。

---

75)　岩本（2007）237-239頁。

76)　自治体の消費者行政は，自治体の長の積極性，相談・苦情処理を担当する相談員の人材確保と資質，組織体制の整備，予算の適切な配分等の複雑な要因によって左右されがちな状況にあり，条例自体の質が確保されている場合であっても，自治体による条例の運用の如何によっては，条例に基づく行政の機能は劣るおそれがあるという。特に，機関委任事務が廃止され，自治事務の領域が広がったことにより，自治体の政策決定・立案・遂行の自由度が高まったが，同時に行財政改革による補助金制度の見直しを契機とする自治体財源の緊縮化により，地方自治法において付与された自治事務は厳しい制約下にある。加えて，自治体の長の消費者行政についての認識と意欲，また担当部局における政策決定・立案・遂行の如何によって，条例の運用，ひいては消費生活に係る行政全般が左右される可能性は，現在どの自治体にも存在する（岩本2007：230頁）。

77)　樋口（2009）64頁。

78)　樋口（2009）では，その理由として，自治体の財政制約に加え，「保護」から「自立の支援」への理念の転換が影響していると指摘する。日本の消費者運動の歴史において，当初から消費者は「自立」した存在であり，深刻な消費者の被害（権利の侵害）に対する行政の救済策として「消費者保護」の言葉が使われたと考えるべきではないかと問題提起している。

色川（2007）は，規制改革の潮流のなかで，地方消費者行政の変容について明らかにすることを目的に，全国の主要な消費生活センターの民間委託の動向を検討している。1981 年の第二次臨調から始まった規制改革の潮流は，「官による配給サービス」から「民による自由な競争・選択」へと制度の変換を例外なく行うことにあり，「またそれが，地方財政危機と結びつき，「効率的な行政」を行っていくため，国から地方に民間委託などを積極的に行うよう要請が再三なされている」状況を受けて，「地方消費者行政は大きく揺さぶられている」という。都道府県と政令指定都市を対象とした調査の結果，都道府県の全面委託が 1 割，一部委託が 1.5 割，部分委託が 1 割，未委託が 6 割，政令指定都市は全面委託と一部委託が 2.5 割あったという。ただし，これは 1970 年代の消費者行政の体制が整う段階と，規制改革のなかでも地方分権が言われてきた 2000 年以降にピークがあると述べている。地方消費者行政にとって民間委託とは，「歴史的に解決できなかった相談員の待遇問題などの固有の問題点を抱えつつ，一方では体制の充実を，他方では「効率的な行政」を求められており，それらに対応する一つの方策」であり，「民間委託とは地方消費者行政の後退なのか，それとも新しい可能性を切り開くものなのか」について，原理的な論点を踏まえて今後も考えていく必要があると指摘している[79]。

　また，熊本県と熊本市の消費者行政を分析した川口・谷村（2008）は，創成期当初から消費者教育が重要課題であり，教材作成等で教育現場に熱心に働きかけていたが，「最近では消費者行政側にあきらめムードも見受けられ，事業内容にも副読本やビデオ配布の廃止として表れている」という[80]。廃止の理由としては，「学校現場でほとんど有効活用されなかった」という点を挙げている。当時，特殊法人国民生活センターで先進的事例として紹介された市独自で制作したビデオテープについても，「行政担当者が市内全公立高校の管理職に面会し，主旨を説明して手渡ししたにもかかわらず，「全くと言っていいほど使われなかった」」という実情だったという。このような実態の要因として，「消費者行政には学校教育への遠慮が，学校現場において

79）　色川（2007）78 頁。
80）　川口・谷村（2007）56 頁。

は消費者教育への理解不足が影響している」ことを指摘している[81]。

　以上のことから，この時期は規制改革，地方分権の流れのなかで，国と地方のあり方が大きく変化し，国レベルでは消費者基本法や消費者基本計画に基づいて，消費者の自立支援の基盤整備のために精力的な調査研究が行われたが，地方自治体では国のような力強さが認められず，予算や人的資源の減少等によって，消費者教育を推進する地方消費者行政の基盤が揺らぎ，国と地方の状況が乖離していた時期であったと言えよう。

4．第Ⅳ期（2009〜）

(1)　第Ⅳ期の特徴

　2009 年は消費者庁および消費者委員会が設立された年であるが，「消費者教育について大きな進展はなかった」と細川（2013）はいう[82]。その後，閣議決定された消費者基本計画で具体的な記述が見られ，「消費者庁のリーダーシップのもと，関係省庁，学識経験者，消費者団体，教育関係者等をメンバーとする「消費者教育推進会議」を新たに開催」することを挙げた。これにより内閣府副大臣を会長，文部科学大臣政務官を副会長とし，外部の有識者を委員とする会議が 2010 年 11 月に開催され，2012 年に「消費者教育推進のための課題と方向——消費者教育推進会議の報告」が公表されている。

　岩本（2010）は，消費者庁と消費者委員会の所管すべき事務事項のなかに「消費者教育の推進に関する条項が定められていない」ことから，「国レベルにおける消費者教育の推進に向けた取り組みにおいて，消費者庁および消費者委員会が担うべき役割が明らかになっていなかった」と指摘する。とりわけ，文部科学省の関係も明らかでなく，「公立学校（高校，中学校，小学

81）　川口・谷村（2007）は他に，創成期からの地方消費者行政の 3 つの課題を挙げている。第一は，消費者行政の定義と体系化が未だ難しいこと（消費者団体が婦人団体だったことから，消費者＝婦人＝女性対策・買い物対策の認識を生み出し，1986 年から女性行政の一環に組み込まれた），第二に専管課に昇格しなかったこと，事業活動に関して効果測定の分析がなされていなかったことである。

82）　細川（2013）84 頁。

校）教育を推進する主体である自治体が消費者教育の責任主体として担う役割も具体化されていない」と当時を批判している。

また，消費者教育を受ける権利はあるものの，「実体を備えた権利ということはできず，したがって，消費者教育の実現のための法制度の整備は喫緊の課題」だと述べている。そのとき，消費者教育は生活の基本である消費生活を取り上げることから，地域の特性，歴史，風土，文化を取り込んだ教育が行われることが望ましく，「自治体が主たる担い手となる必要がある」とし，ここで特に問題となるのは，「消費者教育を教えることのできる教員数が絶対的に不足している」ことであり，人材育成に時間とコストがかかることだと述べている。

細川や岩本の指摘のように，消費者庁設置に向けた議論段階および設置当初は，消費者教育は議論の俎上に載らなかった。消費者行政全体の議論のなかで，限られた資源を集中させるとき，先にみた国の後退期と表現された時期のように，消費者教育は優先順位が低くなる傾向があると考えることができよう。このことは，福田康夫内閣総理大臣（当時）が 2007 年 10 月の所信表明演説の後，消費者庁の設置に向けた議論のなかでも，消費者教育が主要な議題になることはなかったこととも共通している。すなわち，消費者庁設置の議論と並行して，2008 年に自由民主党消費者問題対策委員会のなかに「消費者教育に関するワーキングチーム（WT）」が立ち上げられ，消費者教育に特化した議論が始まったのも，すでに政府が消費者庁関連 3 法案を国会に提出した後のことである。

しかし，この議論は，2009 年 6 月に消費者庁設置関連三法案が可決された際の参議院の附帯決議において「消費者教育に関する法制の整備」について明記されるに至り[83]，その後の政権交代等により，3 年を経て消費者教育

───────────────

83） 参議院附帯決議「16　消費者教育の推進については，消費者庁が司令塔機能を果たし，消費者基本法の基本理念及び消費者基本計画の基本的方向のもと，消費者が自らの利益の擁護及び増進のため，多様な視点から物事を捉える能力を身につけ，自主的かつ合理的な行動をすることができるよう，消費者庁と文部科学省が連携を図り，学校教育及び社会教育における施策を始めとしたあらゆる機会を活用しながら，財政措置を含め，全国におけるなお一層の推進体制の強化を図るとともに，消費者教育を担う人材の育成のための措置を講ずること。また，消費者教育に関する法制の整備につ

の推進に関する法律の成立へとつながるものとなる[84]。これにより，消費者教育の推進のための法的根拠と，より強固な推進体制が作られたのである。

　消費者教育推進法制定後の課題についての論考は，細川（2013），西村（2013），野々山（2013），消費者委員会（2016）等がある。

　細川（2013）は，消費者教育推進法の制定後に閣議決定された基本方針の策定段階で，推進のための今後の課題を次のように述べている[85]。第一に，基本方針の作成段階で十分な審議が行われること，第二に消費者教育の内容・実施方法等の速やかな具体化，第三に消費者教育を実施する担い手の育成・確保，第四に学校教育分野における関係部局の連携強化，第五に地域協議会を実効的に機能させるためのしくみの構築を挙げている。特に，第四については，「学校教育分野における消費者教育を進展させるためには，各地方自治体の消費者行政担当部局と教育委員会等の間の連携強化が不可欠であるが，現状では積極的に連携を図るための取り組みをしようとする意識や連携を促進するための仕組みが必ずしも十分であるとはいえない」と指摘し，「特に，消費者教育推進法施行の初期段階においては，国が責任をもって同法の趣旨や重要性について各地方自治体の関係部局に理解を求めるとともに，関係部局間での連携を促進するための措置を講ずることが必要」であるから，これを具体的かつ効果的に行うための方策について検討すべきだと述べている。

　西村（2013）は推進法の課題として，教職員への研修の機会の確保を「どのように進められていくのだろうか」と投げかける。「各地の教育委員会が，法にしたがい従来の教職員研修計画の中に，消費者教育研修を適切に位置づけていくことになるが，教科や学校種に依ることなく，年次研修として行い，やがては一定期間内にすべての教職員が研修を受けることが必要」と述べて

いての検討を行うこと」。

　衆議院附帯決議「12　消費者教育の推進に関しては，消費者基本法の理念及び消費者基本計画の基本的方向のもと，学校教育及び社会教育における施策を始めとしたあらゆる機会を活用しながら，全国におけるなお一層の推進体制を図ること」。

84)　島尻（2012a），（2012b）。
85)　細川（2013）87-89 頁。

第 2 章　先行研究からみた地方自治体における消費者教育推進の阻害要因　　83

いる。また，「地方自治体ごとに，独自性が消費者教育推進計画の中に描かれるべき」であるとし，「地域の実情にふさわしい形で，消費者行政や教育委員会，学校現場の教職員，消費生活センター相談員，法律家，地域福祉専門職らが相互に意見交換しつつ，効果的なプロジェクトを立ち上げられるプロセスを確保することが不可欠」であるとする[86]。法整備が整った今，それを実現させていくために，各地方自治体がどのようなアプローチをすべきか，問題提起していると言えよう。

野々山（2013）では，法制定後の今後の課題として，①実践に結びつけていく教育実践は新しい取り組みであり，実践の積み重ねが必要であること，②国と地方公共団体，その他多様な消費者教育の担い手の各主体間の役割分担は明確ではないこと（地方自治体における消費者行政本課，消費生活センター，教育委員会の役割分担も早急に協議していく必要），③「消費者市民社会」の周知，④消費者が社会貢献のために積極的に選択をするためには，情報が不十分であること等を指摘している。特に②の指摘については，地方自治体における推進体制についての問題提起である。

総務省（2014）は，消費者庁に対する政策評価のなかで，消費者庁が2013年に公表した消費者教育体系イメージマップを取り上げ，「イメージマップでは学習目標別の消費者教育の実施主体および具体的な消費者教育の実施内容が整理されておらず，学習目標を達成するための教材の作成や事業を実施すべき関係機関が明らかにされていない」ことや，「学習指導要領等の学習目標との対応関係が不明確であり，学習指導要領等の構成とも合致しない」ことを指摘している[87]。

消費者委員会（2016）は，消費者教育は生涯にわたって行われているが，「教育委員会における消費者教育の実施や，消費者行政部局との連携は十分とは言えないとの指摘があるなど，消費者教育の充実・強化のためには，なお一層の工夫と努力が必要と考えられる」といった現状認識のもと，若年者[88]を中心とした消費者教育の効果的な推進の方策について探るために消費

---

86)　西村（2013）17頁。
87)　総務省（2014）「消費者取引に関する政策評価」190頁。
88)　ここで若年層とは，小学生から20代前半までの年齢層を指す。

者教育コーディネーターのヒアリング等の調査を実施し，それに基づき提言を行っている。具体的な提言内容は，①消費者教育に関する実態調査の実施，②若年層の消費活動や消費者問題を踏まえた消費者教育の実施，③コーディネーターの設置・活動の促進，の３点である[89]。

特に③のコーディネーターの設置については，さらに次の点を具体的に述べている。第一に消費者庁は，地方公共団体においてコーディネーターの設置が促進され，その活動を充実させるため，必要な支援を行うこと[90]，第二に，当該地方公共団体の消費者行政担当部局や学校または教育委員会の意向を的確に把握するために，消費者庁および文部科学省は，コーディネーターが消費者行政担当部局だけでなく，学校または教育委員会とも意思の疎通が容易に図れるよう取り組むべきであること[91]，第三は，個人の資質・活動だけに頼るのではなく，消費者庁は，地方公共団体がコーディネーターの役割を十分に理解し，継続的に活動できるよう，地方公共団体内の役職としての位置づけを明確にするよう取り組むべきことである，という。すなわち消費者委員会（2016）の指摘は，学校における消費者教育の推進にとって教育行政との連携を阻害要因としていることを前提に，コーディネーターという具体的な施策について効果的な設置について提言していると理解できよう。

(2) 地方自治体の動向

消費者庁・消費者委員会の設置以降，継続的に地方消費者行政の充実・強化を重要な課題として位置づけてきたことから，地方消費者行政への関心は

89）　消費者委員会（2016）40-43頁。
90）　具体的な支援としては，次の通りである。① 消費生活相談員，元教職員，元行政職員，消費者団体・NPO法人・民間企業で消費者教育に携わっていた者等の幅広い分野から人材を求め，その者に対してコーディネーターとして活動するために必要な研修を実施すること，② コーディネーターの育成に有用な教材を作成・配布すること，③ コーディネーターが活動していく上で参考となるよう，先進的な活動事例集を作成・配布したり，コーディネーター同士が交流できるような機会を設けたりすること。
91）　具体的には，地方公共団体に対し，コーディネーター，消費者行政担当部局，学校等の関係者を構成員とする会議の開催等，関係者間の連携が図られていると考えられる事例の周知などが考えられる。

高まっている。例えば，地方自治体の消費者教育の推進体制に着目した池本（2013），柿野（2015）（2016c），色川（2015）（2016），西村（2016），福頼（2017）等である。また，消費者庁（2013）で先進事例を紹介する等，以前と比較して地方自治体の実施状況が多少なりとも見ることができるようになった時代でもある。

池本（2013）は，これまで消費生活センター相談員や行政職員が，地域の高齢者の集まり等に出かけて，被害にあわない教育を展開してきたことを「行政集中型」の消費者教育の構図であるとし，消費者教育推進法制定後は，地域の中継局となる消費者・消費者団体・各種関係者を育成し，中継局を通じて住民に消費者問題の発見能力や注意喚起の発信能力を育成する「地域中継型」の地域社会づくりを課題としている[92]。ただし，「活性化基金によって相談体制は強化されつつあるが，消費者行政担当職員はこの4年間に逆に減少傾向にある」ことに触れ，「活性化基金は担当職員の配置や人件費には利用できないため，地方自治体が独自の政策判断として消費者行政を重視し人員と予算を注がない限り，担当職員は増えない」ことを指摘する。また，消費者行政担当職員の取組課題は重要かつ広範であるため，「担当職員向けの研修カリキュラムを飛躍的に充実させることによって，地方自治体における消費者行政の推進を人材面で支援することが今後の重要課題」だと述べている。

柿野（2015）は，地方自治体が実施的に動きだした平成25年度を法施行1年目として位置づけ，1年目の地方自治体の動向に着目して今後の課題について述べている。特に，「具体的にどのような評価軸をもって「消費者教育推進計画」の策定に当たるべきか，地方自治体に示すべきである」ことや，「地方消費者行政活性化基金により予算は工面できているものの，「消費者教育推進計画」の策定や「地域協議会」の設置のために参考となる先進事例やノウハウの提供は不十分」であること等を指摘している。すなわち，地方自

---

92) 池本（2013）は，消費者団体は40年前に「物価・表示モニター制度」や「消費者問題連続講座」で集まった参加者グループが発端であり，消費者教育推進法により地域での消費者教育の重要性が推進されれば「40年ぶりの消費者団体の育成・支援のチャンスである」と述べている。

治体における消費者教育政策において，その具体的な支援策のあり方が明確ではないことを推進上の阻害要因として指摘している。

　色川（2015）は，すでに策定された消費者教育推進計画について，「推進に向けた新たな取り組みを示すというよりは，既にこれまでやってきたことをそのまま羅列しているものが多いという点」を問題だと指摘する。「例えば，学習指導要領に基づいた学校での消費者教育を推進するといった形式的な文言が並んでいる場合も多く，学校での消費者教育の厳しい現状を踏まえ，それを乗り越えていく可能性のみえる意欲的な推進計画策定には至っていない」と述べている。また，「これらの施策を推進しているのが，事実上，消費生活センターを抱える消費者行政担当部局だけになっている場合も多く，実質的な連携をとって，当該自治体総体として消費者教育を推進している状況になっていないところも見受けられ」ることにも言及している。

　また色川（2016）は，「地方でも消費者教育推進法に規定されて消費者教育推進計画や消費者教育地域協議会が努力義務になり，総じて制度的にも体制的にも，消費者教育はこれまでにない盛り上がりを見せている」という評価がある一方で，西村（2016）は「推進法が成立した前後でどれほど，学校での消費者教育の授業時間数が拡大されて，地域における消費者教育の充実が図られてきたのであろうか。社会制度といえるにはまだ相当の時間が必要なのだろうか」と問題提起するなど，一般的に法施行によって機運が高まっていることを評価しつつ，実際の消費者教育の実践にどれだけつながっているのか，という点については評価方法も確立しておらず，懸念材料であると言えよう。

　このような状況に対して，県の消費者行政の実務担当者の立場である福頼（2017）は，消費者教育推進法に示された公正で持続可能な社会をつくるための消費者市民教育は，「行政に総合的市民育成の役割を担わせた初の立法例」であり，その必要性を指摘しながらも，「その考えは組織内外で同意を得ることが必ずしも容易ではない」と述べている。余力のない自治体には「後回しバイアス」が働くのであり，「なぜ自治体の努力義務である消費者教育に対して限られたリソースを優先的に配分するのか，その実務的論理を構築するために敢えて小さな政府論に立ち，規制緩和や地球温暖化に対する消

費者の選択責任・行政責任を重視して，消費者教育を推進しない場合に地域に生じるリスクやデメリットを明確にすることが自治体の政策選択の根拠となる」と結論づけている。

　このように，これまで個別に消費者教育の施策，事業を行ってきた地方自治体が，消費者教育推進法により，消費者教育を「消費者政策」として努力義務ではあるが全面的に実施する必要性が出たため，地方自治体には一定の混乱があることがうかがえる。また，それを許容して推進できる地方自治体と，遅れが出ている自治体もあり，今後一層，自治体間の格差という形で表れてくることが懸念される。また，阻害要因という観点からは，消費者教育を消費者行政担当部局が単独で行うのではなく，関連機関・団体との連携によって進めていく必要性が一層高まっているが，これまで阻害要因となってきた教育行政との協働が進んだという事例は限られており，今もなおこの問題が大きく横たわっていると言えよう。

第4節　先行研究からみた地方自治体における消費者教育推進の阻害要因

　本章では，以下の仮説を提示し，色川他（2015）の時代区分に基づき，地方自治体における消費者教育推進の阻害要因について検討を行ってきた。

　仮説1：消費者教育の実施に向けた動きは，消費者行政から教育行政へのアプローチの歴史である。そのアプローチの困難さをそのまま国から地方自治体が引き継いだことにより，いわゆる「セクショナリズム（縦割り行政）」が地方自治体においても消費者教育推進の阻害要因となったのではないか。

　仮説2：特に2000年以降，地方消費者行政の弱体化のあおりを受け，予算・人の脆弱化により，消費者教育事業が充分に実施できなくなった。国が示す消費者教育の理想像と地方の実態には乖離があるのではないか。

仮説 1 の検討結果は次の通りである。すなわち，消費者教育の「萌芽期」において教材作成や教員研修が一部の地方自治体で広がったが，それは全国的なものにならず，特に，国の「後退期」の後半にあたる 1980 年代前半までに，地方自治体における教育行政との関係構築の困難さは共通理解となっていた。その後，国ではその関係構築をいかに図るかという観点から，消費者行政が教育行政に働きかける形で，学習指導要領改訂に向けた国民生活審議会による要望書を提出し，学習指導要領が充実されたり，消費者行政と教育行政の共管法人として財団法人消費者教育支援センターが設置されたりするなど，関係構築のための整備を図ってきたのである。

　しかし，このような国の動きを受けて，1990 年代には第 5 章で紹介する先行事例 A 市のように教育行政との連携による新たな取り組みも見られたが，全国的な展開には至らなかった。すなわち，地方自治体における消費者教育推進の最大の阻害要因は，教育行政と分断されてきたことであり，「セクショナリズム（縦割り行政）」が 1980 年代に問題として明確化されたものの，時代を経過してなお存続し続けていることと言えよう。

　また，仮説 2 の検討結果は次の通りである。すなわち，2000 年代以降，国では消費者基本法による地方の責務の明確化や，消費者基本計画に基づく，消費者教育の一連の調査研究が推進されたが，その間，地方自治体は人的物的資源の確保が困難となり，実質的に動きがとれなかった事実が確認できた。地方自治体は，予算，人員，組織いずれも枯渇しており，これまで続けてきた事業も廃止しなければならないほどになっていたのである。

　本章では，消費者教育の生成史を踏まえた検討を行ってきたが，今回の検討の結果，あらためて地方自治体における消費者教育推進の時代区分を行うと，図表 15 のように考えることができる。

　消費者教育推進の時代区分では，国が後退と発展を繰り返してきたように，地方自治体においても，推進するなかで問題が発生し，その対応のための政策が国レベルで実施されるという時期があることが分かる。

　問題の第一の発生時期は，1980 年代に教育行政との関係構築の困難さが明確になった時期であり，「問題明確期」（※1）と名付けることができよう。また，先行研究の分析を踏まえると，2000 年代に国では消費者基本法に基

図表 15　地方自治体における消費者教育推進の時代区分

年　代	地方自治体の動き	国の動き
1960 年代後半から 1970 年代	萌芽期	・消費者保護基本法
1980 年代	問題明確期　※1	・国の停滞期
1990 年代	内容・体制強化期	・学習指導要領の充実 ・消費者教育支援センターの設立
2000 年代	停滞・乖離期　※2	・地方分権一括法 ・消費者基本法・消費者基本計画
2010 年代	体制構築期	・消費者庁設置 ・消費者教育推進法

(出典)　筆者作成

づき，消費者の自立支援策が充実する一方で，地方分権一括法により，地方自治体の推進基盤が脆弱化する時期，すなわち「停滞・乖離期」（※2）が認められる。2000 年代以降，国では消費者基本法による地方の責務の明確化や，消費者基本計画に基づく，消費者教育の一連の調査研究が推進されたが，その間，地方自治体は人的物的資源の確保が困難となり，実質的な動きがとれなかった。地方自治体は，予算，人員，組織いずれも枯渇しており，これまで続けてきた事業も廃止しなければならないほどになっていた。すなわち，このような地方自治体の状況のなかで，2012 年に消費者教育推進法が施行され，消費者市民社会という大きな理念が掲げられるなかで，地方自治体の推進体制は盤石ではなかったのではないか。この実態を把握した上で，本書の改善策について検討を進めていく必要があろう。

　このような状況下で，教育行政との連携を深め，学校における消費者教育を先行的に進めてきた地方自治体があることも事実である。この自治体が成功した要因は何だったのだろうか。本書では，地方自治体における消費者教育推進の阻害要因を「消費者行政と教育行政の縦割り行政」と定め，地方自治体の現状を踏まえた上で，先行モデルから成功要因を探り，この改善策について検討していきたい。

第3章

成功要因分析モデルとしての
「実践コミュニティ」概念の理論的検討

　本章では，前章までの検討で明らかとなった消費者教育推進の阻害要因とされる行政組織内部の問題点を克服する視座から，他の自治体よりも早い段階から学校消費者教育を充実させてきた先行モデルを分析する理論的枠組みとして，1991年に Lave and Wenger が提唱した「実践コミュニティ」概念の検討を行う。

　まず，第1節で実践コミュニティ概念を整理し，第2節でそれを用いて行った先行研究を整理した上で，第3節では本分析で用いる分析の枠組みについて検討する。

　さらに第4節では，第1章からの先行研究の検討を踏まえ，本書のリサーチクエスチョンを整理する。

第1節　「実践コミュニティ」概念

1.　実践コミュニティ（community of practice）とは[1]

　「実践コミュニティ」の源流は，Lave and Wenger（1991：邦訳1993）の「状況に埋め込まれた学習：正統的周辺参加」にある。学習者は否応なく実

---

1)　community of practice の日本語訳については，実践コミュニティの他に，実践共同体，コミュニティオブプラクティスのように論者によって異なる訳語を用いている。ここでは，実践コミュニティの訳語を用いることにする。なお，引用文献のなかで実践共同体と使っている場合には，原文のまま記載する。

践者のコミュニティ（共同体）に参加するのであり，また，知識や技能の習得には，新参者がコミュニティ（共同体）の社会文化的実践の十全的参加（full participation）へと移行していくことが必要だとする考え方である。「正統的周辺参加」とは，新参者と古参者の関係，活動，アイデンティティ，人工物（artifacts），さらには知識と実践のコミュニティ（共同体）などについての1つの語り口を提供するものとなる[2]。

　これは，「学習」を個人の知識の獲得（内化）の過程として捉える伝統的な考え方を批判し，学習が「実践コミュニティ」への「参加」によって実践されるものとして説明する考え方である[3]。石山（2013a）は，Lave and Wenger（1991：邦訳1993）で示された実践コミュニティについて，「知識が内化する過程を学習とみなす視点から，参加そのものとみなす視点に鮮やかに切り替えた」[4]と指摘する。

　Wenger et al.（2002）は，実践コミュニティを「あるテーマに関する関心や問題，熱意などを共有し，その分野の知識や技能を，持続的な相互交流を通じて深めていく人々の集団」と定義する[5]。Wenger et al.（2002）の監修者の一人である野村恭彦は同書のなかで，日本でも多くの企業が，現場が遠いこと，組織の壁が高いといった大企業病を背景に，実践コミュニティを核とした社内革新運動を立ち上げていることを紹介している。また，組織の縦割り，分業化が進むことで，部分しか任されず全体の見えない，孤立して働く社員が増えていることから，社内に実践コミュニティを立ち上げることは新しい働き方であり，実践コミュニティは「もう一つの組織図」であるという[6]。

　Wenger et al.（2002）はビジネスパーソン向けに書き下ろした実践コミュニティの手引書であるが，その鍵となるメッセージの1つに「結局は人が，人と人をつなげる」とし，「想いを持って人と人をつなげるコーディネー

---

2) Lave and Wenger（1991：邦訳1993）1-2頁。「正当的周辺参加」については後述。
3) 樋口（2015）76頁。
4) 石山（2013a）64頁。
5) Wenger et al.（2002）33頁。
6) 同上22頁。

ター役を果たす社員」の存在が重要だと指摘する。組織をつなぐコーディネーターの想いや働きかけの強さが，組織の壁を越えられるかどうかの決め手となるのである[7]。

Wenger et al.（2002）では，実践コミュニティは作ることができるとしているが，論者や時期により多少考え方が異なっているように見受けられる[8]。Lave and Wenger（1991：邦訳 1993）では社会的歴史的文脈に埋め込まれている（すでにある），Brown and Duguid（1991）は公式組織の中に実践コミュニティを見いだす，発見する存在であるとしている。さらにWenger（1998）は，社会では古くから仕事に従事し，社会関係を構築することを含む実践の結果として集合的な学習が行われてきた，その実践の追及の結果として生じたコミュニティが実践コミュニティであると説明している。先に紹介した Wenger et al.（2002）においても，組織に本来備わっているものだが，公式組織と併存可能な概念として，企業内外に作ることができると説明していることから，実践コミュニティの存在については「公式組織の内側と外側にあり，形として見えるものと見えないものがある」と考えてよいであろう。

では，実践コミュニティは何によってその存在が規定されるのであろうか。Wenger et al.（2002）では，実践コミュニティには多様な形態があるが，基本的には「一連の問題を定義する知識の領域（ドメイン），この領域に関心をもつ人々のコミュニティ，そして彼らがこの領域内で効果的に仕事をするために生み出す共通の実践（プラクティス）」の3つの基本要素の組み合わせだという[9]。この3つの基本要素がうまくかみ合って初めて，実践コミュニティは「知識を生み出し，共有する責任を負うことのできる社会的枠組み」となるのである。

このように実践コミュニティは基本要素が明示されているものの，明確に

---

7) コーディネーターの最大の敵は「時間」であり，コーディネーター役を正式に認め，できるだけ多くの時間をコーディネーターがコミュニティのために使えるようにする必要があると述べている。

8) 松本（2012b）（2012c）。

9) Wenger et al.（2002）63 頁。

類型化されていないため,「研究者間の議論において齟齬が生じている可能性がある」との指摘もあるが[10], 実践コミュニティはあらゆる場所にあり, われわれは誰もが家庭や仕事, 学校, 趣味あらゆる場面で実践コミュニティに複数所属しており[11], また組織によって名称も形態もまちまちであり, それを生み出した状況やそれに属する人々と同じように多様であるから「認識する」ことが重要であると言われている[12]。

２．状況論的学習観の３つの分析概念

Lave と Wenger が執筆した「状況に埋め込まれた学習」により, 状況論的アプローチによる学習観, いわゆる「状況論的学習観」が宣言されたが[13], 実践コミュニティを正確に理解するためには, Wenger が執筆した 1990 年の博士論文, 1998 年の単著, 2002 年の共著から, 全体像を把握する必要がある。そこで以下では, 「実践コミュニティ」概念に加え,「正統的周辺参加」と「文化的透明性」について検討を行う。

(1)　正統的周辺参加（Legitimate Peripheral Participation：LPP）

Lave and Wenger（1991：邦訳 1993）の正統的周辺参加論の中心的な主

---

10)　中西（2015）60 頁。中西は先行研究に当たり, 日常的協働が存在する「協働型実践共同体」, 知識共有の場としての「勉強会型実践共同体」, 日常的に協働が生じている複数の部分集合によって構成されている「複合型実践共同体」に３分類した。さらに各実践共同体を分析する視点として, ①協働の発生頻度, ②組織境界との関係（越境の有無）, ③成員間の紐帯の強さ, ④公式制度との関係, ⑤共同体が意図的に作られたものか自然発生したのか, ⑥共同体の存在場所とし, なかでも①協働と②越境の有無が重要な属性だと指摘している。

11)　Wenger（1998）6 頁。

12)　Wenger et al.（2002）59 頁。

13)　伊藤他（2004：82 頁）によれば, Lave and Wenger（1991：邦訳 1993）は端々に重要な指摘が多く書かれていたものの, それは決して分かりやすい記述ではなかったという。さらに, この本は徒弟制について書かれたものだとか, 共同体の周辺から中心に向かっていくことが学習過程なのだという「誤解が生まれてしまう危険性」も付きまとっていた, と指摘している。

張は，学習を個体による知識，技能の習得過程としてだけでなく，実践コミュニティへの参加過程として理解，叙述するということにある[14]。

　正統的周辺参加の概念では，正統的と非正統的，周辺的と中心的，参加と非参加といった三つの対照的な対語をひとつの全体としてとらえ，コミュニティ（共同体）の成員性（membership）についての1つの景観を生み出す不可分の側面として位置づけている。変わりつづける参加の位置と見方こそが，行為者の学習の軌道（trajectories）であり，発達するアイデンティティであり，また成員性の形態である。

　周辺的参加が向かっていく先を，十全的参加（full participation）と呼び，コミュニティ（共同体）の成員性の多様に異なる形態に含まれる多様な関係を正当に扱おうと意図した。周辺性は「ことのはじまりを意味しており，しだいにのめり込んでいくことにより理解の資源へのアクセスをふやしていくこと」とし，十全的参加は周辺性の一側面を浮き彫りにした言葉に過ぎず，周辺性という言葉の反対語としては，無関係性や非関与性だという[15]。

　学習を実践コミュニティへの参加への度合いの増加と見ることは，世界に働きかけている全人格（whole person）を問題にすることであり，学習を参加とみなすと，それが進化し，絶えず更新される関係の集合であるというあり方に注目することになる[16]。またこのような考え方は，人，行為，さらに世界を関係論的に見る社会的実践の理論と軌道を一にし，「社会的実践を徹底的に歴史的に見る理論からすれば，人間の生産を歴史化（historicize）する営みは必然的に学習過程の焦点化に至るものだ」と指摘している[17]。

(2) 文化的透明性（cultural transparency）

　伊藤他（2004）によれば，Wenger は Lave との共著を出版したのち博士論文を執筆し，そのキー概念として「文化的透明性（cultural transparency）」という概念を加え，「正当的周辺参加」と「実践コミュニティ」の3

---

14) 高木（1999）3頁。
15) Lave and Wenger（1991：邦訳 1993）10-12頁。
16) 同上 25頁。
17) 同上 27頁。

つを状況的学習論の分析概念としたという。

Wenger はこの概念について一義的定義を与えることはせず、「むしろ諸概念同志を相互に関連づけながら、実践共同体とそこでの学習の姿を包括的に描くという研究戦略をとっている」というが、あえて定義的に記述するとすれば、「実践共同体の具体的な活動の意味や、共同体としてその活動の指す意味が、実感として理解されてくること。道具との関わり、そして周りの他者との関わりにおいて展開される実践活動を通じて、そこから立ち上がった実践共同体としての活動の意味をしること」として理解できる[18]。

また伊藤他（2004）に掲載されている高木光太郎の寄稿文によれば、概念は次のように整理される。すなわち、正統的周辺参加は「周辺」「参加の軌道」「隙間」など空間的なメタファーを用いた概念であり、実践共同体をそのなかに人びとが住み込んでいる社会空間（ネットワーク）としてとらえる。一方、文化的透明性は、「可視性―不可視性」という知覚的なメタファーを用いて構成され、当事者の視点からの世界（意味）の見えに定位した概念としてとらえるのである。すなわち Wenger 論文では、「社会空間論と知覚論という2つの異なる理論平面によって概念系が構成され、それらをベースにして学習論が展開されている」という[19]。

伊藤他（2004）は、この概念は、人と人工物との関係を問題としたテクノロジー研究と、人々の社会的実践を分析する社会学、政治学的関心とを架橋するという、きわめて今日的な意義をもち、「実践に埋め込まれた学習を読み解く上で、これらの3つの概念はどれが欠けても不備となる鼎の足として機能する」ものと重要性を指摘している[20]。この他に、実践共同体間移動を視野に入れた学習論に透明性が有効であるとする高木（1999）や、状況論的アプローチで実際のフィールドワークや会話分析の研究を紹介する上野・ソーヤー（2006）においても、この概念の重要性が指摘されている。

しかし、伊藤他（2004）は、Wenger の博士論文では、「正統的周辺参加と文化的透明性をどのように結びつけるかという問題が十分に検討してお

---

18)　伊藤他（2004）146 頁。
19)　同上 153 頁。
20)　同上 86 頁。

らず，両概念が併置されるにとどまっている」とし，2つのパースペクティブの関係づけ，ないしは切り替えの作法がきわめて重要だと指摘している[21]。

(3) 学習の社会的理論（Social theory of learning）

　実践コミュニティ概念について検討するにあたり，Lave and Wenger（1991：邦訳 1993）から続く「学習の社会的理論」の基本的なスタンスを明らかにしている Wenger（1998）が重要な分析枠組みを提供していると思われる[22]。学習の社会的理論の要素には，「意味」「実践」「コミュニティ」「アイデンティティ」の4要素があり，これらが相互に関連しているとする。4要素については，以下の通りである[23]。

意味：われわれの生活や世界を意味あるものにするための（変化する）可能性について個人的に集団的に語る方法

実践：活動における相互関与を持続させることができる，歴史的・社会的な資源，枠組み，見方を共有することについて語る方法

コミュニティ：われわれの企ては価値ある追及であり，われわれの参加が能力として認識できるという，社会的布置（Social configurations）について語る方法

アイデンティティ：学習はいかにわれわれが誰であるかを変化させ，コミュニティの文脈のなかで形成される個人史をいかにつくるかについて語る方法

　なかでも「意味」は，図表 16 に示すような構造をもっており，「意味の交渉（negotiation of meaning）」と呼ばれるプロセスに位置づけられている。意味の交渉は「参加（participation）」と「物象化（reification）」と呼ばれる2つの構成プロセスの相互作用を含むものであり，「参加」と「物象化」

---

21)　伊藤他（2004）154-155 頁。
22)　先行研究には，松本（2017）が一連の実践共同体の研究のなかで，Wenger（1998）を読み解くことを目的としたものや，薄井（2013），平出（2015）等がある。
23)　Wenger（1998）5 頁。

第 3 章　成功要因分析モデルとしての「実践コミュニティ」概念の理論的検討　　97

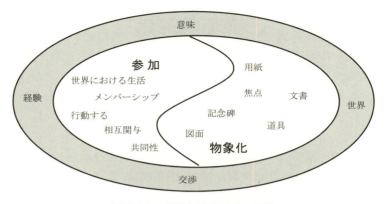

図表 16　参加と物象化の二重性

（出典）　Wenger（1998）73 頁をもとに翻訳の上，筆者作成

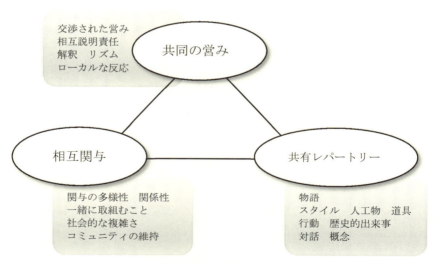

図表 17　コミュニティの特性としての実践の次元

（出典）　Wenger（1998）73 頁をもとに翻訳の上，筆者作成

は，人類の意味の経験に対する基礎であり，それゆえ実践の本質であるという二重性を持っている[24]。ここで「参加」とは，「社会共同体でのメンバーシップと社会的活動への能動的関係のための世界における生活の社会的経験」であり，「物象化」とは，「経験を「客観的実在性」に固定化させる物象を生み出すことによって，形を与えるプロセス」である。

物象化は，明示的（explicit）なものだけでなく，暗示的（tacit）なものも含んでおり，それらを区分することは難しい。ただし，相互の関与（mutual engagement）を通じて，共同の営み（joint enterprise）を行い，共有レパートリー（shared repertoire）として明示的または暗示的なコンテクストを含むことを理解できることが，「実践コミュニティのメンバーの証（sign）」だと認識できるようになる。この相互の関与，共同の営み，共有レパートリーについては，コミュニティ特性としての実践の3つの次元としてまとめられているものである（図表17）。

3. 「実践コミュニティ」概念を分析枠組みとするためのキーワード

分析枠組みとするためのキーワードとして，実践コミュニティの特徴の1つである「多重成員性（multimembership）」，実践コミュニティをつなぐ「ブローカー（broker）」，実践によって提供されたつながりの3タイプ「境界実践（boundary practice）」，「重なり（overlaps）」，「周辺（peripheries）」，実践コミュニティ内で活動する「コーディネーター（coordinator）」を取り上げる。

(1) 多重成員性（multimembership）

私たちは過去あるいは現在，十全的あるいは周辺的に多くの実践コミュニティに所属している[25]。多重成員性とは，一人の成員が「同時に複数の実践共同体に所属すること」（Wenger：1998），あるいは「実践共同体と公式組織に同時に所属すること」（Wenger et al.：2002）である。所属する先は実

---

24) Wenger（1998）52頁。
25) 同上158頁。

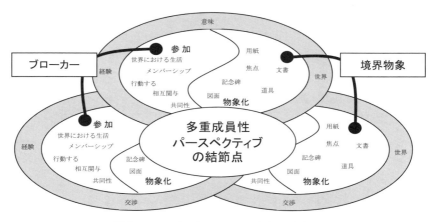

図表 18　つながりとしての参加と物象化

(出典)　Wenger（1998）105 頁をもとに翻訳の上，筆者作成

践共同体のみの考え方と，公式組織も加わった考え方と異なるが，いずれも一人の成員のもつ複数の成員性に着目した考え方である。

　図表 18 は，図表 16 に基づき，複数の実践コミュニティに所属する様子が，つながりとしての「参加と物象化」の側面から描かれたものである。多重成員性を構成する諸成員間の「結節（nexus）」が中央にあるが，学習者は自分にかかわる諸成員間の葛藤，矛盾をやりくりしつつ結節が構築されていく，「調整（reconciliation）」という過程を経ているという。

　多重成員性は，McDermott（1999）が Wenger らの実践コミュニティ研究をもとに提唱した二重編み組織（double-knit organization）をもとに，Wenger et al.（2002）で体系的に提唱されている。二重編み組織とは，実践コミュニティと公式組織の複合的な組織概念であり，実践コミュニティがクロスファンクショナルチームを連結する役割を持っているという[26]。McDermott はチームと実践コミュニティの違いを図表 19 のようにまとめている。

---

26)　松本（2012b）73-77 頁。

図表 19　チームと実践コミュニティの違い

チーム	実践コミュニティ
成果物によって動かされる ・共有された目標と結果 ・文書に定義づけられた価値 ・結果としての成果に価値がある	価値によって動かされる ・共有された関心や実践 ・探究・発展する価値 ・進行中のプロセスに価値がある
タスクによって定義される ・相互依存的なタスク ・明確な境界	知識によって定義づけられる ・相互依存的な知識 ・行き来可能な境界
作業計画を通じた発展 ・全員の貢献 ・人工物や作業計画を通じた管理	有機的な発展 ・変化しやすい貢献 ・つながりを作りだすことによる管理
コミットメントによる結束 ・共同責任 ・明確な合意に基づく ・チームリーダーやマネージャー	アイデンティティによる結束 ・互恵的貢献 ・信頼に基づく ・コアグループやコーディネーター

（出典）　McDermott（1999）松本（2012b）をもとに筆者作成

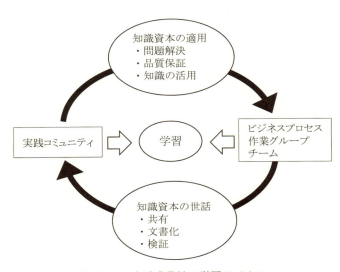

図表 20　多重成員性の学習サイクル

（出典）　Wenger et al.（2002）53 頁をもとに筆者作成

また Wenger et al.（2002）は，組織が自らの経験から知識をフルに活用するためには，知識の世話人であるコミュニティと，知識が適用されるビジネスプロセスとを緊密に織り合わせ，いわば「二重編み」の組織を作り上げる必要がある，と指摘している[27]。実践コミュニティを作りだすことができる立場の Wenger et al.（2002）では，図表 20 に示すように，一人の成員の多重成員性が学習のループを生み出し，知識資本の適用および世話をすることで，多様な価値を創造することができると考えるのである。

(2)　ブローカー（Broker）

　図表 18 に示された多重成員性の結節点の図には，実践コミュニティと実践コミュニティをつなぐ「ブローカー」の存在が示されている。ブローカリングとは，「ある実践を他に紹介する要素を持った人によって作られるつながり」であり，境界物象が「もの」によるつながりであるのに対し，「人」によるつながりとして理解することができる[28]。

　ブローカリングは，実践コミュニティが外部との関係を作る共通の形である。ブローカーは実践コミュニティを超えた新しいつながりを作り，コーディネートを可能にし，さらにそれが意味の新しい可能性をもたらすが，その仕事はパースペクティブ間の翻訳，調整，整理のプロセスを含んでおり，複雑である。しばしばブローカリングは，多重成員性の相反する関係性を必然的に伴うこともある。

　また，ブローカーが影響を与えるには十分な正統性が必要である。その役割から，ブローカーは十全的参加者になるために引っ張りこまれること，新入者として拒否される，という対照的なことを避けなければ，ブローカリングを十分に果たすことができない。ブローカーには，メンバーシップと非メンバーシップの共存に注意してマネジメントする能力が必要である[29]。

　Wenger（1998）によれば，境界において，人と人が出会う形には，「1 対1」（one on one），「没入」（immersion），「代表者」（delegations）の 3 タイ

---

27)　Wenger et al.（2002）51 頁。
28)　Wenger（1998）105 頁。
29)　同上 108-110 頁。

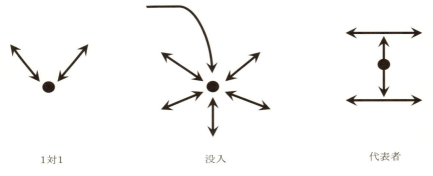

図表21　境界の出会いのタイプ

(出典)　Wenger（1998）113頁をもとに翻訳の上，筆者作成

プあるという（図表21）[30]。「1対1」で対話する形は，境界がある二つのコミュニティの2人のメンバー間で会話する方法である。「没入」は外部からコミュニティを訪問する形であり，訪問者は効果を最大限にするために，訪問先の実践コミュニティについて，メンバーがお互いにどのように従事しているかについてより広い基礎知識を与えなければならない。しかしこのプロセスは，たいてい一方向の関係になり，訪問者がホームの実践でどのような重要な機能を果たしているのか，ホスト側は目にする機会はない。また，「代表者」は，各コミュニティの参加者の代表が出会う時，意味の交渉が境界の向こうで，コミュニティ間のメンバー間で同時に起こる形である。

(3)　実践によって提供されたつながりの3タイプ

実践は，外部と内部の境界線の源泉になることに加えて，つながりの1つの形になることもできる。この場合，図表17でみた，相互関与，共同の事業，共有レパートリーの三次元がつながりを生み出していく源泉となる。実践は一緒に何かをするということに優位性があり，時間とともにつながりそれ自体が歴史を獲得する。実践によって提供されたつながりには，「境界実

---

30)　Wenger（1998）112-113頁。

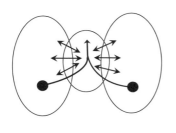 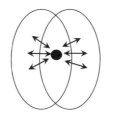 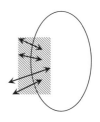

　　　　境界実践　　　　　　　　重なり　　　　　　　　周辺
　　　　図表22　実践によって提供されたつながりの3タイプ
　　　　　　　　　　（出典）　Wenger（1998）114頁をもとに翻訳の上，筆者作成

践」(boundary practice)，「重なり」(overlaps)，「周辺」(peripheries) の3タイプに分けられる（図表22）[31]。

　「境界実践」は，境界への出会い（特に，代表者が多様であるとき）が，相互関与の形を作り始めるとき，実践も起こり始める。その結果は，集団的なブローキングの形となる。例えば，タスクフォースや役員会，組織横断チームがあるような組織において一般的である。境界実践の考え方は，そのプロセスが完全に自分の中に含まれないときにのみ機能する。境界実践は，参加と物象化をつなぎ，境界物象や孤立したブローカーの問題を解決する。多くの永続的な実践コミュニティは，二つの実践を一緒に連れてくるような試みに発端がある。

　「重なり」は，特別な境界は必要ないが，二つの実践の間が直接的，継続的に重なることによってもたらされる形である。二つの実践コミュニティから人が出てきて，共同事業を行うことで実践が生まれ，実践コミュニティの学習に有効な重なりが生まれるという考え方である。「周辺」は，周辺を開放するという形である。周辺的な経験を，正式なメンバーになるための軌道に乗っていない人たちに対して提供することで，実践コミュニティは残りの世界とつながっていることができる，とする考え方である。

　実践をもとにしたつながりにおいては，Wenger（1998）が場所性（local-

---

31)　Wenger（1998）114-118頁。

ity）の議論をするなかで登場する実践コミュニティの集合体を意味する布置（constellation）の考え方も重要である。布置は，1）歴史的なルーツを共有している，2）関連する企てをもっている，3）目的にかなっている，または組織に所属している，4）似たような状態に直面している，5）共通のメンバーがいる，6）人工物（artifacts）を共有している，7）近接か相互作用の地理的関係がある，8）重なり（overlapping）の形か対話がある，9）同じ資源を競合している，という観点をもつ。これらによって，単体の実践コミュニティからより広い輪郭を定義する密接な関連性を作ることができるとしている[32]。

⑷　コーディネーター（coordinator）

　コーディネーターは，Wenger et al.（2002）に多く登場するキーワードである。コミュニティのコーディネーターとは，「メンバーの中で，コミュニティが領域に焦点を当て，さまざまな関係を維持し，実践を開発することができるように手助けをする人」[33]を指す。コーディネーターの重要な職務には，①領域内の重要な問題を特定する，②コミュニティのイベントを企画し，推進する[34]，③コミュニティ・メンバーを非公式に結びつける，組織内のユニット間の境界を越えて知識資産を仲介する，④メンバーの成長に手を貸す，⑤コミュニティと公式の組織（チームやその他の組織単位）との間の境界を管理する，⑥実践（たとえば知識ベース，教訓，ベストプラクティス，ツール，方法，学習イベントなど）の構築に手を借す，⑦コミュニティの状況を判断し，メンバーや組織への貢献を評価する，があるという。コーディネーターの主な役割は「人と人を結びつけること」とも言え，優れたコーディネーターは人脈を作るための対人能力に優れ，メンバーが成長するために何が必要かを理解できたり，組織の橋渡しができるだけの戦略的，政治的手腕を持っていなければならなかったりするため，「リーダーシップのわな」

---

32)　Wenger（1998）127頁。

33)　Wenger et al.（2002）131頁。

34)　これがコーディネーターの役割の中で，最も目につく仕事である，と述べられている（同上）。

にはまることが多い[35]。

　また，コーディネーターの仕事の大部分は，コミュニティのメンバーや組織の目に触れない状況にあり，特にコミュニティの内外でネットワークを作るといった社会的な側面の仕事は，軽視され，正当に評価されないという。そのため，コミュニティ・コーディネーターに正統性を与えることが重要だと指摘している[36]。

　コーディネーターに必要なスキルとして，理想的には一般的な管理能力や対人スキルに加え，「企業内コミュニティの組織化」のスキルも必要だという。これは例えば，コミュニティを立ち上げるための活動，立ち上げの設計，効果的な知識共有イベント，コミュニティの私的公共空間で関心を高め参加を促す方法，ナレッジ・レポジトリーの管理，価値の評価を含んだ開発ワークショップを行い，非公式な助け合いの基盤となる信頼とコミットメントを築くことができるようになるという[37]。

　さらにその先に，Wenger et al.（2002）は「コーディネーター・コミュニティ」を持つことを勧める。これは「コミュニティ開発」という領域を持つ実践コミュニティである。コーディネーター・コミュニティは，成功するコミュニティを開発するためにはどのように手を貸すのが最も効果的かを探る，またとない機会になると述べられている。

---

35)　リーダーシップのわなとして，コーディネーターが失敗する理由としてよく見受けられるものに①コーディネーターが他の仕事を優先して，任務を遂行するために「時間」を割かないこと。②会合などのコミュニティの公的空間に注目して，私的空間（会合の合間に個人と個人を結びつけたり，廊下を歩きまわったりしてメンバーが直面している問題を探る等）をおざなりにすること，③メンバーとの人脈を作る能力を欠いている場合があること，④専門的な知識の素地がない場合，率先してコミュニティを前進するのは難しいこと，の４つを指摘している。Wenger et al.（2002）134頁。

36)　Wenger et al.（2002）142頁。

37)　同上 304-305頁。

106

第2節　実践コミュニティ概念を活用した先行研究

1. 主要な研究動向

Lave and Wenger の著書「状況に埋め込まれた学習」に登場した「実践コミュニティ」概念について，わが国では当初教育学を中心として，実践コミュニティ間の移動を視野にいれた学習論のために「透明性」概念が有効に機能することを指摘した髙木（1999）の研究や，Wenger の博士論文から「文化的透明性」概念の理解に貢献した伊藤他（2004），文化と状況的学習論について実践，言語，人工物へのアクセスへのデザインからアプローチをした上野・ソーヤ（2006）が見られた。

近年，主に実践コミュニティ概念を関連する概念との比較でその実像に迫ろうとする松本（2012b）（2012c）（2013a）（2013b）（2015a）（2017）が目立つが，地域の産業集積との関連で論じた樋口（2015），経営・マーケティングとの関連で論じた小出（2015b）等，経営学を中心とするさまざまな学問分野でこの概念の有用性が指摘されている。

例えば，地域の産業集積について論じた樋口（2015）は，「地域において様々な形で形成される実践コミュニティへの参加のプロセスが，地域における学習の特色の1つ」とし，「これまで重視されてきた非公式なネットワークの形成や，わが国独自の産官学によるビジョン，研究会などを通じた地域内の情報交換も，地域における実践コミュニティの形成とコミュニティへの地域企業等の参加，学習のプロセスとして捉えることが可能ではないか」と指摘する。特に，地域の産業集積の事例の多くは，産官学連携の事例も含めて，「教師と生徒のような一方向の関係は成立しておらず，様々な立場の産業の関係者が非公式なネットワークや，地域で組織された研究会などに自由に参加し，各自の成果につなげている。こうした産業集積に関連する参加と社会的実践のシステムは，地域における学習の役割を示す好例」だとし，「学習の概念は，多様な主体の参加と，自主的な取組みにより推進される持続可能な地域づくりにおいても，重要な役割を担う」と，その可能性について指摘している[38]。

実践コミュニティ概念を経営・マーケティングへの適用に向けて検討した

平出（2015a）は，「経営・マーケティングにおいての「実践」は振り返るべき重要な議論である」とし，マーケティングやアントレプレナー研究の分析ツールとして「具体的な行動・実践の質的分析に対して適用可能な概念」であると述べている。具体的には，「アントレプレナーがイノベーションを起こした際に，どのような人々と相互関与をおこない，何を共同の営みとして活動したのか，その際に意志の疎通とその深化のためにどのようなものが共通領域になっていたのか，知識（暗黙知・形式知）はどのようにして伝達されたのかなど，詳細な質的研究を可能にしてくれるのが実践コミュニティ概念である」と述べており[39]，平出（2015b）において，助産院を対象として実践コミュニティ概念を適用した研究を行っている。

上記の研究動向に加え，以下では，実践コミュニティの先行研究について，その「所在」の観点と「関与」の観点に分けて，実践コミュニティを用いる有用性について検討したい。

2．実践コミュニティの「所在」の視点からみた先行研究

実践コミュニティは，既述の通り「公式組織の内側と外側にある。形として見えるものと，見えないものもある」と考えられる。そのため，同じ実践コミュニティを対象とした研究でも，どの立ち位置で論じているのか明確にした上で用いる必要がある。

実践コミュニティは，まずその所在という観点から，特定できる明示的な実践コミュニティに焦点化し，そこへの参加に着目した研究（徳舛：2007，河合：2012，荒木：2007，荒木：2009 他）と，状況の中から実践コミュニティを位置づけ，その意味や効果を見いだしていく研究（松本：2012a，2015b，2015c，平出：2015a，孫他：2012，）に大きく区別できる。

本書において理論的枠組みを構成していく上で，第一に重要となるのは，状況のなかから実践コミュニティを位置づけ，その意味や効果を見いだしていく研究の手法である。実践コミュニティと現場組織の相互作用について明

---

38)　樋口（2015）78-79 頁。
39)　平出（2015a）61-62 頁。

らかにするため，介護施設で行われる学習療法の導入を取り上げた松本（2012a）が事例分析の１つの可能性を与えてくれる。ここで登場する学習療法は，介護職員が日々の介護業務で時間的余裕がないため導入は簡単ではないが，導入に成功した組織はトップの強い意思で進められ，現場のスタッフによってその理解と技能向上のために「実践コミュニティ」が形成されていたという[40]。一つの社会福祉法人で複数の形態の施設があるような場合，一つの話題で議論することは少ないが，介護度にかかわらず同じやり方なので，多様な立場の職員が関わり，Wenger et al.（2002）のいうローカルに孤立した専門家を結びつける価値をもっていた。また，その実践コミュニティでの経験を通じて，さらなる学習活動につなげるという，学習のループ（Wenger et al. 2002）も構築されていた。さらに，県全体の介護施設を対象にした研究会や，施設間の職員同志の交流も行われており，これが施設間交流を促進する大きな実践コミュニティとなり，重層的構造を作り出すことでより多くの交流が促進されていることが紹介されている。介護施設における学習療法導入の事例は，実践コミュニティのもたらす「実践に基づいた視点と知識」が，組織活性化に寄与することを明らかにしている。このような分析手法は，通常の活動を，実践コミュニティとして積極的に位置づけることによって明確になることがあり，非常に有益である。

　また，助産院経営のアントレプレナーシップについて実践コミュニティが果たす役割について考察した平出（2015b）では，Wenger（1998）の実践コミュニティ３要素（相互関与，共同の営み，共有領域），正統的周辺参加，交渉の意味，物象化の概念を用いて事例分析を行っている。助産院事業を遂行し，評価されている助産院経営者をアントレプレナーであると捉え，「アントレプレナーの能力は個人に組み込まれているのではなく，実践コミュニティを活用できる能力である」とし，助産院経営者と組織のエスノグラフィー調査を実施した。調査対象は，内外から評価が高い 1987 年開業の M 助産院と，メディア等でカリスマ助産師と紹介される院長の Y 氏とし，事業の発展がいかにしてなりえたのか，アントレプレナーシップが発揮される経

40）　松本（2012a）593-601 頁。

過と継続に関連したと考えられる実践コミュニティについて分析している。結果として，M助産院では，Y氏がアントレプレナーシップを発揮し，質の異なる実践コミュニティを社会的基盤として活用しながら事業を遂行し，各実践コミュニティを総合することで，M助産院のバリューチェーンを確立させ，事業を成立させていることを明らかにしている[41]。このように，先進事例を分析する枠組みとして実践コミュニティとアントレプレナーシップの能力を関連づけて分析しており，アントレプレナーの能力を「実践コミュニティを活用できる能力」という点に着目して分析していくことで，その関係性が明確になる。

　さらに，孫他（2012）は，従来，実践に対する共同体の成員たちの関与性〈アイデンティティ〉が主要な関心事となることが多かったが，状況的学習論では重要視されている実践における環境的物在，いわゆる人工物〈アーティファクト〉を取り上げ，〈実践〉〈アイデンティティ〉の3つを基本概念に据えた実践共同体論を理論的フレームワークとし，地域防災実践について総合的に考察している。〈アーティファクト〉とは，触れることのできるモノ，事物に加え，人々の〈実践〉が反復されて固定化し，あたかもモノであるかのように取り扱われるようになった制度や組織，規則などの対象物も含めて考えている。取り組みの時期を3つのフェーズに区切って分析した結果，アーティファクトとして2つの防災マップが登場したが，「実践共同体において果たした機能がまったく異なっていた」という。すなわち，第1フェーズは，学校の授業という実践の中で，小学生らが防災マップを作成したのだが，これは教師と小学生というアイデンティティを支えるアーティファクトであった。しかし，第2フェーズでは，学校での実践と，それまで主に地元自治体と一部の住民のみが関与していた地域防災という〈実践〉とを新たに結びつける〈アーティファクト〉として機能し，共同的な実践を担う組織の安定化に寄与したり，避難所という新しいハード施設をもたらすようになったりしたという[42]。このように，目に見える形でアーティファクトを捉えることで，活動の流れやその相互作用が見えるようになり，これまで分析対象

41）　平出（2015b）63-141頁。
42）　孫他（2012）217-232頁。

110

となりにくかった事象を取り上げることができるだろう。また，この孫他の扱いは，Wenger（1998）の意味の交渉プロセスの参加と物象化のなかでも，特に物象化に重きをおいた考え方，コミュニティの共有のレパートリーの人工物（アーティファクト）に着目した考え方であり，人工物を取り上げていくことで，それを媒介とする関係性の違いにも視点を広げることができ，有益であろう。

3．実践コミュニティへの「関与」の視点からみた先行研究

実践コミュニティへの関与を動的な視点で捉えるのは石山（2013a），(2013b)，(2016) の研究である。石山は，地域，企業と異なるフィールドを対象としながら，地域の「外部のキーパーソン」(2013a)，企業の外から内へ還流する「ブローカー」(2013b)，企業内外に同時に参加する「ナレッジ・ブローカー」(2016) を取り上げ，概念整理や事例研究を行ってきた。

第一に，石山（2013a）は地域活性化における実践共同体が生成されるとき，「外部のキーパーソン」が含まれているケースがあり，その場合にどのような課題と対処の過程があるのかを述べている[43]。地域における実践共同体の活動のあり方には，①大学など，教育機関と地域が連携して実践共同体を生成する事例，②地域における横断的な人材育成のために実践共同体が生成される事例，③地域活性化にむけ内発的に実践共同体が生成される事例，④外部団体と地域が共同する方式での実践共同体の生成の事例があるが，①，③，④類型には外部のキーパーソンが関与することがあるという。

石山も指摘するように，これまでの研究は，「実践共同体の状況を明らかにする研究が主であった」が，本研究を通して「実践共同体が自然に生じるだけでなく，一定の前提条件が存在する場合にはモデル化された過程により，生成が促進される可能性がある」ことが明らかになっている。このモデル化された過程は，消費者教育をはじめとするさまざまな普及・推進という観点から非常に有益である。特に地域では，地域活性化に対する消極的な姿勢が

---

43)　石山（2013a）63-75 頁。

基調になっていれば，実践共同体の定義である特定のテーマへの関心が維持できず，情熱が共有されるのは困難となるが，外部のよそ者，特に若者のように異質性が高く，構造同値ではなく存在が触媒として関与することが有効だという。このような外部のよそ者は，新たな実践共同体を生成するだけでなく，その地域の状況のなかにある実践を見いだし，位置づける役割も果たすことも考えられよう。

第二に，石山（2013b）は，外部の実践共同体に越境参加し，企業にその成果を還流する「ブローカー」の学習内容とそのプロセスについて実証的に研究した[44]。先行研究のレビューから，「協働構成的な仕事に従事する場合には越境という行為が欠かせないものであること，その際には多重成員性に基づくブローカリングという行為が重要であること」が示唆されている。

ブローカリングについては，企業内部の反発が大きいという。反発が生じるのは，「ブローカーの存在と意義が企業に認知されていないことが理由の一つ」と考えられが，とりわけ，協働的な仕事の比重が増加していく企業においては，ブローカリングの便益は大きいので，「ブローカーの存在と意義を理解し，積極的に受容する企業文化を醸成していくことが，企業にとっての今後の重要な課題になろう」と述べている。

第三に，企業内外の複数の実践共同体に同時に所属し，その実践を仲介するナレッジ・ブローカーに注目した石山（2016）の研究が本書に参考になる枠組みを与えてくれる[45]。ここでは，企業内外の複数の実践共同体に同時に所属し，その実践（知識）を仲介するナレッジ・ブローカーの概念を検討し，その役割の詳細を明らかにしたものであるが，知識移転論やネットワーク理論で示されていた知の移転を，実践共同体という概念に基づき，個人と共同体の相互作用のなかで，ナレッジ・ブローカーの存在が成立するプロセスに関する命題として提示した点に特徴がある。知識移転およびネットワーク理論とナレッジ・ブローカーの関係については，ナレッジ・ブローカーの役割を，連結されていない2者間（つまり構造的空隙がある場合）の知識と情報を，組織を橋渡しする，またはゲートキーパーとして機能することで仲介す

44）　石山（2013b）115-132頁。
45）　石山（2016）17-33頁。

ることが重要（Boari & Riboldazzi：2014）であることを紹介し、「構造的空隙のある２者間を仲介することは、受け手と送り手の困難な関係を緩和するし、２者に知識と情報が共有されれば、解決すべき問題の因果の曖昧性も減少していく」と述べている。

　また、ナレッジ・ブローカーが複数の共同体の正統性、アイデンティティを調停するプロセスについて５つの命題を設定し、成立プロセスを提示している。命題については、第一に、知識労働者が企業内外の異質型実践共同体の多重成員性を有する場合、各共同体で形成された異なるアイデンティティの併存を、自らのなかで許容する。すなわち、多様な価値観を変容する。第二に、知識労働者が多重成員性を有する場合、ノットワーキングの習熟が促進される。第三に、多様な価値観を受容し、ノットワーキングに習熟した知的労働者は、複数の実践共同体における異質な他者と関係性を構築し、複数のアイデンティティを調停する。すなわち多様な価値観を統合する。第四に、多様な価値観を統合する過程を経て、多重成員性を有する知的労働者は、ナレッジ・ブローカーとして知識の仲介行為に習熟していく。第五に、ナレッジ・ブローカーによって知識の仲介が成立すると、仲介先の共同体の正統性、すなわち知識体系が変容し、共同体の維持・向上に寄与する。以上の命題に基づき、多重成員性をナレッジ・ブローカーに関するモデルを提示し、実証研究に向けたナレッジ・ブローカー測定可能なものとするために、第四の命題が示す仲介行為そのものと、第三の命題が示す多様な価値観を統合する意識、行動に分割できるという。また、ナレッジ・ブローカー概念に正の影響を与えるであろう多重成員性の尺度としては、第一の命題の多様性の変容と、第二の命題のノットワーキングに分割できること等、述べられている。

第３節　実践コミュニティ概念の有用性

　以上、実践コミュニティ概念および先行研究等で明らかになった視点から、成功要因を明らかにする概念として有用性を検討してきた。
　前出の通り、実践コミュニティは、「あるテーマに関する関心や問題、熱意などを共有し、その分野の知識や技能を、持続的な相互交流を通じて深め

ていく人々の集団」であり[46]，その存在は「公式組織の内側と外側にあり，形として見えるものと見えないものがある」ため[47]，「認識することが重要」である[48]。

　実践コミュニティは「状況に埋め込まれた学習」として有名になったが，この理解には「正統的周辺参加」と「文化的透明性」の概念が重要だという指摘があった。高木（2004）によれば，正統的周辺参加は，「周辺」「参加の軌道」「隙間」など空間的メタファーを用いた概念であり，実践共同体のそのなかに人びとが住み込んでいる社会空間（ネットワーク）として，文化的透明性は「可視性―不可視性」という知覚的なメタファーを用いて公正され，当事者の視点からの世界（意味）の見えに定位した概念として捉えられるものである[49]。

　そのようななか，Wenger（1998）の学習の社会的理論が有益な分析枠組みを与えてくれる。その要素である「意味」「実践」「コミュニティ」「アイデンティティ」の4要素は相互に関連し，特に「意味」は参加と物象化の相互作用である「意味の交渉」を行っている。物象化は明示的なものだけでなく，暗示的なものも含むため区別は難しいが，「相互の関与」を通じて，「共同の営み」を行い，物象化による「共有レパートリー」を理解できることが，「実践コミュニティ・メンバーの証」として認識できるようになり，これがコミュニティ特性の実践の三次元である。以上の概念は，実践コミュニティの「所在」に関する概念整理であり，これを用いた先行研究もこの概念の有用性を示唆している。

　一方，実践コミュニティへの「関与」といったダイナミックな動きを表す概念として，「多重成員性」，「ブローカー」，実践によって提供されたつながりの3タイプ「境界実践」「重なり」「周辺」，「コーディネーター」について検討を行った。これらの概念は，先行研究でも用いられているように，実践コミュニティの誕生や成長といった時間的分析軸として，また，その関与の

---

46)　前掲 Wenger et al.（2002）。
47)　本章 70 頁。
48)　前掲 Wenger et al.（2002）59 頁。
49)　前掲伊藤他（2004）153 頁。

114

あり方を明示的に検討する場合に適用可能となろう。

第4節　本書のリサーチクエスチョン（RQ）の設定

ここまでの先行研究を振り返り，本書では以下3つのリサーチクエスチョン（RQ）を設定する。

1．地方自治体における消費者教育推進の人的構成に関するRQ

1993年に「地方分権に関する決議」が採択されたことから始まる，国と地方の関係を見直す動きは現在まで段階的に行われており，国と地方自治体の関係は主従関係から対等関係へと変化し（山田・代田：2012），地方行政や地域政策に向かう関心は時代とともに高まってきた。地方自治体の地方自治を支える地方公務員は，一般的に組織の活性化を目指して人事異動を繰り返すが（中嶋・新川：2004他），近年では専門性の観点から，公務員のあり方を含む組織の専門性について注目が集まっている（稲継：2011a，大谷：2016等）。

このような地方自治体における消費者行政に着目すれば，消費者行政は地方から誕生し，1960年代に国の政策として取り入れられ，1969年の地方自治法の改正に「消費者保護」が地方の自治事務として位置づけられた新しい行政分野である。そのため，消費者保護以上の「消費者教育」そのものは，自治事務として法的位置づけが明瞭でないという側面を持っている（地方消費者行政推進本部制度ワーキング：2011）。

国と地方の消費者政策については，消費者基本法第4条「地方自治体の責務」において地方自治体が消費者政策の推進主体であることを法は定めているにもかかわらず，現状では「地方消費者行政の現況調査」で一部その脆弱な推進体制が見られるものの，地方自治体の消費者政策そのものをブラックボックスにしており，政策主体としての地方自治体の問題が明確でないまま，国が政策推進を行うことが問題であることを指摘した（20頁）。

地方自治体の消費者政策のなかでも，消費者教育に着目すると，2012年

に消費者教育の推進に関する法律（推進法）が成立した。柿野（2017a）は基本方針（閣議決定）で示された「消費者市民社会形成の推進役」として重要な役割を果たす「コーディネーター」が消費者教育の担い手として位置づけられたことに対し、「これまでの担い手と言えば、教員や消費生活相談員、消費者団体のような消費者教育を実施する直接的な主体であったが、地方自治体において間接的に支援を実施する存在を「コーディネーター」として担い手に位置づけたことは、消費者教育推進の大きな転換点である」と指摘したが、福頼（2017）は自治体の自治事務について地方の特性に特に配慮するべき立法原則により、義務的事務の創設が抑制的であるような法律上の構成は、「国レベルで消費者教育の推進を掲げたとしても、その具体的な実現に際して、各自治体の判断により温度差が発生する余地を残す」との問題意識を指摘する。すなわち、実質的な消費者教育の推進に向けて、法の成立だけでは不十分であり、地方自治体において、推進法の基本理念に示された「政策」が実現できるのかどうか、そのためには、地方自治体を消費者教育の政策主体と捉え、その推進における現状と課題を明確にすることが不可欠と言えよう。

　特にそのなかでも、基本方針で明示された「消費者市民社会形成の推進役」である「コーディネーター」について議論を深め、地方自治体における消費者教育政策のあり方を解明する前提条件を明らかにするために、地方自治体内の消費者教育推進体制を人材の面から把握し、その実態に基づいて議論を進めていくことが重要であると考えた。

　そこで、本書の第一のリサーチクエスチョンは、次の通りである。

——RQ1：地方自治体における消費者教育推進体制の人的構成はどうなっているのか？

　RQ1 では具体的に、消費者行政内部において消費者教育を担当する人材はどのように配置されているのか、配置された人材の相互の関係性はどのようなものか、消費者教育担当職員はどのような課題を抱えているのかという点について、都道府県および政令市、県庁所在市の消費者行政担当職員を対象としたアンケート調査分析から人的構成を明らかにする（第4章）。

２．先行モデルの成功要因に関する RQ

第２章で消費者教育推進に関する先行研究を歴史的に検討した。国における消費者教育推進の発展段階を示した植苗（1996b）は，学校における消費者教育は，「その時代の動向によって大きく波打っている」とし，消費者保護基本法の制定や，社会的な消費者問題の発生によって消費者教育の重要性が増し，「学習指導要領の改訂で消費者教育の記述が増」す時期があった反面，消費者教育について議論の俎上に上らない「後退期」という時期が見られたことを指摘している。同様の指摘は色川（2004）にもみられるが，これをもとに地方自治体における消費者教育施策の歴史的区分を示した色川他（2015）では，地方自治体に「後退期」の存在が認められない。果たして，地方自治体における消費者教育は順調に進んできたのだろうか。そこでいったん，色川他（2015）の時代区分に基づいて，次の２つの仮説を検証するため，消費者教育推進に関する論文を検討した。

仮説１は，「消費者教育の実施に向けた動きは，消費者行政から教育行政へのアプローチの歴史である。そのアプローチの困難さをそのまま国から地方自治体が引き継いだことにより，いわゆる「セクショナリズム（縦割り行政）」が地方自治体における消費者教育推進の阻害要因となったのではないか」という点である。消費者教育の「萌芽期」において教材作成や教員研修が一部の地方自治体で広がったが，それは全国的なものにならず，特に，国の「後退期」の後半にあたる 1980 年代前半までに，地方自治体における教育行政との関係構築の困難さは共通理解となっていた。その後，国ではその関係構築をいかに図るかという観点から，消費者行政が教育行政に働きかける形で，学習指導要領改訂に向けた国民生活審議会による要望書を提出し，学習指導要領が充実されたり，消費者行政と教育行政の共管法人として財団法人消費者教育支援センターが設置されたりするなど，関係構築のための整備を図ってきたのである。

しかし，このような国の動きを受けて，1990 年代には第５章で紹介する先行事例 A 市のように教育行政との連携による新たな取り組みも見られたが，全国的な展開には至らなかった。すなわち，地方自治体における消費者教育

推進の最大の阻害要因は，東京都消費生活対策審議会（1985）が「教育行政が行政内において一定の独自性を持たされている現在の行政構造のなかで，二つの行政の連携には困難な問題があるにせよ，市民主体の形成という共通課題のために，二つの行政部門間に意思疎通が行われることは急務である」と指摘したように，「縦割り行政（セクショナリズム）」が 1980 年代に明確化されたものの，時代を経過してなお存続し続けていることだと言えよう。

　この点について先行研究も問題点を認識し，この問題解決に向けた施策が必要だという論調が続いてきた（細川：2013 他）。しかし，改善策に向けた具体的な施策について論じる研究はこれまで見られなかった。そこで本書では，問題として認識されながらも，その解決がなされてこなかった問題に真正面から向き合い，阻害要因を乗り越え，先行的に消費者行政と教育行政が連携し，消費者教育推進を行っている地方自治体から，その成功要因を検証し，他の自治体の改善策を導き出す必要があると考えた。この論文を通じて，これまで重要だと指摘されながらも看過されてきた具体的な解決策に関する研究に着手することにより，消費者教育推進の本質的な問題解決に寄与することが期待できる。

　そこで，本書の第二のリサーチクエスチョンは次の通りである。

──RQ2：地方自治体における消費者教育推進の先行モデルの成功要因は何だったのか？

　RQ2 を検討するにあたり，第 3 章で検討した Wenger の実践コミュニティ概念を用いて，消費者教育推進の先行モデルから成功要因を導く。先行事例には，教育行政との関係構築を行い，実践事例が広まっている二つの自治体を取り上げ，エスノグラフィー調査，文献調査，ヒアリング調査により分析を行う（第 5 章）。

3．組織間の壁を乗り越えるその他の方法に関する RQ

　RQ2 では，消費者行政と教育行政の縦割り行政を乗り越えた先行事例から実践コミュニティ概念を用いて成功要因を導き出す。その結果，公式な組

織間関係だけでなく，非公式な関係性の重要性が指摘された。では，非公式な関係性以外に，組織間の壁を乗り越え，消費者教育を充実させる方法はないのだろうか。

　この方法を探るため，消費者教育の推進体制が異なる諸外国に目を向けた。そこでどのようなつながりのもと，消費者教育推進を行っているのか検討することが有益だと思われた。特に，消費者としての自立，消費者市民社会の実現，あるいは国連が提唱した SDGs（持続可能な開発目標）に向けた消費者としてのあり方を問う消費者教育の必要性は諸外国においても同様であるが，組織間の縦割りを乗り越える方法について明示した先行研究は皆無である。そこで，本書では諸外国の消費者教育推進の方法を探り，新たな方法について示唆を得たいと考えた。

　　——**RQ3：行政組織間の縦割りを乗り越え，消費者教育を充実させるためには他にどのような方法があるのか？**

　RQ3 を検討するためには，まず，諸外国の消費者教育推進において，わが国と同様の阻害要因が存在しているのかについて明らかにする必要がある。また，その阻害要因がある場合には，それをどのように乗り越えているのかを調査し，わが国の消費者教育推進に新たな政策提言を行いたい。そこで，文献調査から諸外国の消費者教育の推進体制とその課題について明らかにするとともに，地方自治体における消費者教育が進んでいる国を調査対象国としてヒアリングを実施し，行政組織間の縦割りを乗り越える事例について分析を行う（第 6 章）。

第4章

地方自治体における消費者教育推進の人的構成[1]

第1節　分析の枠組み

　本章では，第一のリサーチクエスチョン「地方自治体における消費者教育推進体制の人的構成はどうなっているのか？」を検証するため，地方消費者行政内部において消費者教育を推進する人材として行政職員，消費生活相談員，「消費者教育コーディネーター」等の消費者教育に専門的に従事している人材を「消費者教育の専門的人材」[2]として着目し，質問紙調査を実施した。また，それらの人材が，(1) 誰がどのような形で消費者教育を担っているのか，(2) 上記の3人材にはどのような関連性があるのか，(3) 専門的人材の配置における課題は何かという視点から分析を行い，構造的な実態把握と課題整理を行った。

　調査対象は，都道府県（47か所），政令市（20か所），県庁所在市（政令市を除く31か所）の消費者行政担当部局であり，消費者教育担当者宛てに質問紙「地方消費者行政における消費者行政に従事する人材と専門性に関する調査」を郵送した。調査時期は2015年7月，回収率は100％であった。

---

1)　本章は，柿野（2016b）をもとに執筆した。
2)　質問紙調査では行政職員，消費生活相談員について質問した後，「貴自治体において，行政職員以外に，行政機関内に消費者教育の充実のための人材を配置していますか」と質問した。ここでは消費者教育の充実のために専門的に働いている人材として「消費者教育の専門的人材」として位置づけている。なお，3人材はそれぞれに完全に独立している。

加えて，必要に応じて訪問もしくは電話でのヒアリングにより記述内容の確認を行った上でデータを整備し，SPSS Statistics を使って統計分析を行った。

　以下，本章では，第2節で消費者行政内部に配置された人材の実態，第3節で配置された人材相互の関連性，第4節で消費者教育推進に向けた今後の課題について考察する。

第2節　消費者行政内部に配置された人材の実態

　はじめに，行政内部で消費者教育に充実する行政職員，消費生活相談員，消費者教育の専門的人材の3人材の実態について明らかにする。

1．行政職員

⑴　職員数と担当業務割合

　図表23は，消費者行政全体の常勤職員数（A），そのうち消費者教育を担当する職員数（B）である。都道府県では全体平均19.21人の職員数のうち，消費者教育を担当する職員は5.68人となった[3]。分散分析の結果，各項目で自治体間に有意差が見られ，消費者教育を担当する職員数は政令市が最も多かった（P<0.01）。その一方，いわゆる「一人担当」と呼ばれる実態も都道府県2か所，県庁所在地3か所で見られた[4]。

　また，記載された業務割合を合計した数字をCに示した。この数値は人数の多寡だけでは分からない実質的な消費者教育の業務量を示している。都道府県平均では289.17％（専任者で換算すると2.89人相当）になったが，最小値は30％，最大値は1200％と自治体間の格差が如実に表れた。全サン

---

[3]　なお，この数は専任者ではなく，個別に消費者教育の業務割合を記入した上で該当人数を計上しているため，10％から30％といった低い業務割合で多くの人数がかかわる場合には数値が高くなる点に注意が必要である。

[4]　「一人担当」の問題点は，担当者の異動により事業継続が困難になること，加えて人口規模が小さくなるほど「一人担当」が他の業務を兼務するため，消費者教育としての事業の継続性が一層弱まることである。

122

図表23 消費者行政職員数（A）・消費者教育担当職員数（B）・
消費者教育担当業務割合の合計（C）[5]

	都道府県			政令市			県庁所在地		
	A	B	C	A	B	C	A	B	C
平均値	19.21	5.68	289.17	12.05	6.11	330.00	12.93	4.93	243.45
中央値	14	5	225	10	6	300	4	3	100
最小値	5	1	30	5	2	50	1	0	40
最大値	85	14	1200	37	11	910	8	6	450
標準偏差	16.61	3.05	230.91	7.28	2.54	209.45	1.74	1.55	85.65
度　　数	47	47	46	20	19	19	31	31	30

(出典) 筆者作成

プルで業務割合合計が100％に満たない（1人分の仕事になっていない）自
治体は，都道府県4か所，政令市3か所，県庁所在市14か所あり，消費者
教育への関わりが絶対的に希薄な自治体があることが明らかとなった。

(2) 消費者行政在職年数

　図表24には，消費者教育を担当する職員の消費者行政在職年数を示した
（2015年7月現在）。都道府県では主に事業計画や予算を担当する本課で平
均1.3年，教育や啓発の実務を行う消費生活センターは平均1.64年と，本課
の在職年数が短い[6]。また，分散分析の結果，消費生活センターの平均値に
おいて自治体間で有意差が見られ，政令市2.67年が最長であることが分か
った。

　なかには，県庁所在地で8年勤続しているという例もあるが，多くは都道
府県の場合2年もしくは3年，政令市や県庁所在地では3年強で異動する平
均的な姿が描かれた。担当者数が多ければ異動による業務継続にも影響が少

---

5) Aは消費者行政の職員数合計（人），BはAのうち消費者教育を担当する職員数合計
　（人），CはBが担当する業務のうち消費者教育の業務割合合計（％）である。なお，
　分散分析の結果，A，B，Cいずれの平均値も自治体間で有意差が見られた（P<0.01）。
6) 本課と消費生活センターの位置付けは自治体ごとに異なるが，二つが明確に分かれて
　いる場合が多い都道府県の違いを明らかにするために区分して示した。

第4章　地方自治体における消費者教育推進の人的構成　　123

図表24　消費者教育担当職員の在職年数（平成27年7月1日現在）[7]

	都道府県		政令市		県庁所在市	
	本課	消費生活センター	本課	消費生活センター	本課	消費生活センター
平均値	1.30	1.64	1.66	2.67	1.69	2.30
中央値	1.25	1.35	1.34	2.14	1.25	1.80
最小値	0.08	0.00	0.25	0.90	0.25	0.22
最大値	3.25	4.68	3.25	7.34	4.00	8.00
標準偏差	0.71	0.95	1.22	1.93	1.34	1.64
度数(N)	37	36	6	16	8	24

（出典）　筆者作成

ないが，それが少ない自治体では効果的な事業継続が困難になることも想定されよう。

(3)　業務内容

　次に，図表25で消費者教育担当職員の業務内容を見よう。ここでは政令市と県庁所在市に有意差が見られなかったため，二つをまとめて示した。

　都道府県の担当職員の業務内容の1位は「啓発資料の作成」，2位は「教育委員会・学校等との連絡調整」，3位は「講座の企画・運営」となった。この他に，都道府県が主に担っている事業内容として，「庁内関係部局との連絡調整」，「消費者教育推進計画の策定」，「教育教材の作成」，「地域の消費者リーダー等の担い手育成」，「消費者教育推進地域協議会の運営」があり，全体的に政令市・県庁所在市と比較して大きな円を描いた。一方，政令市・県庁所在市の1位は「講座の企画・運営」，2位「講師派遣業務」，3位「啓発資料の作成」となり，都道府県と重なる内容が1位，2位を占めた。

　都道府県と政令市・県庁所在市では，一方で重複し，他方で役割分担しながら消費者教育の施策を実施していることが分かった。都道府県と市町村の役割分担の重複はこれまでもさまざまな場面で指摘されてきたが，限られた

---

7)　消費生活センターと本課の機能が一体化している自治体は，消費生活センターとして計上した。また，分散分析の結果，消費生活センターの在職年数の平均値で自治体間の有意差が見られた（P<0.5）。

124

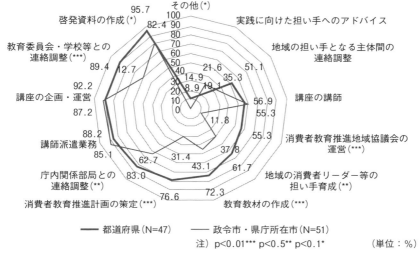

図表25 消費者教育担当職員の業務内容

(出典) 筆者作成

人材を有効に配分するためにも，今後一層その役割分担を明確にしていく必要があるだろう。

2．消費生活相談員

(1) 消費者教育への従事割合

図表26に消費生活相談員の関わりを示した。全体で95.9％の地方自治体で消費生活相談員が消費者教育に関わっていた[8]。ほとんどの自治体が関わっているなか，関わっていない自治体からは「消費生活相談業務が多忙であるため」，「啓発を専門に行う消費生活啓発等がいるため」といった理由が示されていた。

---

8) この数字は関与している自治体の割合であり，そこで業務に当たる消費生活相談員全体の95.9％が関与しているわけではない点に留意が必要である。

図表26　消費生活相談員の消費者教育への関わり

		関わっている
都道府県	N=47	44(93.6)
政令市	N=20	20(100)
県庁所在市(政令市除く)	N=31	90(96.8)
合　計		94(95.9)

カッコ内は％

（出典）　筆者作成

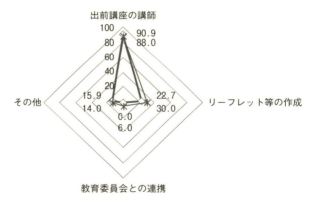

図表27　消費者教育に関わる消費生活相談員の業務内容（N=94）

（出典）　筆者作成

(2)　業務内容

図表27に消費生活相談員が担当する消費者教育の業務内容を示した。圧倒的に出前講座の講師であることが分かる。全消費生活相談員のうちどの程度が講師として活動しているかを今回は調査していないが，相談業務を受ける一方で，その経験に基づいて「悪質商法の被害に遭わないために」といったテーマで講師として活動する消費生活相談員の姿がうかがえる。

また，リーフレットの作成についても都道府県3割，政令市・県庁所在市22.7％で消費生活相談員が関わっている。教育委員会との連携は都道府県で

図表 28　消費者教育の専門的人材の配置について（p＜0.01）[9]

		配置している
都道府県	N=45	15(33.3)
政令市	N=18	3(16.7)
県庁所在市（政令市除く）	N=28	1(3.6)
合　計		20(20.8)

カッコ内は％

（出典）　筆者作成

は見られなかったが，政令市・県庁所在市の6％で消費生活相談員が担当しているという実態が明らかになった。

3．消費者教育の専門的人材

⑴　配置状況

図表 28 は，行政職員および消費生活相談員以外に消費者教育充実のために消費者行政内に配置する専門的人材の状況を示した。その結果，都道府県15か所（33.3％），政令市3か所（16.7％），県庁所在市1か所（3.6％）で人材が配置されていることが明らかとなった。人員総数ベースでみると，44人の確認ができた。

現段階ではまだ限られた存在であるが，特に都道府県や政令市のなかには，「検討中」の回答も複数見られた。これは消費者教育の基本方針（2013年閣議決定）において，「消費者教育コーディネーター」の存在が明示されたことから，今後もさらに増加する可能性がある。

⑵　具体事例

図表 29 は，消費者教育の専門的人材の配置状況について時系列に並べたものである。早くは1984年に教育委員会との人事交流で現職教員が消費者教育担当者として1名配属された都道府県の事例がある。類似の事例として，

---

9)　消費生活センター機能を外部委託している自治体は除外している。

図表 29　消費者教育の専門的人材一覧（都道府県・政令市・県庁所在市）
2015 年 7 月現在[10]

	設置 年月	名称（人数）	雇用形態	バックグラウンド
都道府県 1	1984	名称なし(1 名)	常勤職員	現職教員(教育委員会との人事交流)
政令市 1	1995	消費生活指導員 (啓発担当)(1 名) 情報アドバイザー(4 名)	特別職非常勤職員	消費生活関連の有資格者
都道府県 2	2002	消費者教育啓発専門員 (3 名)，消費生活技術専門員(1 名)，消費者活動支援専門員(4 名)，連携担当専門員(1 名)，消費生活専門員(3 名)	一般職非常勤職員	消費生活関連の有資格者
都道府県 3	2003	研修生(1 名)	常勤職員	現職教員(教育委員会との人事交流)
都道府県 4	2010	消費者教育啓発員(1 名)	特別職非常勤職員	小学校長 OB
都道府県 5	2010	消費生活指導員(1 名)	特別職非常勤職員	教員経験者
都道府県 6	2011	名称なし(1 名)	一般職非常勤職員	特になし
都道府県 7	2012	消費者情報発信員(1 名)	特別職非常勤職員	特になし
都道府県 8	2013	消費生活相談員(2 名)	特別職非常勤職員	現職の相談員を消費者教育担当として配置
都道府県 9	2013	名称なし(3 名)	一般職非常勤職員	現職の相談員を消費者教育担当として配置
都道府県 10	2013	名称なし(1 名)	相談員(非常勤職員)	高等学校校長 OB
都道府県 11	2014	消費者教育推進専門員 (1 名)	非常勤専門職員	中学校 OB
都道府県 12	2014	消費者教育コーディネーター(1 名)	一般職非常勤職員	消費生活相談員，教員経験者
都道府県 13	2015	消費者教育推進員(4 名)	一般職非常勤職員	特になし
都道府県 14	2015	消費者教育推進員(3 名)	法人委託(全相協)	消費生活相談の経験者等
政令市 2	2015	消費者教育コーディネーター(1 名)	特別職非常勤職員	中学校長 OB
政令市 3	2015	消費者教育推進員(1 名)	臨時的任用職員	教員経験者，消費生活関連の有資格者
県庁所在市 1	2015	名称なし(1 名)	一般職非常勤職員	特になし
都道府県 15	不明	消費生活啓発員(4 名)	特別職非常勤職員	教員経験者他

2003 年に「研修生」という位置づけで教育委員会との人事交流で現職教員が消費者教育担当者として 1 名配属された都道府県があるが，このような事例はこれまでに 2 事例しか見られない（2017 年 7 月現在）。

　一方，1995 年に政令市，2002 年に都道府県で配置された人材は，消費生活関連の有資格者を対象とし，「情報アドバイザー」や「消費者教育啓発専門員」などの名称によって複数人の採用を行っている点が特徴的である。このような人員配置を独自に制度化し，中部（2016）に見るように現在も積極的な取り組みを継続している自治体の成功要因を探ることは，他都市の参考にもなろう。

　大きなポイントとしては，特に 2010 年以降に，消費者教育の専門的人材の配置が急増している点である。名称は，「消費者教育啓発員」，「消費生活指導員」，「消費者情報発信員」，「消費者教育推進専門員」，「消費者教育コーディネーター」（2 事例），「消費者教育推進員」（3 事例），「消費生活啓発員」など，実にさまざまである。雇用形態は，特別職非常勤職員もしくは一般職非常勤職員が多いが，中には全国消費生活相談員協会に委託する事例や，地方消費者行政交付金を活用し，臨時的任用職員として採用している事例もあった。

　人材のバックグラウンドについてみると，教員経験者や校長経験者といった教育関係者を配置するケースが 13 事例あった。他には，消費生活相談員から消費者教育担当として配置する事例もあったが，特になしの回答も 4 事例見られた。

(3) 業務内容

　対象となる 19 自治体・総数 44 名に対して，消費者教育担当職員と同じ担当業務に関する質問をした。その結果，バックグラウンドによって業務の内容が大きく異なった。教員経験者や校長 OB はその経験を活かして，講師，

---

10) 都道府県に各市区町村における当該人材について質問したところ，千葉県柏市・消費者教育相談員（1995〜），茨城県神栖市・消費者啓発推進員（2009〜），23 区については，東京都江戸川区・消費生活啓発員（2006〜），東京都荒川区・消費生活事務嘱託員（2012〜）に該当があった。

図表 30　バックグラウンドによる担当業務の違い（N=44）

	教員経験者・校長 OB(N=13)	教員経験者以外(N=31)
1位	講座の講師	啓発資料の作成（情報誌，リーフレット）
	12(92.3)	18(58.1)
2位	教育委員会・学校等との連絡調節	講座の講師
	10(76.9)	14(45.2)
3位	教育教材の作成	講座の企画・運営
	8(61.5)	11(35.5)

カッコは％を表す

（出典）　筆者作成

教育委員会や学校等との連絡調整，教育教材の作成に従事し，学校における消費者教育の充実に向けて活動していた。

　一方，教員経験者以外のグループでは，情報誌・リーフレット等の啓発資料の作成が１位であり，順序は多少異なるが，政令市・県庁所在市が担当する業務の結果（**図表25**）と重複していることからも，従来型の消費者啓発（情報提供）を充実する立場にある人材と見ることもできよう。

第3節　配置された人材相互の関連性

　ここでは消費者行政職員，消費生活相談員，消費者教育の専門的人材の関連性について明らかにするため，消費者教育の専門的人材を中心に相関分析を行った。消費者教育の専門的人材は主に都道府県に配置されていたことから，分析対象を都道府県に限定した。

1．消費者行政職員との関連性

　まずは，消費者教育の専門的人材と消費者教育を担当する消費者行政職員との関連を見よう。すでに示した調査結果から想定される仮説は以下の２つである。

図表31　人材配置と職員・業務割合との相関（都道府県）

	消費者教育の専門的人材の配置（人数）
仮説① 消費者教育担当職員数計	0.51 **
仮説② 消費者教育担当業務割合	0.733***

5％水準，*1％水準で有意

（出典）筆者作成

仮説①：「消費者教育の人員が不足している自治体ほど，人材を配置する
　　　　傾向にある」

仮説②：「消費者教育に熱心な自治体ほど，人材を配置する傾向にある」

　仮説検証のため，①は消費者教育担当職員数と人材の配置状況，②は消費者教育担当業務割合と人材の配置状況について，Pearsonの相関係数を求めた。

　その結果，仮説①，仮説②いずれも正の相関がみられ，仮説①は棄却，仮説②が支持された。すなわち，消費者教育担当職員数が多く，業務割合も高い熱心な自治体が，専門的人材をさらに配置する傾向にあることが分かった。

２．消費生活相談員との関連性

　次に，消費生活相談員との関連であるが，出前講座を実施している割合が93.6％であったことから，出前講座の実施回数を指標とした。消費生活相談員が消費者教育を担当すれば，消費者教育の専門的人材配置の必要性が弱まると想定し，次の仮説を設定した。

仮説③：「消費生活相談員が消費者教育に積極的に関わっていない自治体
　　　　ほど，人材を配置する傾向にある」

　図表32の通りPearsonの相関係数を求めた結果，正の相関が見られた。すなわち仮説は棄却され，消費生活相談員が消費者教育に積極的に関わり，出前講座を精力的に行っている地方自治体ほど，人材を配置する傾向にある

第4章　地方自治体における消費者教育推進の人的構成　　131

図表32　人材配置と消費生活相談員との相関（都道府県）

	消費者教育の専門的人材の配置（人数）
仮説　消費生活相談員の出前講座数(年間)	0.751***

*** 1％水準で有意

（出典）　筆者作成

ことが分かった。

　以上のことから，消費者教育の専門的人材は，これまでの消費者行政職員や消費生活相談員による推進体制の不足を補うものではなく，推進体制が整っている地方自治体ほど配置される傾向にあることを意味する。この事実は，自治体間の格差が大きい現状ではあらゆる自治体に自然発生的に生じるものではないことを含意するものであり，政策的に人材配置を推し進める必要があることを示唆していよう。

第4節　消費者教育推進に向けた今後の課題

1．消費者教育担当職員が抱える課題

　消費者教育担当職員が抱える課題を質問した結果によれば，都道府県，政令市・県庁所在市いずれも，1位は「教育現場や教育委員会との連携が困難である」（都道府県56.5％，政令市・県庁所在市53.1％）であった。教員経験者や校長経験者を消費者教育の専門的人材として雇用する自治体が増えてきているのは，教育現場や教育委員会との連携強化に向けた課題解決策とみることができよう。その場合，教員経験者や校長経験者は必ずしも消費者問題の知識が十分ではないことが想定されることから，独立行政法人国民生活センター等への研修の参加や，消費生活関連の資格試験の学習機会の提供など，雇用する地方自治体により積極的に提供されるべきであろう。今後，成功事例が共有されれば，さらに教育関係者の配置が進んでいくことが期待される。

　また次に，「人員が足りない」（都道府県52.2％，政令市・県庁所在市44.9％），「専門性が身に付くまで時間がかかる」（都道府県47.8％，政令市・県庁所在市51.0％）といった内容が上位を占めた。日本の公務員制度では一

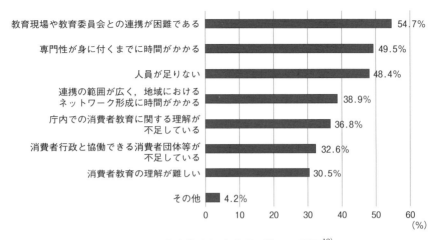

図表33　消費者教育担当職員が抱える課題[12]

(出典)　筆者作成

般的に行政職員に異動があるが，行政職員が消費者教育・消費者行政の業務の専門性を確保するために，人事制度や配置転換について特別な仕組みをもつ自治体も出てきている[11]。今後，研修等を充実することに加えて，行政職員の人事制度の立場から，専門性を高める工夫を検討していくことも重要なアプローチであろう。また一方で，根本的な人手不足という側面から考えると，消費者教育推進のための専門的人材を新たに配置するという方法も，今後さらに積極的に検討する必要性を裏付ける結果となろう。

2．消費生活相談員が消費者教育に関わる時の課題

特に政令市・県庁所在市で，消費生活相談員が消費者教育の役割を果たし

---

11)　本調査では2自治体から回答をえた。①全職員を対象とした公募により消費者行政担当職員を配置している（都道府県），②限定された部門の業務に，今後継続して従事することを希望する「エキスパート希望」制度がある（政令市）。

12)　都道府県，政令市，県庁所在市の各項目に有意差がみられなかったため，まとめて記述した。

ていることが図表 26 で示されたが，課題はないのだろうか。消費生活相談員が消費者教育に関わっていると回答した地方自治体に自由回答で課題を求めたところ，最も多い回答は「相談業務が多忙につき，相談以外の業務にさける時間がほとんどない」といった相談業務と消費者教育業務とのバランスの問題を指摘する内容であった。「消費生活相談員の本来業務は相談であるとの認識が強い」との指摘にあるように，消費生活相談員として雇用された者が相談以外の教育や啓発から距離を置いているケースもよく耳にする。今後，地方消費者行政において，長期的に消費者教育に関わる可能性をもつ消費生活相談員が，より一層消費者教育に従事できるような望ましい体制について，あらためて検討することも肝要であろう。

またその場合に，従来型の悪質商法被害防止の啓発ではなく，消費者教育への理解を深め，消費者市民社会の実現に向けた担い手としての位置づけを明確にすべきである。

3．消費者教育の専門的人材配置に向けた課題

図表 34 は，消費者教育の専門的人材を配置していない地方自治体に対して，その理由を質問した結果である。最も多い理由は，都道府県で「予算が十分にないから」，政令市・県庁所在市で「消費生活相談員が実質的にその役割を果たしているから」「予算が十分にないから」が上位となった。「消費生活相談員が実質的にその役割を果たしているから」は，都道府県と政令市・県庁所在市で有意な差が見られた。

予算の問題については，国が地方消費者行政推進交付金で消費生活相談員の充実を図っているように，消費者教育の専門的人材についても同様に予算措置をしていくことも検討できよう。

第 5 節　実態調査からみた地方自治体における消費者教育

本節では，消費者行政内部の人材として，消費者教育担当職員，消費生活相談員，消費者教育の専門的人材の 3 人材に着目し，現状把握と課題の抽出

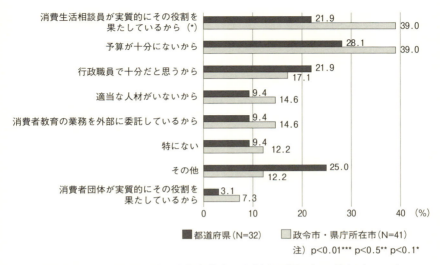

図表34　行政職員以外に消費者教育の人材を配置しない理由（N=73）

(出典)　筆者作成

を行ってきた。その結果，消費者教育を推進するための人材は必ずしも十分ではなく，2010年以降に消費者教育を充実させるための新たな専門的人材を配置する地方自治体が増え始めたことが明らかとなった。しかしその数は一部の地方自治体に限られており，特に，専門的人材を配置する地方自治体は，一般的に行政職員や消費生活相談員の面でも充実している傾向にあり，自治体間格差が一層深まることが懸念された。

　また，そうした課題を抱えつつ，地方自治体で消費者教育を進める中心的な立場にある行政職員は，人材の問題以上に「教育現場や教育委員会との連携が困難」であることを挙げている。

　このようなことから，地方自治体における消費者教育推進の最大の阻害要因として教育現場や教育委員会との連携が考えられ，その克服のために消費生活相談員や消費者教育の専門的人材が学校に対する支援を行っている構造が明らかとなった。

第5章

先行モデル分析からみた成功要因
「実践コミュニティ」を手掛かりに[1]

　本章では，第二のリサーチクエスチョン「地方自治体における消費者教育の先行モデルの成功要因は何だったのか？」を明らかにすることを目的とする。第3章で整理した Lave and Wenger（1991），Wenger（1998），Wenger, McDermott and Snyder（2002）の実践コミュニティ概念を援用し，地方自治体における消費者教育推進の阻害要因として最も大きい消費者行政と教育行政との関係構築について，先行モデルから分析を行う。

　ここでは教育行政との関係構築を行い，授業実践が広まっている二つの自治体を取り上げ，これまで明示的でなかった実践コミュニティの存在とそれらをつなぐ役割等について明確にし，成功要因を明らかにする。

第1節　分析の視点

　本章では，第3章で検討した実践コミュニティ概念に基づいて，次の3点に着目して分析を行う。

　第一は，実践コミュニティの「所在」である。実践コミュニティは，「一連の問題を定義する知識の領域（ドメイン），この領域に関心を持つ人々のコミュニティ，そして彼らがこの領域内で効果的に仕事をするために生み出

---

1)　本章の事例1については柿野（2006b），（2017b），事例2については柿野（2017a）に実践コミュニティ理論を援用する形で加筆修正した。

す共通の実践（プラクティス）」の3つの基本要素の組み合わせである[2]。ここで領域は「教育行政」「消費者行政」「消費者教育」等として状況によって置き換えられるが，それに関心を持つ人たちのコミュニティと実践が生み出されている状況である実践コミュニティがどこに存在しているのか，という点について着目する。

　第二は，実践コミュニティの「意味の交渉」における，物象化の形（共有レパートリー）に着目する。実践コミュニティ内部では，参加と物象化の相互作用によって「意味の交渉」が行われており，相互の関与によって共同の営みを行うことを通じて，コミュニティのメンバーが，明示的または暗示的な人工物等の共有レパートリーが理解できるようになるという特性をもっているものである。そこで，その実践コミュニティによって物象化によって明らかになった人工物（あるいは明らかになっていない暗黙知）に着目し，それを通じて，そこでの事象を分析する。

　第三に，実践コミュニティへの「関与」である。実践コミュニティ間を越境するナレッジ・ブローカー[3]や，実践コミュニティ内でのコーディネーターの存在を明示的にし，その果たす役割について注目する。

　上記3点を中心に，以下，先行事例の成功要因を分析する。

第2節　分析の枠組み

　本章では，多くの自治体で阻害要因として挙げられた教育委員会との関係性を構築し，他の自治体に先行して事業を実施している中核市A市と政令市B市をモデルとして取り上げる。

---

2)　前掲 Wenger et al.（2002）63頁。
3)　本書では，Wenger（1998）で示された「Broker（ブローカー）」を「ナレッジ・ブローカー」の名称で統一的に用いる。その理由として，先行研究の石山（2013b）（2016）等において，企業内の組織内専門人材が越境して学ぶという行動の側面をナレッジ・ブローカーとして表現しており，これは Wenger（1999）で「多重成員性を有する人々は，境界を越えてナレッジ・ブローカーとして行動できる」と述べていることを理由に挙げている。本書においても，同様の意味内容と捉え，「ナレッジ・ブローカー」の表現に統一する。

事例に取り上げる理由としては，A市の場合，1995 年にいち早く消費者教育の専門的人材である「消費者教育相談員」を配置し，それ以前に教育行政や学校現場と「消費者教育推進連絡会」を設置して，現在まで継続して実践を蓄積している他に類を見ない事例であることから，先行事例として取り上げた。

　またB市は，消費者教育推進法の施行後，消費者教育の推進に関する基本的な方針（閣議決定）を受けて動き出した比較的新しい事例である。推進法施行後は，全国各地に法に基づく消費者教育推進計画の策定が都道府県，政令市を中心に広がったが，ここではなかでも，阻害要因を乗り越えるために，消費者教育推進会議小委員会でもそのあり方を議論していた学校現場とのつながりをもつ「消費者教育コーディネーター」を他市に先駆けて配置し，この数年のうちに，特に学校教育分野でさまざまな成果をもたらした事例であることから，先行事例として取り上げる。

　調査分析においては，エスノグラフィー調査，文献調査，ヒアリング調査を組み合わせて行う。エスノグラフィー（Ethnography）とは，「人びとが実際に生きている現場を理解するための方法論」であり，文化人類学の分野で中心的な調査研究方法として発展してきたものである[4]。また，社会学や，近年では教育学，看護学，心理学，経営学，歴史学などさまざまな分野で注目を浴び，応用されるようになっている手法である。本書で事例とする A市については，2002 年に初めて消費者教育推進連絡会の夏の研修会の講師として訪れてから，B市については，消費者教育推進計画策定のための事業支援を行った 2013 年から，いずれも継続的に訪問して消費者行政担当者と意見交換を行ったり，事業の様子について観察を重ねたりしてきた。文献調査では，A市については各年度の事業報告書，関連の書物を参考にした。B市では，消費者教育推進計画や会議でのプレゼン資料，関連の報告書等を分析した。ヒアリング調査では，A市，B市それぞれの該当者に半構造化インタビューを行った。実施時期は，A市は 2015 年 12 月〜2016 年 3 月に 3 回ヒアリングを行い，①当時の担当職員 K 氏，②当時の担当職員 Y 氏および

---

4)　小田（2010）i–v。

当時の消費者教育相談員 W 氏，③現在の消費者教育相談員 K 氏と教員委員会担当指導主事を対象とした。時間は各 2 時間程度である。B 市は 2017 年 7 月に，当時の担当職員 T 氏，W 氏，当時の消費者教育コーディネーター O 氏に対して，グループインタビュー 2 時間を行った。

以上の枠組みのもと，A 市および B 市について実践コミュニティ概念に基づく視点を用いて事例検証を行う。

第 3 節　A 市のケース

1．取り組みの概要

A 市は東京都心から 30km のベッドタウンとして発展し，人口約 40 万人，17 万世帯が暮らす面積 114.9 万平米の市である。2008 年には中核市に移行している。サッカー J リーグのホームタウンや，国立大学等の教育研究機関が集積する地区の開発も特徴的である[5]。

A 市では，1972 年に市経済部商工課内に消費対策係を設け，1975 年に消費生活センターを設置した。1979 年には専管課として消費生活課を新設している。

1970 年には，消費者の声を行政に反映させる一つの手段として全国的に導入された「消費生活モニター制度」を設けて 18 年間継続したが，1988 年にはそれを発展的に解消し「消費生活コーディネーター制度」を独自に設置した[6]。これは，市と地域社会相互のパイプ役として位置づけられ，地域の消費者啓発，消費者問題の解決，自立した消費者の育成等，地域の消費者リーダーとして活動するものである。消費者課題の拡大により，事務分掌が増えているにもかかわらず職員は増えない現状から，地域の中に協力者をもとめ，一体的に消費者行政を展開しようとした手法であり，画期的な制度としてマスコミにも注目された。

A 市の学校における消費者教育の取り組みについては，木村（1993），柿

---

5)　市 Web サイトに基づく。（2017 年 7 月 1 日閲覧）。
6)　消費生活コーディネーターは地域コミュニティ単位で推薦制とし，地区単位で組織的に活動する。この制度は，現在も一部形を変えて継続している。

140

図表 35　A市における消費者教育推進の歩み

年	出来事
1970（S45）	・消費生活モニター制度発足（S63 廃止） ・消費生活苦情相談員制度発足（現在の消費生活相談員）
1972（S47）	・第 1 回消費生活展開始（H16 廃止） ・経済部商工課消費対策係新設
1975（S50）	・消費生活センター（課内出先機関）新設 ・消費者講座開設
1976（S51）	・消費者行政推進協議会発足 ・消費生活通信講座開設（H9 廃止）
1977（S52）	・移動消費者講座開催（H18 から消費者講座の統合）
1979（S54）	・経済部消費生活課新設
1981（S56）	・石けん利用推進協議会発足（H22 から休止）
1988（S63）	・消費生活コーディネーター制度発足
1991（H3）	・A市消費者教育推進連絡会要領を制定し，連絡会を設置 ・「人間性豊かな生活文化都市を担う自立した消費者の育成―第 3 次総合計画に基づく消費者行政推進のための指針」の作成
1995（H7）	・A市消費生活センター条例施行 ・A市消費者教育相談員規則施行，教員経験者を委嘱 ・消費生活センター内に消費者ルーム新設
2005（H17）	・子ども向け消費者教育出前講座を開始（H27 廃止）
2007（H20）	・消費者教育実践事例集の発行（H18・19 年の消費者教育推進連絡会の研究成果を掲載），以後継続して 2 年毎に発行
2016（H28）	・消費者安全法に基づく消費生活センター条例施行
2017（H29）	・文部科学省主催消費者教育フェスタを開催

（出典）「A市消費者行政の概要」各年をもとに加筆して筆者作成

野（2006b），小板橋（2012），齋藤（2014），消費者委員会（2016）等で紹介されるように，1991 年に設置された「消費者教育推進連絡会」と 1995 年に設置された「消費者教育相談員」の存在が特徴的である。それ以前にも，A市では，学校における消費者教育を積極的に推進していく必要性は，「かなり早い時期から考えられてきた」が，「教育委員会や教員等とのコンセンサスが得られないなどの問題のほか，消費者行政側から，見通しのあるビジョンが示せないこともあり，遅々として進まないできた」という[7]。このよ

うななか，1989年の学習指導要領の改訂，1990年の財団法人消費者教育支援センターの設立，さらに市全体の第三次総合計画策定作業の時期とも重なって，総合計画の中に「自立した消費者の育成」を基本のひとつとする目標を掲げ[8]，続いて1991年を初年度とする実施計画に学校における消費者教育支援事業を，1990年7月には予算化の方向を決定した。

消費者教育推進連絡会の設置をめぐっては，A市では1976年より消費者行政の方向と運営について各界各層から意見を反映させる組織として「消費者行政推進協議会」を設けていたが，その委員として小中学校校長会の代表を1990年4月に加え，学校における消費者教育推進の手がかりとした。そこから，同年7月に実施計画として提出，同10月に1991年度予算査定で承認，同11月，正式に教育委員会へ「決裁合議」という形式で消費者教育推進組織設置の判断を仰いだ。当然，それまでは教育委員会担当者や部課長との話し合い，情報・資料の提供をたびたび行った。1991年2月に第1回準備検討会，同年4月に「A市消費者教育推進連絡会設置について」とする設置要綱の決済，同5月に第2回検討委員会，同5月27日に正式に「連絡会」を設置するに至ったという流れである。この連絡会は要綱で定め，教育委員会教職員課長および指導主事，教育研究所長および指導主事，小中学校教員，消費生活課職員の9名で，事務局は消費生活課に置くというものである[9]。

予算化にあたっては，1991年に「人間性豊かな生活文化都市を担う自立した消費者の育成——第3次総合計画に基づく消費者行政推進のための指針」が消費者行政に携わる職員の手によって作成された。国の動向を踏まえつつ市の消費者行政の課題整理を行い，今後の行政運営施策化のガイドラインとなるように冊子にまとめられたのである。ここで示された方向性はその

---

7) 木村（1993）21頁。

8) 当時の記録の中には，次のような記述がある。「新しい事業を展開するには，まず消費者教育に関する情報収集からはじめる。職員が担当制で外部組織の情報収集に当たったほか，書籍・報告書等を取り寄せ，学識者を招致して研修会を積極的に開いた。1990年にはこれらを「学校における消費者教育に関する資料集」（B5版80頁）に及ぶ冊子にまとめ，教育委員会や関係部局に提示すると共に，総合計画の素案にも掲げた」（同上より抜粋）。

9) 木村（1993）22頁。

後の消費者行政推進の基盤となり，現在も多くの事業が継承されている[10]。

同指針には，「消費者教育は子供のうちからという考え方が消費者行政の中から要望されて久しいが，教育委員会との充分な相互理解が進展せず，多くの市町村で苦慮しているのが現状である。A市でも，これまでに学校教育に対するアプローチをしているが，わずかに「石けん指導資料」として小学校5年生家庭科資料を全校配布しているに過ぎない」と，当時の教育委員会との関係構築に困難を抱えている現状が示されているが，これをどのようにしてA市は乗り越えたのであろうか。現在まで25年以上にわたって継続する取り組みとして，他に例を見ない事例であり，成功要因を探ることは重要な意味をもつであろう。

2．実践コミュニティ概念に基づく分析の視点

孫他（2012）が異なる意味をもつ時期を区分して実践コミュニティ概念を用いた事例分析を行ったように，本書でも着目する事象について異なる意味をもつ事象を時間軸で区切って分析する。

A市の学校における消費者教育推進に欠かせない人物として，制度発足当時の行政担当職員であったK氏の存在がある[11]。そこで以後，時間の経過をK氏の活動に注目しつつ，現在までを次の5段階に整理して，以下のような分析の視点をもって検討を行う。

①K氏が着任してから消費者教育推進連絡会ができた時期（1986～1991）

K氏のもつ多重成員性により，消費者行政と教育行政の実践コミュニティをつなぎ，消費者教育の新たな実践コミュニティである教員等が参加す

10）全5章129頁に及ぶ指針は，市職員が21世紀に向けた消費者行政のあり方を検討してきたとして，奥付にはかかわった職員名が記されている。

11）柿野（2006b）は，2006年に消費者教育推進連絡会の講師として「学校における消費者教育の現状と必要性，その実践方法」について話す機会をえた折，「消費生活センター担当者の一人に見慣れない肩書きがついていることに目が留まった」と述べている。それが「消費者教育相談員」であり，その後も継続的に市の担当者と情報交換を重ねていくなかで，制度発足当時に大変熱心な行政職員K氏の存在があったことが複数の証言により明らかになった。

る消費者教育推進連絡会が発足した。

②消費者教育推進連絡会の活動が充実する時期（1991～1994）
　K氏が消費者行政に関する実践コミュニティへの参加を通じて他の自治体の行政職員と交流を深め，ナレッジ・ブローカーとして新しい情報を連絡会へと還流し，連絡会の活動が充実していった。

③K氏が消費者教育相談員を構想し，設置された時期（1994～1995）
　K氏は自身が果たしてきた役割の重要性に気づき，その役割を継続的かつ明確に行政に位置づける必要性から，教員経験をもつ消費者教育相談員を配置した。

④消費者教育相談員が設置され，学校への広がりができた時期（1995～1999）
　学校教育の実践コミュニティに正統的に参加していた教員経験者が消費者教育相談員として配属され，消費者教育推進連絡会という実践コミュニティのコーディネーターとして位置づけられたことにより，学校とのつながりが一層増した。

⑤活動が安定的に継続して行われた時期（1999～現在）
　制度として軌道にのった消費者教育推進連絡会の委員は，2年任期で活動を続け，その中に消費者教育実践のノウハウが蓄積されていった。特に，2007年から物象化の1つの形として実践事例集を作成し，それが自治体の中だけの活動にとどまらず，全国的な活動として認知されていった。

以上の視点から事例検証を行い，成功要因を抽出する。

3．事例検証

(1)　消費者教育推進連絡会の誕生

　K 氏（当時 35 歳）は，1986 年 4 月に消費生活センターに係長として着任し，1994 年に課長補佐に昇進，1995 年 3 月までの 9 年間勤務した人物である[12]。消費生活センターに着任する前は，教育委員会に派遣されて 13 年間も青少年の健全育成を担当しており，校内暴力があった時期だったことも重なって，中学校の校長をはじめ教育関係者とも深い信頼関係が構築されていたという。

　消費生活センターに異動する 1 年前に豊田商事事件があった。異動してきてみると，詐欺商法の相談も多く，市民の財産を取り返そうと事業者に乗り込んだりもしていた。そのような状況下において，K 氏は「なぜこんなに被害が大きいのだろうと考えたときに，そういう心構えを消費者教育として考えなければならないというのが発端だった。強い想いと危機感があった」と消費者教育との出会いを語っている。

　このように，K 氏は教育委員会における 13 年のキャリアにおいて，教育行政における実践コミュニティに正統的に参加していた経験をもって，消費者行政の担当となり，消費者教育に出会ったのである。このころ，1989 年の学習指導要領の改訂に伴い，学校における消費者教育の充実が全国的に謳われていた時期であり，K 氏は特殊法人国民生活センター発行「国民生活」や財団法人消費者教育支援センターの雑誌等を見て，「これからはもう学校教育の中にきちんと位置付けなきゃ駄目なんだな。段階に応じた消費者教育が必要だ」と感じたそうだ。

　そのようなとき，K 氏は教育委員会に対して多重成員性を発揮してアプローチしていった。

　その具体的な活動としては，消費者行政内部で「まずは家庭科と社会科の先生，あるいは保健体育辺りの先生に話しかけてやってみようか」というこ

---

12)　K 氏は 1950 年生まれで，市職員を定年退職したのち，東京大学高齢社会総合研究機構学術支援専門職員（連携コーディネーター）の肩書きを持って第一線で活躍する人物であった。（ヒアリング当時）

とを考え，一番仲がいい校長に相談した。

——「うちに，いい家庭科の先生がいるよ。一生懸命な人だから，紹介す
るよ」と校長は快諾してくれたんですよ。学校に行ってみたら，本当
に消費者教育というのを考えていた人だった。「先生，応援するから
一緒にやらない？　教材なんかの開発も俺たちが予算を取ってやるか
ら」と家庭科の先生に声をかけたんだ。俺は教育委員会にいたから，
教材開発がものすごく手間暇かかるということや，やりながらどんど
ん変えていくものだという，先生方の苦しみを知っているから。

(K氏インタビューより)

その後1年間，校長の許可を得て，家庭科教員とさまざまな取り組みを行
った。授業実践を見て，K氏は，生徒達が変わっていく様子を目の当たりに
し，手ごたえを感じたそうだ。

K氏はこのような学校における消費者教育に着手する以前に，先に述べた
消費生活コーディネーター制度を全国初の取り組みとして発足させ[13]，その
メンバーによる実践コミュニティを立ち上げるなど，消費者行政の実践コミ
ュニティにも正統的に参加していた。

このように消費者行政と教育行政に正統的に参加していたK氏の多重成
員性によって，そこでの見えない非公式なネットワークが橋渡し役となって
両組織が結びついていったことが成功要因の一つになっていたことが分かる。
そしてその成果として，境界実践として新たな実践コミュニティである「消
費者教育推進連絡会」を要綱設置により物象化し，目に見える形へと昇華さ
せたことも，その後に制度として維持発展した成功要因となっていたと言え

---

13)　消費生活コーディネーターは行政推進協力員という位置づけで，地域で講座を企
画・開催するなど5つの業務を依頼した（自宅の玄関に「コーディネーター」の看板
を下げていた）。消費生活コーディネーターの研修は毎月開催し，地域での活動の様
子を交換し合う形式をとっていたため，「ものすごい活躍をした。一期生が，5年，
10年後に大きな力を発揮して活躍した」という効果があったという（K氏ヒアリン
グより）。

よう。このとき，実践コミュニティ内部のコーディネーターは，行政職員である K 氏であり，これまでの教育委員会における経験を活かして，教員と連携して各種事業を実施していたことになる[14]。

(2) K 氏のナレッジ・ブローカーとしての活動

当時，K 氏は A 市の施策を推進しながら，特殊法人国民生活センターの講師や，財団法人消費者教育支援センターの委員会委員として，外部との交流を積極的に行っていた。

特に，特殊法人国民生活センターでの研修は宿泊研修が多いため，全国から集まった自治体職員とともに，夜は飲み会を行い，そこで情報交換を行っていた[15]。そこに参加している人に対して，

 ——「その頃は携帯電話もなかったから，電話番号を聞いて，この人良さそうだなという人と親交を深めて連絡を取り合っていたよ。そうしたら，いろんな友だちができて，全国に。だって，私，もうそれをネットワーク化したつもりだから」。   （K 氏インタビューより）

と，まさに K 氏は消費者教育を担当する行政職員の実践コミュニティを新たに作っていた。そこでできた友人に呼ばれて各地に行き，消費生活展などを視察しつつ，定期的に飲み会等を開催して情報交換が深まった[16]。

---

14) K 氏は 2015 年 3 月に行われた平成 26 年度都道府県による市町村支援事業実務担当者会議において，「消費者教育を推進するための関係機関との連携について～支援力を高め市町村消費者行政の体制を強化する～」をテーマに講演し，消費者教育連絡会ができた理由を次のように話している。「連絡会ができたのは①職員の消費者被害の悪質さ，恐ろしさを市民に伝え，被害を未然に防ぎたいという強い思いが，まずありました。②そして，指導要領の改訂というチャンスを逃さず捉えました。③教育委員会に長く在籍していた職員が，人脈をたより話をスムーズに進めました。④そして，特に消費者教育に熱心に取り組んでくれそうな先生に的を絞ってアプローチしました。この 4 つが，設立の大きなきっかけとなったのです」と述べている（K 氏提供の発表資料による）。

15) K 氏は講師を受けるとき，夜に飲み会を設定して情報交換の場を持ちたいために，午後の講師を自ら希望したと述べている。

また当時，近隣の5市2町で消費者行政担当者会議を作っていたが，近隣の2町では十分な消費者行政ができなったため，他市が消費生活展のパネルや展示物を貸し出したり，議会の答弁書も参考資料として共有したりしていた。その背後には，悪質事業者に対抗するためには，自治体どうしが連携しなければ立ち向かえない，という正義感が強くあったそうだ。

　　——「でも，そういうつながりや絆があるというのは，すごいよね。だから，私は，そういうようなつながりが支えてきたような気がする。上司に相談するよりも，同じ行政の中で困ったことがあると，俺のところに電話がかかっていた。「そんなの，お前の課長に聞けばいいだろう」と言ったら，一緒に課長なんかとも飲んだりしているから，「これは，俺は分からないから，Kさんに聞いたほうがいいよ，うちの課長が言っていた」と。「なんだそれは」と言ってやりましたけどね。そのぐらい，9年もいたからね。だから，7，8年いた頃には，もうそんな感じでしたよね」。　　　　　　　　　（K氏インタビューより）

　K氏は近隣地域，全国の担当職員の実践コミュニティを作り，それをナレッジ・ブローカーとして越境することで，A市の消費者行政の充実に貢献してきた。外部の実践コミュニティはK氏にとって心の拠り所となるとともに，「上司に相談するよりも，困ったことがあると，俺のところに電話がかかっていた」というように，各地の消費者行政推進にも寄与してきたと言えよう。

　またK氏は，外部とのネットワーキングを通じて得た様々な情報をもとに，市内の教員の実践コミュニティをさらに増やす方向で活動を進めていた。例えば，このころ，外部から専門家を招聘して教員向け研修講座を実施していたが，そこに参加した教員の「自主的な消費者教育研究グループ結成の動き」が見られるように，消費者行政担当者として豊富な資料を配布し，当日は消費者教育に関する出版物を会場内に展示するなど，教員の関心を高める

16）　当時の関係は現在も継続し，OB会として旅行に行ったりしているという（K氏ヒアリングより）。

工夫をしていた[17]。これまで熱心に消費者教育を進めてきた教員の多くは，「消費者教育の豊かな実践経験をもとに，地道な教材研究をしているはずで，それらの活用も含めて，他の関心のある教員との教育実践交流の場を提供していく必要がある」と指摘している[18]。

　K氏の活動は，自らがナレッジ・ブローカーとなり，行政における消費者教育支援のあり方を他に提供する役割を果たすとともに，外部から得た情報をもとに，市内の取り組みを一層充実させる方向で還流していたと言えよう。

(3)　消費者教育相談員の設置へ

　K氏は先にみたように，1988年に行政と市民のパイプ役となる消費生活コーディネーター制度を発足，1991年には第3次総合計画を受けた消費者行政の指針を策定し，教育委員会との太いパイプを持って，学習指導要領の改訂を後ろ盾に充実した事業を展開していた。その在職年数は通算9年間である[19]。

　当時の消費者教育支援事業としては，教育委員会教職員課，教育研究所，小中学校教諭，消費生活課の職員による連絡会である消費者教育推進連絡会を「支援体」として，様々な事業を行っていた。1992年度から「消費者教育実践夏期セミナー」を8月に開催，1993年にはわが国で使用されているマークを1冊にまとめた指導資料集（B5版64頁2000部印刷）や，授業用教材として活用するパネルの作成，さらには学校の授業で活用できる各種情報資料を集めて提供したり，ビデオを購入してリストアップして貸出する事業も実施したりしていた。

　――「俺は消費生活センターの資料室を消費者教育支援センターにならって全部分類したんですよ。例えば，先生が「こういう授業の資料がないか」と言ったとき，そこから出せるわけだから。そうすると，教材を提供するとき，「いつでも来てくださいよ。こんなのありますよ」

---

17)　木村（1993）22頁。
18)　同上 24頁。
19)　9年間の在職年数は，他の職員に比べて特別に長かったという。

と宣伝するじゃないですか。先生が消費生活センターにやってくると，先生に閲覧室で見てもらって，コピーを取りたいとかね。物によっては貸し出しできないので，「先生，コピー取ってあげますよ」と言って，コピーを取ってあげたりして。そういうのも仕事だよね。地道だけど，大事なこと。情報というのは，人と人に渡ることによってパワーアップするんだよな」。　　　　　　　　　　　　　（K氏インタビューより）

　このように，学校における消費者教育の充実に向けて教員に対する支援活動を追求し続けた。しかし，K氏は，この状況に対し，

──「そうか。俺たち職員というのは，必ず4，5年で異動になっちゃうので，そのあとを引き継いでいくということになったら，専任の消費者教育の人を置かなきゃいけない」。　　　　　　　（K氏インタビューより）

との想いに至った[20]。あらゆる制度を作り，学校における消費者教育を充実させてきたK氏が，偶然にも異動の1年前，つまり在職8年目に出した結論である。

　こうしてK氏は1991年に策定した指針を根拠にして1994年に予算要求し，1995年から「消費者教育相談員」が誕生したのである。もともと地方自治体の消費者行政分野には，被害救済の専門的人材として「消費生活相談員」が非常勤職員という立場で存在していた。異動がなく，外部の専門性が必要という同様の立場から，消費者教育「相談員」という名称で位置づけられたことが想定される。

　本制度の発案について，他の自治体で参考にするものは特になかったが，財団法人消費者教育支援センターに委員会の委員として出入りしていたため，そこに集まる人や情報を参考に規則を作ったという。また，制度化にあたっては，あわせてどのような人を配置するか，ということが重要だったと指摘する。

---

20)　K氏へのヒアリングによる。

——「やっぱり基本的には教員上がりがいい。何，あの人？と言われるよ
　　うな人を持ってきたら駄目だよね。ある程度信頼されている人を置か
　　なくちゃ」。
　　　　　　　　　　　　　　　　　　　　　　（K氏インタビューより）

　K氏は結局，1995年3月に異動したため，直接的に制度の運用には関わ
っていないが，候補者の選定については，退職直前まで家庭科教諭で校長経
験者という人選で調整していたという[21]。学校教育という実践コミュニティ
に正統的に参加していた教員であること，さらには家庭科という消費者教育
に対する専門性と，校長経験者という他の教員に対する影響力の大きさが，
この事業を推進してきたK氏にとって必要な資質と考えられたのであろう。
このように，消費者教育相談員の制度化は，K氏自身の活動内容を振り返り，
必要とされる資質をもった人材を配置する必要性を明示するという役割を果
たしてきたと言えよう。

⑷　消費者教育相談員の活動を通じた市内への広がり
　図表36は1995年のA市の組織図である。経済部商工課の1つの担当（消
費生活担当）として，消費生活センターが設置され，所長以下6名の職員が
配置されている。さらに，非常勤特別職員として消費生活相談員4名に加え
て，消費者教育相談員1名が配置されていることが分かる。この年の「消費
者行政の概要」では，自立した消費者の育成を推進するため，消費者意識の
高揚，消費者保護の充実に努め，総合的な推進体制の整備を図ることが基本
方針として示され，「消費者教育の支援機能の強化など，消費生活センター
の充実に努める」ことが施策の方向性として位置づけられている。
　「消費者教育相談員」の職務については，図表37に示す規則の通りであ
る[22]。当時，初代の消費者教育相談員は，58歳で小学校を退職した元教員W
氏であった[23]。W氏は4年間在職したが，「学校在職中は消費者教育という

---

21)　実際，着任した消費者教育相談員は教員経験者ではあったが，家庭科教諭ではなか
　　った。
22)　現在では，消費者安全法の改正に伴い2016年4月に消費生活センター条例を改め，
　　その施行規則第2条2項に消費者教育相談員の職務を定めている。

第5章　先行モデル分析からみた成功要因　　151

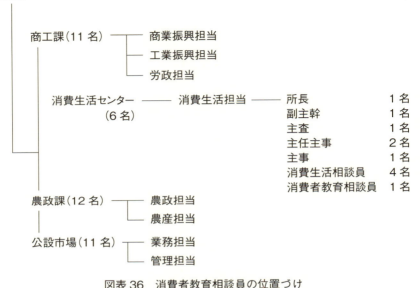

図表36　消費者教育相談員の位置づけ

(出典)　平成7年度版「消費者行政の概要」より筆者作成

言葉を聞いたことがなかったが，教員であればできると誘われて職についた」そうだ[24]。

　具体的な業務としては，①教員に対して消費者教育について啓発する目的で発行していた『消費者教育だより』の企画・編集，②教育委員会教育研究所長を座長とし，教員を委員に委嘱して研究授業を実施する「消費者教育推進連絡会」の運営支援，③夏の教員研修の企画，④消費者団体が学校で出前講座を実施するコーディネート・教授法の伝達などであり，これまでの経験とネットワークを活かして活動を重ねた。

　しかし，実際には業務の前例がないので，手さぐりの状態であった。「本

---

23)　K氏が調整している時には家庭科教諭で校長経験者であったが，事情により小学校を少し早く退職したW氏が担当した。
24)　W氏へのヒアリングによる。W氏はK氏との接点はない。

```
（設置）
第1条  市民に対する消費者教育を推進し，もって消費生活の向上を図るため，B市
       消費者教育相談員
       （以下，「相談員」という。）を置く。
（定数）
第2条  相談員の定数は2名以内とする。
（委嘱）
第3条  相談員は，消費者教育に関する専門的知識を有する者の中から市長が委嘱す
       る。
（職務）
第4条  相談員は，次に掲げる職務を行う。
    (1) 消費者教育講座等の実施に関すること。
    (2) 教職員に対する消費者教育支援の推進に関すること。
    (3) 消費者教育資料の収集と提供に関すること。
    (4) 消費者教育教材の作成に関すること。
    (5) 消費者教育推進連絡会に関すること。
    (6) その他，消費者教育に関し必要な事項。
```

図表37　消費者教育相談員規則

（出典）　平成7年度版「消費者行政の概要」より筆者作成

当に自分は場違いだった」とW氏は発言している。当時一緒に働いていた行
政職員のY氏はW氏の活動について，「全面に出るというよりは，教員や出
前講師をする消費者団体が，当時は消費者教育っていう言葉がないなかで，
それをいかに伝えていくか，大事なことだということをどうやったら伝わっ
ていくか，すごく苦慮されていた」という。だが，行政職員との良好な人間
関係のもとに，W氏は「本当に楽しい職場だった」と振り返っている。

　手さぐりで進めたW氏の活動ではあったが，『消費者教育だより』が重要
な人工物として，市内の教員に対して参加と物象化の相互作用の働きを促進
していたと考えられる。作成された『消費者教育だより』を見ると，消費者
教育の考え方に対する記事，消費生活相談に寄せられた情報，教材に関する
情報，研修会等のお知らせ情報など，アンテナを張って情報収集し，市内の
教員に伝えようとする意欲が伝わってくる[25]。W氏も「ただ一つ楽しみで，

---

25)　『消費者教育だより』の記事は，W氏の独自取材によるものであったが，財団法人消
　　費者教育支援センター発行の機関紙『消費者教育研究』の記事も散見された。

第5章　先行モデル分析からみた成功要因　　153

すごくやりがいがあった」ものだったと振り返っている。

　『消費者教育だより』の創刊号（平成7年10月5日発行）は全12ページで，財団法人消費者教育支援センターが発行しているニュースレターからの抜粋記事，夏期セミナーのアンケート結果分析，新着ビデオ・図書の紹介から構成されている。創刊号，続く第2号（平成7年12月5日）は，次の文章から始まっている。

　――『雲悠々水さんさん』，さわやかな秋になりました。

　　9月は，夏休み作品展，運動会，体育祭と慌ただしく瞬く間に過ぎ，10月を迎えられてほっと一息つかれたところかと思います。

　　去る8月8日に実施しました『消費者教育実践夏期セミナー』には，たくさんの先生方にご参加いただき誠にありがとうございます。ご協力いただきましたアンケートについては集約して，9ページ以降に記載してありますので，ご参考の上前向きに日常実践していただけますようお願い申し上げます。A市消費生活センター消費者教育相談員としては，皆様からのご意見に深く感謝し対処していく所存でございます。どうか今後もご協力いただけますよう重ねてお願いいたします。

（『消費者教育だより』創刊号より）

　――師走を迎えはく息の白さに本格的な冬の訪れを知る今日この頃です。

　　学校現場の皆様におかれましては，2学期末の事務処理で何かとお忙しい日々をお過ごしのことと思います。創刊号ではアンケートまでお願いいたしまして大変ご迷惑をおかけしました。

　　2学期の忙しい時期にもかかわらず多数の先生方にご協力いただきまして，先生方の優しいお心配りにただただ感謝しております。どうぞ今後ともご協力いただけますよう切にお願いいたします。

（『消費者教育だより』第2号より）

　このようにW氏は前年度まで長く勤務した学校の事情を考慮し，その状況に寄り添いながら，教員に消費者教育の実践を呼び掛ける姿勢が見られる。第2号に掲載されている教員から届いたアンケートでは，

──「日ごろ忙しさにまぎれて忘れがちになっている消費者教育の大切さについて考えるよい機会となりました。ありがとうございました」
　　　　　　　　　　　　　　　　　　　　　　　　　　（小学校教頭）
──「大変役に立ちました。社会科や家庭科の年間指導計画にしっかりと位置付けて消費者教育を実践していく必要があると思いました。（各学年の系統をふまえて）」
　　　　　　　　　　　　　　　　　　　　　　　　　　（小学校教頭）
──「消費者セミナーには第1回から出席させていただいており，現場での消費者教育への重要性もこの頃から意識しはじめてきました。セミナーでの内容を活かして授業を行っております。（『消費者教育だより』を）担当される先生方は大変な仕事になりますが，現場でさらに活用させていただきたいと思いますので，どうぞ今後ともよろしくお願いいたします」
　　　　　　　　　　　　　　　　　　　　　　　　　　（中学校教諭）

といったように，好意的な感想や同じ教員の立場で情報が発信されていることに対する感謝が寄せられている。この『消費者教育だより』には，消費生活センターに訪問した教員がビデオを借りていった後に，それを用いた指導案や子どもたちのワークシートを提供するよう依頼し，その記述内容なども紹介したり，教員の意見を掲載したりするなど，通常行政が行いがちな一方的な情報提供ではなく，双方向の意見交換の場になっていた。これによって市内の教員との「意味の交渉」を行い，教員が消費者教育の実践コミュニティに参加しているというアイデンティティを形成していったと考えることができる。
　また，W氏の活動内容については，自身が全面に出て講師役をするというよりも，「行政と教育現場のつなぎ役」として，当時活動していた消費者団体が学校の出前講座で活用してもらえるように，消費者教育だよりで広報したり，子どもへの指導方法等を伝授したりしていた。

──「消費者教育だよりに，消費者団体の人たちを外部講師としてご活用いただきますようにって書いといたんですが，もう率先してやってくださいましたね，本当に」。

（消費者教育相談員 W 氏インタビューより）

——「消費者団体さんは大人を対象にやることは慣れているんですけど，小学生とか中学生には慣れていないので，そういう時には先生（W 氏）が，このほうが子どもたちには分かりやすいですよ，とか，こういうことは子どもたち分かりませんよ，とか，そういった相談にのってくれていました」。　　　　（当時の行政職員 Y 氏インタビューより）

　まさに，市内の教員にとって消費者教育の実践が進むように，学校と消費生活センターをつなぐ境界実践としての実践コミュニティでコーディネーターとしての活動していたのである。

　当初，K 氏が持っていた教育委員会との非公式なネットワークをたよりに推進してきた学校現場とのつながりは，W 氏の消費者教育推進連絡会等の実践コミュニティのコーディネーターや，消費者行政と学校教育の実践コミュニティをつなぐブローカーとしての活動により一層裾野を広げ，消費者教育の浸透に寄与したものと思われる。

⑸　活動の定着と知名度の向上

　W 氏は 4 年で任期を終え，その後は行政職員の退職者等がその任についた。その後，現在に至るまで，事業は継続されているが，その内容は多少の変容を伴っている。

　A 市の事業報告書を時系列で追うと，2003 年度実績（2004 年度 A 市消費者行政の概要）から記載方法が変化しており，2006 年度実績までの 4 年間，消費者教育推進連絡会の記述が抜けている。それまで「小中学校消費者教育推進支援事業」として消費者教育推進連絡会が年 2 回の会議を行っている記録が残っていたが[26]，記載がない時期も連絡会は開催されていることから[27]，

26）　2002 年度の 8 月の研修会には筆者が講師として訪れ，連絡会のメンバーもそこに参加したことが記録に残っている。

27）　筆者は 2006 年に消費者教育推進連絡会で 40 分間の講義をし，そのあと連絡会メンバーと情報交換をした記録がある。その時，座長であった教育研究所長は，「生徒たちの実情を踏まえると，消費者教育を含めた現代的な課題を学校で扱うことは非常に

この時期，何らかの検討が行われた可能性がある。

特に，2005年からは子ども向け消費者教育出前講座「子ども消費者教室〜マナブーと楽しく学ぼう」を開設し，行政職員や消費者教育相談員が直接的に学校に出向いて講座を開始するようになる[28]。当時のA市の行政職員は，「着任当初，消費者の視点から子どもへの教育が不足していることに憂慮し，手さぐりの状態でこの事業を立ち上げた。現状では，学校における消費者教育を推進していく上で行政がどのような支援を行っていけばいいのか情報不足だ」と指摘している[29]。この時期，国では2004年に消費者基本法が制定され，地方自治体でも消費者教育推進の機運が高まっていたが，現実には地方自治体が消費者教育を進めていくための支援が十分ではなく，国と地方自治体の乖離が生まれていたと考えることができよう。

一方，事業報告書への消費者教育推進連絡会の記録は2007年実績から復活し，内容は当初よりバージョンアップして，現在と同じ姿の記載が見られる。すなわち，消費者教育連絡会の開催回数が年に3回となり，2006-2007年度の2年間で委嘱された教員が実践した内容を，「消費者教育授業実践事例集」として発行するようになったのである。2011年度からは，授業実践や連絡会の様子をダイジェスト版で伝える『A市消費者教育推進連絡会つうしん』を発行し，市内の教員に広げていく仕組みを着実に整えてきた。さらに，2013年度末には，「A市版消費者教育ポータルサイト」を開設し，実践事例集等がダウンロードできるようになっている。

現職の消費者教育相談員であるA氏は，「年3回の会議で拾いきれなかった学校現場の意見を収集するため，連絡会の先生一人ひとりにヒアリングを行う」など，「学校にどのような支援が必要なのか，効果的であるのか，先生方の意見を取り入れて，消費者教育の推進に邁進していきたい」[30]と述べ

　　重要である」という意見を持っており，連絡会の活動に対しても非常に協力的であった（柿野 2006b）。

28)　2015年3月に廃止した。

29)　柿野（2006b）4頁。当時は，行政職員等を対象にした消費者教育の研修がないことを指摘していた。

30)　小板橋（2012）9頁。

ているように，大変意欲的である。また，教育研究所長としてこの連絡会に
関与したＳ氏は，「A市消費者教育推進連絡会の23年間にわたるこれまでの
地道な取組み，実践の積み重ね，そしてこれからの継続的な取組みが，消費
者教育の担い手を育成するとともに，「自立した賢い消費者」を育むことに
なる」と述べ，「これまで以上に連携強化し，次への一手を講じる必要があ
ると切に思う」と，この取組みに終わることなく，この先さらに施策を講じ，
消費者教育の一層の充実を図る必要性について指摘している[31]。

　このようなA市の消費者教育推進連絡会を基盤とする推進は，木村
(1993)，柿野（2006b)，小板橋（2012)，斎藤（2014）で紹介され，さらに
先進事例として消費者教育推進会議地域連携推進小委員会や消費者委員会
等[32]で取り上げられ，全国に知られるようになる。事業報告書への記載が途
絶えた時期を乗り越えて，さらにその機能を強化して連絡会を運営すること
ができた背景には，当時の行政職員はじめ，実践コミュニティのコーディ
ネーターとして機能する消費者教育相談員のきめ細かいサポートがあったこ
とが推測される。また，推進連絡会の委員に委嘱された教員も相当数にのぼ
り，市内に消費者教育を理解し，実践する教員が定着してきたと言えよう。

　これを可能にしたのは，推進連絡会の機能が強化され，実践事例集という
目に見える成果が人工物になったことによって，多くの理解が得られるよう
になった。また，「消費者教育相談員」の存在がクローズアップされ，その
役割の重要性が明示されたことも，重要な意味をもつだろう。

4．A市における成功要因

　以上見てきたように，A市はＫ氏というキーパーソンによって教育委員
会との関係構築に成功し，さらに教員や教育委員会，消費者行政による実践
コミュニティである消費者教育推進連絡会を設置し，そこに1995年に消費
者教育相談員を配置し，現在までもその制度が継続している事例であった。
A市の成功要因を分析すれば，以下のようになる。

---

31)　齋藤（2014）9頁。
32)　消費者委員会（2016）39頁。

第一は，K氏の多重成員性によって，教育委員会と消費者行政の実践コミュニティをつないだという点である。K氏は13年間も教育委員会に在籍し，まさに教育委員会の実践コミュニティに正統的に参加し，多くのネットワークを築いていた。そこへ消費者行政に異動したK氏は，学校における消費者教育に着手する以前に，消費生活コーディネーター制度を全国初の取り組みとして発足させ，そのメンバーによる実践コミュニティを立ち上げるなど，消費者行政の実践コミュニティにも正統的に参加していた。このようにK氏が両コミュニティに正統的に参加していたという多重成員性をもって，二つの組織が一体的に事業展開できるようになったのである。この場合，K氏のような教育委員会13年，消費者行政9年という異動サイクルは異例であるが，行政職員が多重成員性を発揮するためには，1，2年ではなく，一定期間は組織に配属されていることが必要であろう。また，この人事異動は偶発的であったと思われるが，行政内部で多重成員性を発揮するために，教育行政の経験者が消費者行政の担当となるような人事ローテーションが成功要因の一つになると言えよう。

　第二は，K氏の果たしてきた役割を消費者教育相談員という職務を設け，消費者教育推進連絡会という実践コミュニティのコーディネーターおよび，学校教育と消費者行政の実践コミュニティをナレッジ・ブローカーとしてつなぐ役割を明確にしたことである。消費者教育推進連絡会のような会議ができた場合にも，消費者行政の担当者によってはその重要性が理解されておらず，廃止・休眠になっているケースも耳にするが，ここでは実践コミュニティを機能させていくために専門的な人材を配置したことが成功要因と言えよう。また，学校教育と消費者行政の実践コミュニティをつなぐナレッジ・ブローカーとしての仕事内容を，当時，『消費者教育だより』という人工物にして可視化し，消費者教育相談員の存在を学校現場に周知し続けたことは，学校における消費者教育の定着に重要な意味をもっていると言えよう。

　第三は，この制度が20年以上にわたって継続するなかで，いくつかの節目があったが，最近では実践コミュニティの活動を，そこに参加している教員だけでなく，外へ広く発信するための事例集の作成や『連絡会つうしん』など，「意味の交渉」によって成果を目に見える形へと進化させたことが成

功要因として考えられる。この取り組みは，参加する教員のアイデンティティ確立に寄与し，市内で消費者教育を実践する代表者であるという自覚とともに，学校教育の実践コミュニティに消費者教育を広げるナレッジ・ブローカーとしての役割を果たしていると言えよう。またこの取り組みが人工物となったことによって多くの人に知られることになり，2017年度に文部科学省が実施する消費者教育フェスタの開催地になり，全国から参加者を集める全市的なイベントを成功させた。

　以上のことから，A市における非公式で偶発的なネットワークの存在を実践コミュニティ概念により構造的に把握することにより，K氏の存在の意味や，その後20年以上に渡る事業継続の意味を理解することができ，そこから成功要因についても検討することができたと言えよう。

第4節　B市のケース

1．取り組みの概要

　B市は中部地方に位置し，人口約80万6千人，約33万世帯が暮らす，周囲を山，川，海，湖に囲まれた面積全国第2位（1558平方キロメートル）の市である。2007年には政令市に移行している。繊維，楽器，自動車・オートバイを中心とする工業都市であり，国内屈指の大企業も本社を構えている。
　B市では，1968年5月の消費者保護基本法施行に伴い，1969年4月に商工課計量消費者係に消費者行政担当を設置したことが消費者行政の始まりである[33]。現在は，「くらしのセンター」という名称で市民生活課の係として，市民相談の総合窓口の一つとして位置づけられている。
　2012年に消費者教育推進法が制定されたことを受け，県が他に先駆けて

---

33)　当時の「市政の概要」や「県における消費者行政の歩み」（1973）によれば，県内の各市が独自の相談窓口開設を促すため，県事業により毎週土曜日に消費生活相談員が配置され，広報課駅前相談所が開設されたり，消費者センター「ほほえみ号」で苦情相談を受け付けたりする事業が行われたことが記録として残されている。また，オイルショックの時期には，くらしのセンターとして課相当の組織形態をとっていたが，計量業務が分離し，市民相談が加わることにより，現在は係相当の組織である。

160

図表 38　B市における消費者教育推進の歩み

年	出来事
1969(S44)年	・商工課計量消費者係の設置
1975(S50)年	・市民の消費生活の保護に関する条例（市条例第14号）施行
2013(H25)年	・第1回教育委員会との意見交換会（2月），福祉関係課との意見交換会（2月） ・消費者教育のあり方検討の開始（公益財団法人消費者教育支援センターへの委託事業） ・第1回庁内関係課担当者説明会（7月） ・消費者教育のあり方検討会の設置（9月）
2014(H26)年	・「消費者教育のあり方検討会報告書」の完成（3月） ・第2回教育委員会との意見交換会 ・第2回庁内関係課担当者説明会（8月） ・第1回消費者教育推進庁内連絡調整会議（8月） ・第1回浜松市消費者教育推進地域協議会（10月）
2015(H27)年	・消費者教育フェアの開催（3月） （出世大名家康くんが消費者庁長官より初代消費者教育推進大使として任命） ・消費者教育コーディネーター設置（1名）（4月） ・中学校家庭科教材キットの作成（2016年配布）
2016(H28)年	・消費者教育推進計画の策定（5月） ・小学校家庭科教材キットの作成（2017年配布）
2017(H29)年	・消費者教育コーディネーターの交代と増員1名（計2名）（4月） ・日本で4番目のフェアトレードタウンに認定（11月）

（出典）　各種資料に基づき，筆者作成

消費者教育推進計画の検討を始めたことから，同市でもその翌年2013年から，消費者教育のあり方検討を始め，2016年5月に消費者教育推進計画「豊かな消費者市民都市をめざして」（2016年度〜2021年度）を策定している。また，2017年には，同計画の目標に掲げた「消費者市民社会の一員となる消費者市民の育成」の一つとして，市長が「フェアトレードタウン宣言」を行い，日本で第4番目のフェアトレードタウンに認定され，公正で持続可能な社会に向けた取り組みを地域ぐるみで進めようとするなど，目に見える成果がいくつも出ている。

２．実践コミュニティ概念に基づく分析の視点

　B市については，消費者教育推進法の制定以降，特に学校における消費者教育推進の阻害要因として教育委員会との関係構築を困難に感じていたが，推進法の基本理念に示された消費者教育コーディネーターを配置し，学校との連携が他都市と比較して顕著に見られた事例である。以下，Wengerの実践コミュニティ概念に基づき，次の視点から事例検証を行い，成功要因を抽出する。

①教育委員会との連携を進めるにあたり，当初は単線的な関係構築に困難を感じていた。しかし，市の計画策定という目標に向かった庁内連携の実践コミュニティのなかで教育委員会との接点をもつことで複線的な関係となり，また庁内関係課どうしをヒアリングするという手法で外部専門人材が実践コミュニティのコーディネーターになったことにより，教育委員会では市の教育総合計画の中にも消費者教育が位置づけられるようになったのではないか。

②B市は教育現場に理解が深い校長経験者Ｏ氏を「消費者教育コーディネーター」として配置した。Ｏ氏は採用前，同じフロアーの市民相談員に従事しており，消費者教育の実践コミュニティに非公式に周辺的に参加していたため，配置当初から精力的に活動できたのではないか。

③Ｏ氏のこれまで培った教育現場と消費者行政の実践コミュニティをつなぐナレッジ・ブローカーの役割を果たしたことにより，教育現場の理解が得られたのではないか。またそこにはＯ氏だけの活動ではなく，行政職員との協働によって，具体的な成果につながっていったのではないか。

④就任後は特に，多重成員性を活かして，家庭科教員の実践コミュニティである教育研究会の中に，新たに消費者教育に関する実践コミュニティを作ることに成功し，そこで教員とともに，教材という人工物を制作した。ま

た，それを市内に配布することによって，消費者教育の実践コミュニティ
を広げていったのではないか。

3．事例検証

(1)　関係構築の地固め

　B市では，消費者教育推進法が制定された翌年 2013 年 2 月に，教育委員
会と話し合いの場を設け，次年度開催する庁内関係課担当者説明会への出席
依頼と，市内の消費者教育推進について意見交換を行った。教育委員会側の
出席者は，教育総務課専門監，学校施設課補佐，教育センター専門監，指導
課グループ長，市立高校主幹，保健給食課補佐各 1 名，教職員課グループ長
2 名，消費者行政担当者 2 名であった。

　その場において，消費者行政担当者は，推進法の概要と，予算の確保につ
いて説明するとともに，学校で活用する消費者教育の教材作成を行いたいこ
とを打診した。同じ県内の政令市で，中学校家庭科の教材を教員や指導主事
が参画して作成し，市内に配布している事例があることを挙げ，同じような
枠組みで教材を作成したい旨を提案したが，

　　──「市内には技術・家庭科の技術科の指導主事はいるが，家庭科の指導
　　　　主事が不在であるため，そのような協力は難しい」

との回答だったという[34]。教員の研修を企画する教育センターから「研修会
場と既存の研修に時間をとることはできる」と前向きな回答をもらったが，
出席者のなかには

　　──「取り急ぎ，教育委員会としてすべきことはないと考えてよいか」
　　──「法律はできたが，文科省からの具体的指示は出ていない」
　　──「計画策定が先ではないか」

---

34)　行政職員 T 氏，W 氏へのヒアリングによる（2017 年 7 月 17 日）。

というような発言をする者もいたという[35]。

のちに，「教育委員会との意見交換は玉砕した」と同席した消費者行政担当者2名は語る。消費者行政担当者のうちT氏は2010年から消費者行政を担当し，この当時は3年目であった。異動当時から消費者庁の消費者行政活性化基金の活用が始まっており，消費生活相談員の確保や講演会の開催等が行われていたので，T氏も消費者教育についての理解を深めつつあった時期である[36]。W氏は2012年4月に異動してきたが，もともと大学時代から消費者行政，消費者教育について勉強を重ね，消費生活専門相談員の資格を所有するほど，消費者行政に対する専門性をもっていた人物である。しかし，教育委員会関係者の前ではその経験を活かすことも難しく，直ちに関係構築を行うことができる状況にはなかった。

　　——「何かやりたいと思っても，教育委員会との間にはやっぱり高い壁が
　　　　あるんですよ。自分が教育委員会にいて，学校関係者とかかわりがあ
　　　　る行政職員であれば，つながりもできるのかもしれないけど，それが
　　　　ない行政職員が配属された場合，玉砕しちゃうんですよね」。

　　　　　　　　　　　　　　　　　　　　（行政職員W氏インタビューより）

まさにこの状況が，消費者行政と教育行政でよく見られる阻害要因であり，単線的な関係構築が非常に困難であることを示している[37]。

消費者教育推進計画を策定しようとしていたB市では，2013年7月に第1回庁内関係課担当者説明会が開催された。冒頭には共通理解のために消費者教育の講義が行われ，消費者教育推進法による考え方や，学校教育における

---

35)　同上。

36)　T氏は2016年3月で定年退職し，2016年度は同じ組織の市民相談員として勤務したが，2017年4月からは消費者教育コーディネーターとして消費者行政に戻ってきている。

37)　一方，同じ2月に実施した福祉関係課（福祉総務課，障害保険福祉課，高齢者福祉課，介護保険課）との意見交換では，教育委員会と対照的に具体的な研修内容や教材配布について議論が行われ，その翌年，民生委員約1000名，地域包括支援センター職員25名，障害者相談支援事業所約15名への研修会が実現している。

消費者教育，関係課の既存の取り組みにおける消費者教育のつながり等についての内容であった。特に講義では，消費者教育が単なる○○教育の一つではなく，これから不可欠となる持続可能な開発のための教育（Education for Sustainable Development : ESD）と同じ方向性をもつものであること，とりたてて消費者教育を強調するまでもなく，これまでの業務や取り組みを消費者，消費生活の視点から見直してみることで関連の業務が明らかになることが強調された。講義後は，消費者教育のあり方検討を委託事業として実施し，この後の日程で，アンケート・ヒアリング調査が行われることが説明され，協力を依頼した[38]。

　会議には，16課16人が参加し，当然その場には教育委員会担当者も出席していた。会議終了後，教育委員会の担当者からは，

　　——「消費者教育は思っていたより幅広い教育内容であるし，重要なことだと思った」
　　——「第3次教育総合計画に向けた改訂作業中であるが，その中にも位置づけていく話である」

といった意見が聞かれた[39]。わずか数か月前に，厳しい意見交換が行われたはずだが，庁内関係課担当者での会議では前向きな変化が起きている。

　これは，庁内関係課の担当者会議という，計画策定に向けた実践コミュニティが庁内にでき，部門どうしの縦の関係から，庁内全体の横の関係になったことが影響していよう。教育委員会担当者は，意見交換の頃にはまだ消費者教育に対する理解が深まっていなかったが，市全体の計画策定という目標に向けて，関係課が協働していくための実践コミュニティが用意されたため，教育委員会として何ができるのか考え方に変化が起きたと言える。

---

38)　委託事業は筆者の所属する公益財団法人消費者教育支援センターが受託し，筆者は講師を務めた。同年度には，市内の全園・学校・大学に対するアンケート調査（有効回収率84.5%）およびヒアリング調査（8名），教育委員会へのアンケート調査（教育総務課，教職員課，指導課，教育センター）を実施した。

39)　研修終了後の教育委員会関係者へのヒアリングによる。

また会議終了後，会議に参加した担当者にアンケートの記入を依頼し，さらにその結果に基づいてヒアリング調査を行った。ヒアリングは，市長事務部局8課，協働センター2か所，教育委員会3担当者に対して行ったが，のちに消費者行政職員T氏は「ヒアリングの手法を通じて，関係課に対する消費者教育の理解促進に大変効果があった」と評価している[40]。

　教育委員会へのヒアリングでは，学校教育部指導課指導主事は次のように発言している。

　　──「個人的には一緒に関わってやっていきたいという気持ちはあるんですよ。消費者教育は学校では知らない，では通らないんだから。でも，学校教育を進めていく上で，いろいろな教育課題があるから，教育委員会が中心になって進めていくのは難しいんですよ，やっぱりね。くらしのセンターが中心になってプランを示し，実際に主になって消費者教育を行うことが必要なんですよ」[41]

　個人ではその重要性や，関与の可能性を示しつつ，教育委員会が組織として具体的な取り組みを行っていくことの困難さについて述べている。そのなかで，消費者行政が中心になって消費者教育を行っていくのであれば，協働の可能性を示唆していることは，2013年2月に開催された会議と比較して隔世の感があると言えよう。

　すなわち庁内連携会議という実践コミュニティにおいて，外部の専門機関がコーディネーターとして，各関係課に対して消費者教育の視点からこれまでの業務を振り返り，可能性を探ることにより，困難さをのこしつつも，連携方法が一層具体化されたと言えよう。この動きは，石山（2013a）のいう

40）　消費者教育推進会議第6回地域連携推進小委員会（2014年12月）の説明による。

41）　教育委員会学校教育部指導課指導主事K氏へのヒアリング（2013年11月28日）。このヒアリングは，B市が公益財団法人消費者教育支援センターに対する委託事業のなかで実施された。K氏は市の人権啓発センターに退職校長が配置されて学校教育とのつながりを持っている事例を挙げ，くらしのセンター内に消費者教育のつなぎ役となる人材配置をすることの有効性について指摘している。

「外部のよそ者」に該当し，実践コミュニティの生成が促進されたと言えよう。

　さらにこの年度には，外部の専門家や関係団体等の役員で構成する「消費者教育のあり方検討会」が設置され，年度内に4回の会議が開催された。委員9名，顧問の他，市職員として，生涯学習課，高齢者福祉課，教育総務課，くらしのセンターも参加し，あり方について検討を行った。年度末には，調査の概要および同市に対する提言をまとめ，「消費者教育のあり方検討会報告書」としてまとめた。消費者教育という領域の実践コミュニティにおける人工物として報告書がまとめられたことにより，これをもとに，教育委員会も検討を進めていくことになる。

　2014年には第2回目になる教育委員会との意見交換が行われているが，そこでは，昨年度のあり方検討会の報告書の提案内容について紹介するとともに，今年度事業として消費者市民社会概念を普及する一つの切り口として，フェアトレード啓発冊子の作成をすることについて了解を得ている[42]。また，小学校家庭科の市教育研究会での研修会（参加者61名），市立保育園園長会（22名）での講義，市内中学校での出前授業など，研修の実施にも結びつけた。1年間でその流れが大きく変わっている。

　図表39は，B市における第3次市教育総合計画の消費者教育に関する抜粋を示したものである。施策2の項目に，持続可能な社会実現のための施策として，消費者教育の具体的な項目が位置づけられている。10年に一度の計画改定というタイミングに合致したこともあり，B市では教育計画のなかにはじめて消費者教育が位置づけられ，消費者行政の関与も明確化されたのである。

　以上に見るように，B市では消費者教育推進法を受けて，教育行政の関係構築に困難を感じながらも，「外部のよそ者」である専門機関の力を借りながら，庁内および外部有識者等との実践コミュニティを複数設置して消費者教育の実践に参画する成員を増やしていくことで消費者教育に対する理解者を広げていった。また，関係者各位に対するアンケートやヒアリングの手法

42）　この頃になると，教材作成のプロポーザル選定委員に担当指導主事も参加している。

図表39　第3次教育総合計画（2015～2025年）における消費者教育（抜粋）

施策2　これからの社会を生き抜くための資質や能力を育む子どもを育てます
施策2-5　持続可能な社会実現のための施策
取組2-5-1　環境教育，エネルギー教育，福祉教育，消費者教育などの推進
《取組の方向性と概要》
・環境問題やエネルギー問題，福祉問題，消費者問題などに対して，自ら考え行動する力を育てるために，教科の学習や総合的な学習の時間の中で，環境教育，エネルギー教育，福祉教育，消費者教育などを推進する。
《取組計画》
・指導課は，総合的な学習の時間の充実を目指して各校に指導する。 ・環境政策課は，園・学校に環境学習プログラム「E-スイッチプログラム」を提供する。 ・くらしのセンターは，学校に消費者教育プログラムを提供する。 ・教育センターは，関係機関と連携して，持続可能な社会実現のための様々な教育が実施できる研修を実施する。 ・学校は，関係各課や（仮称）「人づくりネットワークセンター」が提供する講座を活用し，環境，エネルギー，福祉，消費者問題などについて自らの考えを深め，実際に行動できる力を育てる。

《各年次の計画・指標》		
2015 年度	【指導課】 ・総合的な学習の時間について，年間指導計画の見直しの視点を提示。	【環境政策課】 ・E-スイッチプログラムの提供。各年度 【くらしのセンター】 ・消費者教育プログラムの提供。各年度
2016 年度	【指導課】 ・総合的な学習の時間について，年間指導計画の見直しの視点を提示。	
2017 〜 2019 年度	【指導課】 ・総合的な学習の時間について年間指導計画の点検・指導，指導課計画訪問での総合的な学習の時間の授業参観。各年度	【学校】 ・総合的な学習の時間の年間指導計画の見直し。各年度1回以上。 ・関係各課や（仮称）「人づくりネットワークセンター」が提供する講座を活用した各種教育の実施。各年度。

（出典）　B市Webサイト[43]より筆者作成

によって関係者間の「意味の交渉」を行った結果，消費者教育のあり方検討会報告書という人工物が公表されたことを踏まえて，教育行政側も教育総合

---

43)　2017年7月15日閲覧。

計画に位置づけるようになったと考えられる。

この段階において，新設された実践コミュニティのコーディネーターは2人の消費者行政担当職員である。また，そこに参加する成員に消費者教育と本来業務の実践コミュニティのナレッジ・ブローカーとしての役割を位置づけたことにより，参加する行政関係者が自分事として消費者教育を業務のなかに位置づけることができたと考えられよう。

(2) 消費者教育コーディネーターの配置

先に見たような関係構築を通じて，結果的には教育総合計画に位置づけられるに至ったわけであるが，ただちに積極的な学校現場との連携事業が行われたわけではなかった。2014年当時，行政職員にとって，「庁内関係課との連携はできても，教育行政との直接的な連携によって事業を実施していくことは難しい」という状況だったという[44]。

2014年10月には，第1回消費者教育推進地域協議会が開催され，市は消費者教育推進計画の策定に向けて本格的に動き始めていた。その骨子には，前年度の「消費者教育あり方検討会」報告書を受けて，現場のニーズを把握し，効果的な支援プログラムを開発するため，消費者教育コーディネーターを配置することが案として挙げられている[45]。学校現場のニーズとしては[46]，

　　――「より専門的な分野については，学校の教員では対応しきれないことがある。そういった場で，外部講師が学校の授業に入っていただけるとありがたい。地域からの外部講師導入は，学校側（特に各学年）から積極的に進んで探さないと，難しい。地域の外部人材と学校をつな

---

44)　行政職員T氏，W氏へのヒアリングによる（2017年7月11日）。

45)　第1回消費者教育推進地域協議会配布資料による。地域協議会開催に先立つ同年8月には，20課の所属長で開催された庁内連絡調整会議においても，コーディネーターの記載があった（行政職員T氏ヒアリングによる）。

46)　最初に消費者教育コーディネーター設置の提案を行った「消費者教育のあり方検討会報告書」では，公益財団法人消費者教育支援センターが受託した事業のなかで市内の学校関係者にアンケートおよびヒアリングを実施した（ヒアリング実施日　2013年11月15日，28日，12月12日，26日，1月23日）。

ぐような仕組みがあると嬉しい」。　　　　　　　　　　　（小学校教諭）

——「「このような授業を実施したい」というとき，授業に必要な素材や教
　材情報，人材情報がわかる仕組みがあると良い」。

（中学校社会科教諭）

といった具体的なものであった。

　消費者教育推進計画は 2016 年度に策定されたが，コーディネーターの設
置については，先行的に 2015 年度から設置できるよう行政職員 T 氏は消費
者行政活性化基金で新規事業として予算要求をしていた[47]。

　予算化する上で，行政職員 T 氏と W 氏は，コーディネーター適任者を身
近なところで見つけていた。くらしのセンターは，市民相談の総合窓口とし
ての位置づけをもち，行政職員 5 名（所長含む），相談員 16 名（消費生活 6
名，市民相談 7 名，交通事故 3 名）が同じスペースで過ごしていた。そのう
ち，市民相談の相談員に 2012 年から勤務していた元中学校の校長退職者の
存在があった。同じスペースとはいえ業務内容が異なっていたので，基本的
には消費者行政の取り組みには関与していなかったが，「時々学校のことを
質問されたので，学校向けに何かをしようとしている，ということには気づ
いていた」という。あるとき，行政職員 T 氏から「手伝ってよ」と言われ
ていたので，O 氏は「連絡を取るくらいなら…」と市民相談の仕事をしなが
ら手伝うつもりだったというが，気がついてみれば自らが消費者教育コーデ
ィネーターとして活動するため，市民相談員を辞めることになっていたとい
う[48]。

　当時，くらしのセンターの窓口の隣には，乳幼児を連れた親子が訪れる健
康づくり課があり，廊下に置かれた消費者行政の広報パネルに目を向けても
らうために，O 氏が作成した四季折々の折り紙作品が飾られていた。つまり

---

47)　行政職員 T 氏へのヒアリングによる。基金については，夏ごろに取りまとめを行う
　　県から希望調査が来るが，そのときには消費者教育コーディネーター予算を計上して
　　いた。当時，先駆的プログラムの別添資料のなかに，消費者教育コーディネーターに
　　基金が使えることが明示されていたという。
48)　消費者教育コーディネーター O 氏へのヒアリングによる（2017 年 7 月 11 日）。

O氏は市民相談員2年目で，消費者行政が消費者教育について動き出したことを知っており，周辺的に実践コミュニティに参加する状況にあったと言えよう[49]。

　もともとO氏は教育学部中等教員養成課程国語科を卒業し，1974年4月から中学校の国語教員として，市内の中学校に38年間勤務しており，うち教頭4年，校長8年（3校）を経験した人物である。その間，ネットワークを育んだのは，全国公立小・中学校女性校長会の地区の研修組織があり，「そこに参加していた現職校長，教頭，指導主事等との間にできたつながりが大きかった」とO氏は振り返る。「人とのつながりをつくることが億劫ではなかった」ために，研修の場に出向いたり，日常の場面でも様々なつながりができていったりした。行政職員W氏の言葉によれば，「一緒に出かけたとき，O氏が知り合いに会わない日はなかった」というほどである。

　O氏は市民相談員3年目の2014年度には，消費者教育コーディネーターの候補として消費者教育推進地域協議会に事務局として参加し[50]，上記のような非公式な関わりがあった。すなわち，O氏の消費者教育コーディネーターの就任は2015年4月であるが，それ以前よりも消費者行政における消費者教育の実践コミュニティに周辺的に参加し，消費者教育に対する理解を深める時期があったことが，後の活躍につながっていると言えよう。

⑶　実践コミュニティをつなぐナレッジ・ブローカーの役割

　2015年4月からO氏は消費者教育コーディネーターに就任し，週4日勤務の非常勤職員として，消費者教育の実践コミュニティに正統的に参加するようになる。もともとO氏は現職時代に消費者教育を意識した授業をしてきたわけではなかったため，就任1年目は，独立行政法人国民生活センター

49）　筆者も業務委託で市役所に通ったが，O氏は2013年当時から行政職員T氏，W氏から教員OBであることを紹介され，お土産をいただいたり，四季折々の折り紙についても話したりしている。

50）　地域協議会の委員には，教育委員会の推薦で市内の女性小学校長S氏が入っていたが，O氏とは女性校長の会で親しい間柄だったため，O氏から当初，連絡をとったという。S氏は後に，O氏の定年退職に伴う任期2年後，校長退職と同時に第二代消費者教育コーディネーターとして着任する人物である。

の研修や公益財団法人消費者教育支援センターや県主催のシンポジウム等に積極的に参加し，消費者教育への理解を深めていったという。すでに消費者行政サイドでは，消費者教育のあり方検討を開始して2年が経過し，消費者教育推進地域協議会も発足する等，消費者教育の実践コミュニティができていたことも，活動を広げていく上で重要な要素だったであろう。

　一方，O氏は現職時代に管理職計12年，さらには女性校長の会等の実践コミュニティで研究発表を行う等，正統的に参加していたため，教員による各種実践コミュニティにつながりをもっていくことは，難しいことではなかった。教科ごとに組織される教育研究会が全国の市単位にあるが，O氏は最初に中学校家庭科の教育研究会に着目し，教育研究会のなかに，消費者教育の実践コミュニティを作ってもらうよう協力依頼を行った。O氏の立場は消費者教育コーディネーターとして協力を求めたのだが，校長会に参加している校長達は「○○中学校元校長のO先生」という印象はもったことであろう。O氏は「現職の校長はみんな後輩だから」と述べているが，行政職員W氏は「いくら校長経験者だからといって，O氏のように影響力がある人ばかりでない。O氏でなければ，ここまで教員との協働はできなかった」と振り返っていた。まさにO氏の多重成員性によって，学校現場とのつながりが深まっていくのである。

　就任後，消費者教育の理解を深めていったO氏は，まさにナレッジ・ブローカーとして消費者教育の重要性を教育委員会や学校現場等の実践コミュニティに対して波及させていく役割を担っていた[51]。その場合，それぞれの実践コミュニティの流儀が分かっているので，「教育委員会も随分と忙しい場所で，一人で抱える仕事量も半端ではない」ことや，「学校の多忙さを考え，ガードするのも仕事」であることなど，相手の立場についても十分に理解を示した上で，消費者教育の必要性を訴えていく方法をとっていた[52]。学

---

51)　筆者はO氏の配属前にも，後にも市教育委員会を訪問しているが，O氏とともに委員会に入室するとO氏は関係各位から挨拶を受け，さらに協議のために部屋が用意されてお茶も出された，という経験をした。日本固有のタテ社会が教育委員会には残っている。

52)　独立行政法人国民生活センター平成28年度消費者教育コーディネーター育成講座配

校現場に対しても同様で，「次から次へと学校へ課題を丸投げされ，飽和状態だということを知った上で，お願いをしてみることが重要」であり，必要だと教員が感じれば，教員も頑張ってくれるという[53]。これはその当時者であったO氏の強みであり，多重成員性のなせる業である。

　O氏の存在によって，教育現場とのつながりが深まっていったことは間違いないが，その背後には，行政職員の存在があったことも忘れてはならない。行政職員W氏は，

　　——「O氏と一緒に教育委員会や校長会にお願いに行ったとき，相手の反
　　　　応が天と地ほど違った。行政職員からお願いをしたときには，「また
　　　　何か言って」みたいな反応もあったのに。コーディネーターの存在は
　　　　救世主であり，これほど心強いものはない」。

と評価するが，O氏が自由にコーディネーターとしてつないだり，伝えたりするためには，事業を企画・予算化し，様々な事務手続き等を行う行政職員の仕事が必要だ。すなわち，消費者行政側にしっかりとした消費者教育の実践コミュニティがなければ，いくらつなごうとしても不可能である。その意味で，B市の事例では主にT氏やW氏のような消費者教育に明るく，熱心な存在があったことが重要な成功要因になっていると言えよう。O氏自身も，

　　——「二つの組織をつなぐ訳だから，私に丸投げではなく，消費者行政に
　　　　熱心でしっかりとした行政職員がいてくれて，その上で教育現場とつ
　　　　なぐ，という役割であれば，有効な仕組みだと思う。学校や教育委員
　　　　会とつなぐことがメインの仕事であれば教科は問わないが，ベストな
　　　　のは家庭科出身で配属される前にも消費者教育について勉強している
　　　　人」。

と，この制度を評価している。

　　　布資料より。
53)　同上。

第5章　先行モデル分析からみた成功要因　　173

⑷　実践コミュニティの成果である教材という人工物の存在

　O氏の2年間の活動のなかで，教材作成，出前講座の講師，情報発信等，行政職員とともに実に数多くの仕事をしている。なかでも，特徴的な取り組みが，既存の市教育研究会のなかに消費者教育の実践コミュニティを作り，そこで教員との協働を通じて，教材キットという人工物を作成し，市内に配布するという取り組みである。2015年度には中学校家庭科，2016年度には小学校家庭科の教育研究会とともに，研修や実践を重ねて教材を完成している[54]。

　　　──「前年度のうちに目途を付けて，4月の正式スタートの前に，関係者に手を打っておいた。教材を作りたいなら，教育研究会に協力をもらうのがいいから，まずは顧問校長に言っておかないと。4月になってスタートだともう遅いの。幸いなことに，正式には校長人事が終わらないと，誰が何を担当するか公には言えないけれど，その年度の顧問校長は変わらないだろうという推測がついていたから，研究会への依頼ができた。そういう，うまい流れが，幸い私が35年間中学校の現場を知っていたからできたし，裏技も知っていた」。

　　　　　　　　　　　　　　　　　　　　　　　　（O氏インタビューより）

　この発言は，まさにO氏が校長経験者だから知る非公式な実践コミュニティを意識した結果，いわゆる「裏技」によって成功したことを示すものと言えよう。

　2016年度に実施した小学校家庭科で活用できる教材キットの作成は，図表40のようなプロセスを辿った。1年目に中学校家庭科の教育研究会との協働で教材キットを単年度で完成させた経験を持っていたO氏は，実践コミュニティ作りに向けて，同様に前年度から顧問校長に相談に行き，小学校の教育研究会との協働について，確約を取り付けている。全職員が各教科の教育研究会に出張するこの機会に重ねて，教材開発のための研修や意見交換

────────────
54）　公益財団法人消費者教育支援センターが教材作成事業を受託し，教材キットの完成に向けて支援を行った。

図表 40　小学校教材キット作成までのプロセス（2016 年度）

前年度	顧問校長との打ち合わせにより，事業について合意
5 月 18 日	消費者教育推進員の事業打ち合わせおよび意見交換　　※ 教育研究会
6 月 20 日	消費者教育推進員および指導主事を交えた意見交換
8 月 2 日	市内の小中合同研修会「消費者教育について」　　　※ 教育研究会
8 月 9・10 日	消費者教育家庭科教材開発研修会（午前講義・午後ワークショップ） ※教材キットの原案を作成
9 月 28 日	モデル授業① A 小学校　　第 6 学年
10 月 19 日	モデル授業② B 小学校　　第 5 学年
11 月 18 日	モデル授業③ C 小学校　　第 6 学年
12 月 1 日	モデル授業④ D 小学校　　第 5 学年
12 月 19 日	教材キット確定のための意見交換
2 月	教材キット（教師用ガイド含む）として完成し，市内小学校へ郵送

（出典）消費者教育支援センター（2017a）をもとに筆者が加筆し作成

の場を同時に開催するように依頼し，「多忙な学校現場の状況を痛いほどわかっているので，極力負担をかけないため，研修会で活動しやすいよう顧問校長，部長等と調整」[55]も行った。

　消費者教育推進委員として教材づくりに向けて活動したメンバーは，教員 10 名，顧問教頭 1 名，顧問校長 2 名の構成であった[56]。8 月に 2 日連続で開催した研修会では，午前中に教材開発のヒントとなる講義を受けた後，午後は教材キットのための指導案づくりをグループに分かれて行った。2 日目に完成した指導案 2 種を 2 学期以降にモデル授業として行い，授業キットとして必要なものは何か確認をしたり，授業案の流れがこれで良いのか，授業を参観した教員同士で意見交換を重ね，修正を行ったりした。

　以上にみるような教員主体の教材作りを実施したため，参加していた教員は，

---

55)　小川（2016）10 頁。
56)　うち 2 名は，独立行政法人国民生活センターが開催した教員を対象にした消費者教育講座に参加し，全国の教員と交流を図って，全国各地の先進的な取り組みに触れており，その成果をコミュニティで共有している。

第 5 章　先行モデル分析からみた成功要因　　175

──「教材の解説書に自分の名前や写真が載るのは嬉しい。みんなが一つ
　　　のチームだった。自分が作った教材だと，まわりの教員にも広げてい
　　　きたい」。

と感想を述べていた[57]。
　参加した教員は，消費者教育の実践コミュニティにおける活動を通じて，
参加と物象化による「意味の交渉」によりアイデンティティを高め，消費者
教育を市内に広げていくための担い手となることが予想される。またその成
果として，授業でそのまま使える教材キットという人工物になったことで，
消費者教育の実践が多くの人の目に触れることになり，市内に広まっていく
可能性が高まったと言えよう[58]。

4．B市における成功要因

　以上見てきたように，B市は硬直的な教育委員会との関係を乗り越え，新
規に消費者教育コーディネーターを設置し，学校教員との実践コミュニティ
によって，教材作成につながった事例であった。ここから，B市の成功要因
を分析すれば，以下のようになる。
　第一は，実質的なつながりがなかった硬直的な時期において，直線的な関
係から，実践コミュニティにより複線的な関係に切り替わったことである。
消費者教育推進法で努力義務規定として示された消費者教育推進計画の策定
に向けて，庁内関係課とともに実践コミュニティを作り，そのなかでの教育
行政の役割を明確にしようとしたことである。このとき，外部の専門家が，
消費者教育がどのようなものであり，各行政分野とどのようにつながってい
るかを明示したことにより，それぞれの主体性が発揮されたと言えよう。ま
た，この意味の交渉の結果を，「消費者教育のあり方報告書」として人工物

57）　教材キット確定のための意見交換会（2016 年 12 月 19 日）における参加教員の発言
　　より。
58）　中学校，小学校の各教育研究会はこの取り組みをきっかけに，次年度以降も消費者
　　教育の実践を深め，研修のテーマとして取り上げているという。

にしたことにより，相互の関係がより明確に明らかになったと言えよう。

　この庁内連携会議あるいは，外部の専門家や団体等を交えた消費者教育推進地域協議会の存在は，参加者の多重性成員性によって，参加者がナレッジ・ブローカーとなり，所属元において消費者教育の実践を確実なものにする意味をもつ。参加者には，ナレッジ・ブローカーとしての意味や役割を共有することによって，各自の持ち分において消費者教育推進を果たすことが期待できよう。

　第二は，その次の段階において，つながりを一層深め，消費者教育の実践を推進していくために，消費者教育コーディネーターを配置したことである。消費者教育コーディネーターは，多重成員性によって新たに実践コミュニティを作ったり，実践コミュニティ内の実践が充実するようにコーディネートしたり，別の実践コミュニティをナレッジ・ブローカーとして橋渡しする役割が考えられる。

　消費者教育コーディネーターは，突然そこに配属されるというよりは，普段何らかのつながりがある，消費者行政に周辺的に参加している者が望ましい。また，そのバックグラウンドとして，学校教育の充実のためには，学校教育の実践コミュニティに正統的に参加していた者，すなわち現職教員，教員経験者等である。その後の活動で多重成員性が発揮しやすいように，様々な活動に正統的に参加していた者が望ましい。

　しかし，そのようなバックグラウンドを持つ者であっても，消費者行政サイドに消費者教育の実践コミュニティがなければ，それをつなぐことはできない。すなわち，消費者行政内部に消費者教育の実践コミュニティとして，消費者教育の実践に関する交流が必要なのである。配置された消費者教育コーディネーター個人の力量にまかせていては継続しない。B市の場合には，2人の行政職員以外の職員も積極的に消費者教育に係わり相互に交流があったことが，O氏の活動を支え，成功要因となったであろう。

　第三は，消費者教育コーディネーターの活動は，非公式で偶発的な支援という形に陥りがちであり，その暗黙知を意味の交渉の結果として，人工物にしていくことである。B市の場合には，教員の研究組織のなかに消費者教育の実践コミュニティが新たに作られたが，そこでただ勉強会をするだけでな

く，その成果を家庭科の授業で活用できる「教材」として作成したため，他への広がりも期待できる結果となったのであろう。

以上のことから，B市における非公式で偶発的なネットワークの存在を実践コミュニティ概念により構造的に把握することにより，硬直的な関係をつなぐきっかけや，そのつながりをさらに深める専門的人材の配置のあり方について明らかとなり，そこから成功要因についても検討することができたと言えよう。

第5節　先行モデル分析からみた成功要因

本章では，中核市A市，政令指定都市B市の2自治体を取り上げ，実践コミュニティ概念を用いた事例検証を行ってきた。その結果，二つの事例を踏まえると，以下6点の成功要因の存在が考えられる。

第一は，組織の縦割りを人の多重成員性によって乗り越えようとした点である。特に，A市のK氏の場合は，教育委員会13年間で学校現場とのネットワークがあったことから，教育関係者のつながりが深くなっていたことが，事業展開に活かされた。一方，B市は行政職員に教育行政経験がなかったため，校長経験者O氏を消費者教育コーディネーターとして配置し，学校教育の実践コミュニティに参加していたO氏の多重成員性によって，事業を展開しようとした。いずれも，人が人とつながり，組織の壁を乗り越えていったことが，成功要因になっていると言えよう。

第二は，B市に限定されるが，教育委員会との単線的なコミュニティではなく，市全体として庁内連携会議という実践コミュニティを作り，そこで消費者教育推進計画の策定という目標に向けて，参加した教育行政をはじめとする各行政担当者がナレッジ・ブローカーとして各組織をつないだ点である。その必要性を自治体内部で共有し，目指す姿が明らかになれば，教育委員会も組織の一つとして役割を果たすことになろう。その場合，行政職員がこの実践コミュニティのコーディネーターになることが期待されるが，そのような資質を行政職員が身に付けていくことも重要な要素であろう。

第三は，学校で実践を行う教員とともに，消費者教育の実践コミュニティ

を作った点である。A市の場合は，消費者教育推進連絡会として制度化し，20年以上にわたり継続している。制度化という物象化によって，その活動が持続的なものになっていると言えよう。B市の場合は，教員による教育研究会の中に，消費者教育の実践コミュニティを作り，そこで授業実践に向けて議論を行った。このような実践コミュニティの存在は，学校で授業を行う教員にとって授業研究を行う重要な機会となり，これが広がっていくことにより，学校での消費者教育が充実していくものと考えられよう。

　第四は，教員とともにつくる消費者教育の実践コミュニティにおいて，そこでのコーディネーターの役割を明確にしたことである。A市の場合は消費者教育相談員，B市の場合は消費者教育コーディネーターであるが，このような消費者教育の専門的人材を制度として配置したこともまた，成功要因であったと言えよう。また，その役割として，実践コミュニティ内部の調整を行うことに留まらず，ナレッジ・ブローカーとして他の実践コミュニティとつながって還流し，実践コミュニティでの活動が充実していくことや，実践コミュニティに参加していない者に対して，情報提供することでナレッジ・ブローカーとしての役割を果たしていくことも重要な役割であると言えよう。

　第五は，実践コミュニティの活動の様子を目に見える形として，物象化したことである。A市でいえば，当時の消費者教育相談員が作成して市内の学校に配布した『消費者教育つうしん』や，現在の相談員が作成する『連絡会つうしん』のような人工物，消費者教育推進連絡会のメンバーによる実践事例集，B市では教員によって作成された教材等が該当する。非公式ないし偶発的なネットワークという看過しがちなつながりを可視化するために，このような人工物が非常に重要であり，さらに実践コミュニティ内部の活動だけでなく，それを広げていくという意味でも大切な要因であろう。

　第六については，阻害要因を乗り越えるときに，国において消費者教育に対する盛り上がりの機運がある，というタイミングの問題である。平常時に阻害要因となっている関係性を乗り越えていくためには，1989年の学習指導要領の告示という時期と同様，消費者教育推進法の成立から続く2017年・2018年の学習指導要領の告示という国レベルでの機運が上昇している時期に該当する。これが一つの成功要因であるならば，まさに今，阻害要因

第5章　先行モデル分析からみた成功要因　　179

を乗り越えるチャンスであるとも言えよう。

　以上の先行モデル分析から，実践コミュニティというネットワークが複層的に存在し，その成員が多重成員性を活かして実践を行っていたこと，また，公式もしくは非公式な実践コミュニティを認識し，それらをつなぐナレッジ・ブローカーおよびコーディネーターの存在を明確にしていたことが先行モデルの成功要因であったと考えることができよう。

第6章

諸外国にみる消費者教育の推進体制
スウェーデンの専門的人材による「実践コミュニティ」

第1節　分析の枠組み

　本章では，第三のリサーチクエスチョン「行政組織間の縦割りを乗り越え，消費者教育を充実させるためには他にどのような方法があるのか？」を検証することを目的とする。RQ3を明らかにするためには，まず，諸外国の消費者教育推進において，わが国と同様の阻害要因が存在しているのかについて明らかにする必要がある。また，その阻害要因がある場合には，それをどのように乗り越えているのかを調査し，わが国の消費者教育推進に新たな政策提言を行いたい。

　第5章までのわが国の状況を踏まえて海外比較分析をするにあたり，以下の仮説を設定することができる。

　仮説1：諸外国においても，わが国と同様に，消費者教育推進における阻
　　　　　害要因（教育行政との縦割り）をもっているのではないか。

　仮説2：諸外国において，行政組織内の非公式ないし偶発的なネットワー
　　　　　ク以外に，消費者教育の推進を行っている先行事例があるのではな
　　　　　いか。

　比較対象国には，消費者市民社会概念が浸透をしている北欧の国のなかで

181

も，地方自治が進み，わが国の地方自治体が参考にするモデルとして登場するスウェーデンを取り上げる。

　本章は，以下，4節で構成される。

　第2節では，仮説1について，先行研究やOECDの分析レポート等の文献分析から明らかにする。第3節では，仮説2について，スウェーデンの消費者教育推進の全体像を人と組織の関係から述べ，第4節は地方自治体のなかでも，カールスタード市，ヨテボリ市を事例として取り上げ，行政組織内における消費者教育と環境行政による実践コミュニティの形成について紹介する。以上のことを踏まえて，第5節では，海外事例との比較からみた日本の消費者教育の示唆について述べる。

　分析方法は，文献調査およびヒアリング調査である。ヒアリング調査の実施時期は2016年9月7日〜14日で，スウェーデンの消費者庁および地方自治体4市（カールスタード市，イエブレ市，ヨテボリ市，ウプサラ市），公立学校等を訪問した。訪問調査に先立ち，その約1年前から消費者庁の消費者教育担当者に対してメールによる聞き取りを実施し，それに基づいて訪問先には事前にスウェーデン語に翻訳した質問を送り，通訳者を交えて半構造化インタビューを行った。

第2節　OECD政策提言にみる消費者教育の推進体制

　各国の消費者教育の推進体制について概観できる資料として，OECD（2009a）がある。この分析レポートは，2006年に開催された第72回目のOECD消費者政策委員会（Committee on Consumer Policy: CCP）において決定された，消費者教育プロジェクト[1]の成果として出版されたものである。

　このプロジェクトは，消費者教育を提供している政府やステークホルダーの役割を調査し，効果的な政策やプログラムを明らかにすることを目的として，2回のアンケート調査や，2008年に国連マラケッシュ・タスクフォース

---

1)　OECD日本政府代表部のWebサイトによれば，この消費者教育プロジェクトは，日本からの提案により設置されたことが紹介されている。http://www.oecd.emb-japan.go.jp/itpr_ja/00_000166.html（2018年2月12日現在）。

と国連環境計画が開催したステークホルダー会議[2]の結果等を踏まえて，分析レポートをまとめている[3]。これをもとに，2009 年 11 月には，CCP から政策提言（OECD: 2009b）も出されている[4]。

　分析レポートにおいては，①各国の消費者教育の目標や制度的枠組み，②非政府ステークホルダー（関係者）の役割，③各国で採られている主要なアプローチ，③プログラム評価，⑤主な課題を検証しており，OECD 非加盟国 4 カ国を含め，27 カ国の様子が分かるようになっている。分析の結果，政府にとって，次の 6 項目の問題および課題が見出された。すなわち，①ほとんどの国では全体的な教育戦略が欠けている，②教育の質を高める必要がある，③ほとんどの学校では消費者教育の機会は限られている，④消費者教育を他の教育分野とよりよく統合できる可能性がある，⑤消費者問題について教え，学ぶモチベーションを高める必要がある，⑥消費者教育を促進するためのリソースが限られている，という点である。

　この結果を踏まえた政策提言（OECD: 2009b）は，図表 41 に示すように 3 項目から構成されている。第一には，消費者教育の目的と戦略，結果の評価手法が不十分であるという現状認識に立ち，その改善に向けてベンチマークの確立が有効であることについて指摘している。第二には，消費者教育に対する最も適切なアプローチの選択について，学校カリキュラムへの導入や，教師が十分にリソースを持つこと等，具体的な提言を行っている。さらに第三に，これを推進していく上で，関係者間の協力・調整の改善が必要であることを述べたものになっている。

　特に，第三の関係者間の協力・調整の改善については，「消費者教育は，多くの国で様々な主体（国，自治体，市民団体等）によって提供され，啓発が行われている。また，多くの国では，調整機関が設置され，消費者教育に

---

2)　これに出席した西村隆男消費者教育学会会長（当時）は，帰国後，消費者庁設置に向けて議論を行っていた自由民主党消費者問題対策委員会にできた「第 1 回消費者教育に関するワーキングチーム」に参加し，消費者教育推進の重要性について述べている。外部識者として財団法人消費者教育支援センター有馬真喜子理事長（当時）も出席し，学校における消費者教育の現状と課題について報告している。

3)　OECD（2009a）3 頁。

4)　原文 http://www.oecd.org/sti/ieconomy/44110333.pdf（2018 年 2 月 12 日現在）。

第 6 章　諸外国にみる消費者教育の推進体制　　183

図表 41　OECD 消費者教育に関する政策提言の概要

【目的】
・今日の消費者は，一層複雑化した市場の中で活動している。より広範な技能と知識が必要。この点で，消費者教育はきわめて重要。
・消費者教育は，社会的な価値や目的を考慮に入れつつ，情報に基づき，利にかなった選択を行うための技能や知識を育み，向上させるプロセス
・消費者教育は，批判的思考を身に付け，意識を高めるのに役立ち，それにより積極的に行動することが可能。
　→（政策提言は），消費者教育を促進し，改善するためのもの

①目的と戦略の定義付け，成果の評価	②最も適切なアプローチ	③利害関係者間の協力と調整の改善
・明確に定義付けされた目的と戦略が必要 ・早い年齢からの教育の開始とすべてのライフステージで提供 ・教育ニーズの（学術的）研究に基づくプログラム化 ・（教育内容は）法執行とのバランスを加味 ・目的達成度の検証を追求すべき ・ベンチマークの確立が有効 　など	・教師が消費者問題に精通し，リソースを十分に持つことが必要 ・消費者教育を学校カリキュラムに導入。政策の一貫性を維持し，教師や生徒の興味に貢献するよう配慮 ・低コストの教材作成 ・教員訓練プログラムに消費者問題を含めることを検討 ・日常生活や興味に立脚した教育方法の追求 ・インターネットの一層の活用 　など	・関連する政府組織間，特に教育担当当局と消費者当局との間の協力は必須 ・企業側も，政府のコンサルタント的役割と，方法論やガイドラインの開発が求められる。 ・メディアの活用が重要 ・国際協力が強化されるべき ・利害関係者間の責任分担を協働して決定されるべき 　など

（出典）　高橋（2010b）をもとに，筆者作成

　おける政府とその他関係者の協働を促す取り組みも行われている。しかし，国内においても国際間でも，多様な関係者の協力・協調が十分でなく，更なる改善の余地が残されている」とし，なかでも，「関連する政府組織間での協力が促される必要がある。特に，教育を担当する省と，消費者問題にあたる省との間の協力は消費者教育を強化するのに必須である」と指摘している。このことは，本書で消費者教育推進の阻害要因として捉えていた消費者行政と教育行政との連携については，わが国固有のものではないことを示すものである[5]。

またOECD（2009a）で各国の消費者教育推進体制についてみれば，ほとんどの国で，地方自治体あるいは地方のネットワークを通じて各地に届ける中央政府が作成した消費者教育政策のもとで，消費者教育の中央集権的な枠組みをもっているという。多くの国では，地方自治体は，地域の状況に合わせるが，自由裁量権を持たずに政策を実施している状況にあり，消費者教育政策を地方自治体の分権（decentralised）型で行う国は少数である。

　OECD（2009a）の当時の日本は，中央集権的な国として位置づけられている[6]。この時期，消費者基本法第17条に定められた「消費生活に関する教育」は，国と地方自治体に義務規定が置かれたが，地方自治体は「国の施策に準じて，当該地域の社会的，経済的状況に応じた施策を講ずるよう努めなければならない」状況にあり，日本政府は中央集権的に施策を実施しようとしていた。すなわち，わが国は第2章でみた通り，消費者基本計画に基づき精力的な取組みをしていた時期であった[7]。しかし，現在では，消費者教育の推進に関する基本的な方針といった国の枠組みはあるが，基本的には地方自治体の自主的な取組みに委ねられているため，必ずしも中央集権的で，全国一律に同じ施策をするという形ではない。今後，わが国にとって分権型で消費者教育を実施する国の進め方が参考になると思われる。

　分権型で消費者教育を推進する国は，中央政府は全体計画の枠組みを設けるが，主なイニシアティブは地方自治体が中央政府から独立して持っているという。分権型の国は，中央政府と地方自治体の効果的な協力関係が見られるといい[8]，報告書では，その具体例として，オーストラリア，ベルギー，スペイン[9]，スウェーデンが分類されている[10]。

　スウェーデンをはじめとする北欧諸国の消費者教育については，大原

---

5)　OECD（2009b）6頁。この政策提言は，3年後にその実施状況をレビューすることになっていたが，2018年2月現在において実施されていない。

6)　同上46頁。

7)　レポートには，日本とスペイン，スロバキア共和国において，消費者行政と教育行政に強い結びつきがあるとして紹介されている（30頁）。国レベルでそれを目指していた時期であるが，当時の地方自治体の実態には十分に目が向けられていない考察である。

8)　OECD（2009a）29-30頁。

（2001）（2005）（2010），価値総合研究所（2009），日本弁護士連合会（2009），文部科学省（2011），柿野（2013b），消費者教育支援センター（2017b）等，近年の消費者市民社会実現に向けた消費者教育のモデルケースを探ることを目的として，様々な調査研究がある。なかでも消費者教育第3フェーズにおけるパイロット・ロールとしての「北欧型」消費者教育について研究した大原（2005）では，北欧に着目する理由を与えてくれる。

ここでパイロット・ロールとは，世界の消費者教育を先導する役割のことを指しており，図表42に示すように時代によって変遷したと述べている[11]。消費者教育のパイオニアはアメリカであり，1800年代末に家政学の母エレン・リチャーズらにより，消費者教育の必要性が自覚されたところに始まって以来，1924年にはヘンリー・ハラップにより『消費者の教育』が出版されるなど，その歴史は100年以上に及ぶと言うことができる[12]。

1980年には，C. モンスマとR. バニスターが「消費者教育の諸概念の分類（Classification of Concept in Consumer Education）」を完成させ，この概念は広く欧州のみならず，日本においても理論体系の一つとして基準的役割を果たしているものである。大原（2005）によれば，アメリカにおける第一フェーズは主として「経済環境」における自立能力が課題として取り上げられ

---

9) スペインの地方自治州における消費者教育については，消費者教育支援センター（2011）に詳しい。スペインは1978年のスペイン憲法51条「消費者および利用者の保護」を法的根拠に，1984年制定の消費者法で消費者教育を受ける権利等を明文化している。筆者は，2011年3月にスペインを訪問し，17の自治州のうち，8州に消費者教育の専門機関である「消費者教育センター（Consumer Learning Center）」が設置され，児童・生徒等が訪問して体験型の学習を行ったり，教員研修を行ったりする専門職が配置されていた様子を調査した。体制整備の背景には，1998年の欧州委員会のパイロットプロジェクトとして，カンタブリア州サンタンデールに本部を置く「ヨーロッパコンシューマースクール」（1996-2009）が実施されていたためである。これを拠点として，ヨーロッパ各地から800名を超える教員ネットワークが形成され，一つの拠点になっていた。これを推進したのは，教員経験22年のE-cons代表のNieves Alvarez Martinであった。

10) OECD（2009a）49-50頁。

11) 大原（2005）94-97頁。

12) 日本にアメリカ家政学を紹介した今井（1995a）（1995b）や，今井氏にヒアリングを行い，日本の消費者教育の草創期について述べた阿部（2015）に詳しい。

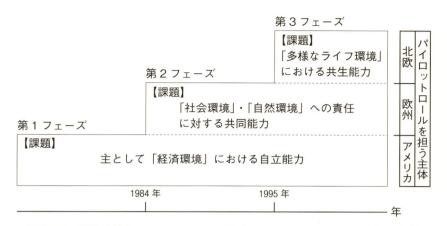

図表42　消費者教育の3つのフェーズとそのパイロット・ロールを担う主体

(出典)　大原 (2005) をもとに筆者作成

ていたという。

　第2フェーズに移行したと指摘される1984年は，消費者団体の国際的組織であり，本部をヨーロッパに置くIOCU (現，CI：Consumer International) の消費者教育セミナーにおける「IOCU原則」の決議において，ヨーロッパ側の提案が採択されたためである[13]。「経済に加え，社会環境・自然環境に与える影響を自覚するという新たな課題を取り込み，責任ある市民の育成に不可欠な批判的思考能力の開発を志向する「ヨーロッパ」型消費者教育が，環境問題への関心が高揚する国際社会にあって，80年代から90年

---

13)　今井・中原 (1994) 7-8によれば，IOCUの5原則は次の通りである。①批判的意識 (私たちが使う商品やサービスの価格や品質について本当にこれでよいかという疑念をいつも抱くという責任)，②行動 (私たちが公正な取引を確保するための行動と，そのために自ら主張する責任)，③社会的な配慮 (私たちの消費行動が，それがたとえ地域的な，あるいは国際的なものであったとしても，他の市民，とくに障がい者や力のないグループの人たちに対して与える影響に対する自覚をもつ責任)，④社会的関心 (私たちの消費がもたらす環境への影響を理解する責任，私たちは天然資源を節約し，そして将来の世代のために地域を守ることに対する私たちの個人的・社会的責任)，⑤連帯 (私たちの利益を守り，消費者保護を促進させるような影響力と力を開発するために消費者として連帯する責任)。

代の消費者教育をリードする」ことになったのである。

　そして，1995年の北欧諸国によるアクション・プラン「北欧諸国の消費者教育——学校での消費者教育の目標」の完成が，世界の消費者教育を第3フェーズに導くターニングポイントになったという。「第2フェーズでは経済・社会・自然環境との間で捉えられてきた消費者教育の課題を，人的・心理的・文化的環境へも拡げ，ヒューマニズムの視点からその理論と実践の体系化が図られている」のが，北欧型の消費者教育である[14]。つまり，「消費者をめぐるライフ環境（暮らし，生命，人生）を，従来のモノ（カネ）との関わりにシフトした考え方から，ヒト（ココロ）とのバランスをとった，より多様な環境として捉えようとする」ものであり，「北欧諸国は，高度に産業化が進行する中で顕在化した「ライフ環境が侵害される問題」を「環境問題」と「消費者問題」という二つの領域からとらえ，国際社会の中で双方の領域において，課題解決に向けたパイロット・ロールを担ってきた」のである[15]。

　北欧諸国（デンマーク，フィンランド，アイスランド，ノルウェー，スウェーデン）では，北欧閣僚協議会の協力により，1950年代から消費者政策・消費者教育の協力体制が構築されていた。1972年には，スウェーデンのマルメにある教育大学を拠点として，国の消費者政策と教育省が連携する形で，消費者教育の理念，カリキュラムや教材開発，教育方法などの研究が重ねられ，1977年に最終的な消費者教育のテキストが完成したという（通称：マルメ・プロジェクト）。このような取り組みが，1995年の行動計画につなが

---

14)　大原（2005）では「北欧型」消費者教育の理論体系の考察から，「日本型」消費者教育の体系化を図る際の基本的要件について次のように述べている点が重要と思われる。①ヒト—モノ（カネ）系主体—環境系とヒト—ヒト（ココロ）系主体—環境系とを併せて消費をホリスティックに捉え，②消費に関連するメディア・リテラシーの育成を消費者教育に取り込み，③「脱産業社会型」消費者教育へパラダイムシフトを図り，④消費者教育そのものの概念を広くする，⑤何よりモノの充足ではなく，「人間の尺度」によってライフ（暮らし，生命，人生）を捉える価値の置き方を消費者教育に導入し，⑥「正義の倫理」と「配慮と責任の倫理」の双方（「2つの倫理」の統合）を発達させた倫理的消費者の育成を目指す必要がある，と指摘している（131頁）。

15)　大原（2005）80頁。

188

っていくのである[16]。

　さらに，その改訂版として，OECD（2009b）を受けて，「消費者コンピテンスの指導――消費者教育戦略（消費者教育の目標および内容の提案）」[17]をまとめ，政策提言で述べられた「持続可能な消費」と「デジタルコンピテンシー」について，内容を充実させている。

　また，北欧諸国の動きは，消費者市民ネットワーク（Consumer Citizenship Network：2003-2009）の展開によって，世界的な広がりをもたせたと言える。ノルウェーのヘドマーク大学のヴィクトリア・トーレセンを中心として，国連などの国際機関や欧州委員会，研究機関，北欧を中心とする各国が参加するネットワークの活動を深めた[18]。さらに活動は，PERL（Partnership for Education and Research about Responsible Living）に継承され，OECD や国連の動向と連動しつつ，教育プログラム開発をはじめ様々な活動を展開している。

　以上に見てきたように，OECD（2009a）（2009b）によれば，消費者教育の推進において教育行政との連携について課題を抱えているのはわが国だけでなく，世界的に見ても一般的な傾向であることが分かった。また，地方分権が進むわが国の地方自治体にとって，中央集権型ではなく，分権型の推進体制に参考となる点が多いと考えられ，なかでも，消費者教育推進のパイロット・ロールを果たしてきた北欧，分権型のスウェーデンに着目することにより，わが国にとって示唆が得られるのではないかと思われる。

　そこで次に，地方自治が進んだ分権的に消費者教育を推進する国のなかでも，消費者市民社会の概念が発展してきた北欧諸国のスウェーデンに注目し，比較対象国として分析を行うことにしよう。

16）　大原（2005）66-72 頁。

17）　文部科学省（2011）に日本語訳が収録されている。

18）　Consumer Citizenship Network（2005）によれば，消費者市民とは，倫理，社会，経済，環境面を考慮して選択を行う個人である。消費者市民は家族，国家，地球規模で思いやりと責任を持って，行動を通じて，公正で持続可能な発展の維持に貢献する，と定義されている。

第3節　スウェーデンにおける消費者教育の推進

1. 国の概要

スウェーデンは北欧のスカンジナビア半島の東側約3分の2を占める位置にある。半島の西側のノルウェーと接し，フィンランド，デンマーク，ドイツ，ポーランド，バルト3国と海を挟んで向かいあっている[19]。南北に長い国土面積は日本の約1.2倍であるが，その約半分は森林である。人口は約1000万人，首都はストックホルムである。

スウェーデン（正式にはスウェーデン王国）は立憲君主制で，議員民主制の国である。2017年現在，社民党および環境党による政権であるが，2015年の欧州難民危機により16万人を超える移民を受け入れたため，国民には不満が広がり2018年の総選挙の行方に，関心が集まっているという。

外交では積極的にEU政策を推進し，また，19世紀のナポレオン戦争以来，戦争に参加せず，「軍事非同盟」を外交政策の基本として推進（NATO非加盟）している。国連，EU，NATOとの連携のもと国際平和協力活動（PKO等）に積極的に参加しており，軍縮・不拡散，人権，環境問題等にも貢献している。特に環境問題については，1972年に初めての政府間会議である国連人間環境会議がストックホルムで開催される等，リーダーシップを発揮してきた歴史がある。

また，国内に目を向ければ，高福祉高負担国家として分類され，男女平等，地方分権，民主主義が進んだ国として知られる。行政の恣意的な行為に対して市民が意義申し立て，政府の立場からは独立した機関が判定するというオンブズマン制度が発展してきた。今日では制度の対象は，男女平等，子どもや障がい者，消費者，人権など多岐にわたっている[20]。

所得税は地方税として約30％（コミューンにより異なる），一定所得以上になると国税の負担もある。消費税は25％（食料品や宿泊費は12％，公共交通機関や書籍・新聞等は6％）であるが，これらの税負担が高福祉を支え

---

19) 外務省「スウェーデン王国」http://www.mofa.go.jp/mofaj/area/sweden/
（2017年5月5日閲覧）。
20) 森元（2017）28頁。

ている。国民のチェックの目も厳しく，国政を託す総選挙には常に投票率は
80 パーセントを上回る。日本の場合，小さな政府を目指して公務員数は減
少傾向にあるが，スウェーデンは公的部門に働く割合は全体の 3 分の 1 を占
め，介護や教育等において女性の雇用が進んでいる。

2．国における消費者教育の推進体制

(1) 教育庁の取り組み

　では，スウェーデンでは，どのような消費者教育の推進体制をとっている
のだろうか。スウェーデン大使館が発行するファクトシート（2009）によれ
ば，スウェーデンにおける消費者教育は，教育庁（National Agency for
Education）と消費者庁の二つの政府機関が責任を負っていることが記述さ
れている[21]。これはわが国が消費者庁と文部科学省が共に責任を負っている
ことと同じである。ただし，その順序がわが国と異なり，教育行政がその中
心の役割を担っている点に注目する必要がある[22]。

　また，消費者庁担当者のインタビューによれば，スウェーデンでは，1800
年の終わりから 1900 年の初め頃に，アルコール中毒問題の改善のために市
民運動が盛んになった歴史をもつ。その後，労働者問題や環境問題に対して
も市民が一体的に運動を通じて社会変革を目指す流れがあり，消費者のもつ
力も非常に強い，という。わが国のように，消費者行政と教育行政が，消費
者教育を通じて，消費者の市民力を育成しようという動きとは，そもそもの
土台が異なっている。

　では，このようなスウェーデンの学校教育はどのようになっているのだろ
うか。スウェーデンでは基礎学校 6〜9 年生で合計 118 時間学習する「健

21）　http://www.swedenabroad.com/ImageVaultFiles/id_28382/cf_347/image.PDF
　　　ただし，ヒアリング調査によりいくつか情報が古くなっていることが確認されている。
　　　ファクトシートにおける消費者保護庁は，現在，消費者庁である（閲覧日：2018 年 1
　　　月 18 日）。
22）　内閣府委託事業として報告した価値総合研究所（2009）によれば，スウェーデンに
　　　おける消費者教育を所管している機関は教育庁であり，消費者庁は教材の開発，提供
　　　を始めとして消費者教育に関する発展，実践に関わっていると記述している（61 頁）。

図表 43　スウェーデンの「健康・経済・環境と消費者知識」の教科書（目次）

第1章	食事と健康
第2章	環境と日常生活
第3章	消費と経済
第4章	調理場での仕事

（出典）　消費者教育支援センター（2017b）に基づいて，筆者作成

図表 44　スウェーデンの小学校社会科の教科書（目次）

第1章	社会
第2章	メディア
第3章	個人と集団
第4章	経済
第5章	政治
第6章	法律と権利

（出典）　ヨーラン・鈴木他（2016）に基づいて筆者作成

康・経済・環境と消費者知識」という消費者教育の科目がある。この科目はもともと家庭科であり，現在は食を中心に環境・消費を学習する内容として構成されている[23]。

　このほかに，スウェーデンは小学校や中学校の社会科の中で，民主主義の基本的な考え方や主権者としてのあり方を学んでおり（ヨーラン・鈴木他2016)，この点が，消費者が市民として社会に積極的に参画する資質形成に貢献していると思われる。図表 44 は，基礎学校第4学年〜第6学年向けの社会科教科書の一部である。日本の社会科は，地理や歴史に関する内容を多く含んでいるが，スウェーデンではそうした科目は別に独立しており，この教科は日本の中学校の「公民」や，「道徳」として扱う内容にも触れられているのが特徴である。

　例えば，第2章「メディア」では，隠れた広告を批判的に読むことを扱っていたり，民主制の道具としてソーシャルメディアの活用について言及した

---

23)　この他に，スロイド（手工芸，工芸品，木工品，彫刻など）が300時間用意されており，伝統の伝承と，ハンドメイドを大切にしている。

192

りしている。第4章「経済」では，なぜお金が大切なのかを問いかけることから始まり，自分自身の経済に責任をもつこと，貯めるか買うか，仕事・収入・税金，予算と支出等，失業の問題等について扱っている。さらに，「私たちが買ったものは環境に影響を与えます」という項目では，具体事例を挙げながら「発展を持続可能にしつつ，社会の経済的な利益とのバランスを考えた，環境に優しい消費をしなくてはいけません。それは，難しいことでもあります」といったことにも言及している。「あなたは何を選びますか？」という項目では，「環境や，世界のほかの人々を大事にすると話すのは簡単なことですが，実際に行うのは難しいことです。次のことについて，あなたはどのような選択をするでしょうか？」と投げかける[24]。まさに公正で持続可能な社会の形成を考慮に入れた消費者としての行動について考えさせる内容である。

以上のことから，スウェーデンでは学校教育の中で，小学校の段階から自立した市民性をもった消費者の育成を行っていることが分かる。では，消費者庁は消費者教育にどのような係わりを持っているのだろうか。

(2) 消費者庁の取り組み

スウェーデン消費者庁に対するヒアリングによれば，「消費者庁は政府から，学校における消費者教育の支援について役割を与えられていないため，自主的に行っている」という。そのため，「予算が限られており，十分な活動ができない」とのことであった[25]。しかし，学校教育は教育庁が行っているが，消費者庁としては若年層の教育が最も重要だと考えるため，「教育庁

---

24) 質問は次の内容である。「①環境に優しいけれども高い商品？　それとも，環境に優しくないけども安い商品？，②雨やとても寒い日にも，自転車や徒歩で学校に行きますか？　それとも車で送ってもらいますか？，③高い服を少し買いますか？　それとも，安い服を多く買いますか？　あたなは安い服を作るのに，10歳の子どもが工場で働いているのではないかと疑っています。④水道の水を飲みますか？　それとも，ペットボトルのミネラルウォーターを飲みますか？」

25) 消費者庁の年間予算は1億3000万スウェーデンクローナ（1クローナを12.6円で換算すると，16億3800万円）で，うち学校，地方自治体への支援，教材作成費も含めた関連予算は200万スウェーデンクローナ（2520万円）だという。

ともっと協力できることがある」と回答していた[26]。

役割は与えられていないとはいえ，消費者庁のなかには学校教育をサポートする専任の担当者を2名配置していた。担当者は教員経験をもち，メールで教員からの相談に応じ，学校で活用できる教材作成，「授業バンク」という授業プランをデータベース化したものをWebサイトで公開していた[27]。スウェーデンの公務員は全員が正規職員であり，基本的に部署の異動もない。予算が限られているとはいえ，教材は教育関係者とともに作成され，生徒の興味関心を引く内容で厳選されたものになっていた[28]。

以上のことから，異なる組織が消費者教育に関与する以上，相互の認識やコミュニケーションギャップが生まれるのは必然とも言えるが，スウェーデンの場合は，学校における消費者教育の責任主体は教育庁であり，教科書を見るとわかるように，学校教育のなかで消費者市民としての資質を育む内容が充実している。一方，消費者庁の関与は，あくまで消費者情報や教材の提供等にとどまっているが，これは，それぞれの組織の専門性を活かした役割分担だと理解することもできる。そしてさらに，教育の現場が地方自治体にあることを考えると，国の役割は非常に限定的だと考えられよう[29]。

3．地方自治体における消費者教育の推進体制

教育庁が国のカリキュラムを決定し，消費者庁が教材作成や教師支援を行うという体制を見たが，教育は日本の市町村に近い基礎自治体コミューンの所掌事務である。1〜5歳の就学前教育，6歳〜7歳（入学時期が選択できる）から15歳〜16歳までの9年間は基礎学校（日本でいう小学校・中学校に相当）として義務教育が用意されている。各学校は教育庁で策定したカリ

26）　消費者庁 "Hello Consumer" 室長への訪問インタビューによる。

27）　消費者教育支援センター（2017b）50-55頁。

28）　一方，日本の消費者教育の教材は，政府や地方自治体，企業業界団体，消費者団体，NPOが作成したものが相当数あり，消費者庁「消費者教育ポータルサイト」を見ると，どれを選んでいいのか悩ましい状況である。

29）　OECD（2009a）のアンケートには，主な挑戦として，「中央政府の権限が限られていること」と回答していた（64頁）。

キュラムに基づき，教育を行っている[30]。

　コミューンは290か所あるが，そのうち270か所に「消費者アドバイス室」が設置されている[31]。初めて消費者アドバイス室が設置されたのは，1973年の消費者庁設置よりも早い1967年のことだった[32]。しかし，この設置は義務ではないため相談の空白地帯が生まれている[33]。それを避けるために，消費者庁では直接相談を受ける "Hello Consumer" を2015年3月から開設した。

　消費者アドバイスの機能を持つコミューンは，「消費者アドバイザー」が配置されており，消費者庁は消費者アドバイザーに対して教育研修を行う役割を政府から与えられている。その研修内容は職業の役割，法律知識に加えて，「消費者被害の予防対策としての教育として，マスメディア，学校や年金者の団体にどのように情報提供すればよいか」という内容も含んでいるという[34]。すなわち，「消費者アドバイザー」の役割は，日本でいえば，自治体の中で消費生活の相談を受け，出前講座に従事する消費生活相談員と類似している。消費者アドバイザーは国内に280人以上いるが，自治体の他の仕事と兼務しているケースも多く，125人分のフルタイムの仕事量としてカウントできる[35]。

---

30)　日本のように検定教科書はないが，教科書は存在している。例えば「健康・経済・環境と消費者知識」の教科書は300頁を超えるハードカバーの1冊のみであった。

31)　スウェーデンでは，コミューンの他に，複数のコミューンを含む広域的な自治体であるランスティングが20か所あるが，両者に上下関係はなく対等である。コミューンの所掌事務は，教育と福祉をメインに，雇用，インフラ整備，文化など多岐にわたる。一方，ランスティングは主に医療である。この他，ランスティングの行政区域には，レーンと呼ばれる国の出先機関が置かれ，環境政策や地域政策の目的に沿って調整する責任を負っている（外務省Webサイトより）。

32)　イエブレ市インタビューによる。

33)　訪問した自治体の一つウプサラ市では，なぜ消費者アドバイザーを設置しているのかと質問したところ，「地元の政治家が熱心だから」という発言があった。地元議員および国会議員を選挙で選び，選挙民の想いを受けて政治が動く民主主義がスウェーデンでは根付いている。

34)　消費者庁教育支援部部長に対するメールインタビューによる（2015年10月）。

35)　消費者庁教育支援部部長に対するメールインタビューによる（2015年10月）。

これまで「消費者アドバイザー」は，内藤（1998），大橋（2008），環境市民（2013）でその存在が紹介されたが，そもそも設置義務がなく，日本のように資格認定されていないので，その実像は明らかになってこなかった。スウェーデン消費者庁によれば，「消費者アドバイザー」は，個人へのアドバイスと一般消費者が被害を受けないための予防の仕事をしている[36]。個人へのアドバイスの内容は，法的な規制についての情報提供，訴訟の仲介，家計のアドバイスと買い物のアドバイスである。買物のアドバイスのなかには，持続可能な消費に関する内容も含んでいる。

予防的な仕事としては，市場の監視や企業に法律と規制について情報提供することである。また，学校と協力して消費者の権利等について情報提供したり，他の行政当局と協働し，地域の消費者団体をサポートすると同時に，製品とサービスの提供に関する問題についても活動したりしている。

特に予防対策では，マスメディアや学校，消費者団体と協働している。例えば，ある一定の学校と協力をして，学校の家庭科の授業に毎年，参加することもある。また，地方新聞の中に，定期的に消費者関連の記事を掲載させてもらったり，地域が主催するイベントや展示会にも参画したりすることがあるという。学校に出向いていわゆる「出前講座」を実施する熱心な自治体もあり，その内容はまさに地方自治体によって異なっている。

第4節　事例にみる地方消費者行政の特徴

スウェーデンの地方自治体4か所に対してヒアリングを行った結果，消費者アドバイス室には異なる形態が見られた。ここでは，その相違から，スウェーデンの地方自治体の消費者行政の特徴を明らかにしておきたい。なお，ヒアリング先は，スウェーデン消費者庁より消費者教育を熱心に実施している自治体として紹介された4か所を対象としている。

---

36)　同上。

196

図表 45　消費者アドバイザーの活動内容

	カールスタード市	ウプサラ市	ヨテボリ市	イエブレ市
訪問日	2016.9.7	2016.9.9	2016.9.12	2016.9.13
人口規模	約 86000 人	約 21 万人	約 60 万人	約 98000 人
首都ストックホルムからの位置	300km 西	70km 北	480km 南西	170km 北
名　称	消費と環境のアドバイザー室	ウプサラの消費者	ヨテボリの消費者	Gästrikland の消費者
消費者へのアドバイス	○	○	○	○
消費者教育・啓発	○	○	○	○
主な出前講座の対象	16-18 歳の若者，難民，失業者，年金生活者	高校生	高校生，移民，年金生活者，企業	中学 3 年生，高校生，難民，年金者，教員養成大学

（出典）　ヒアリングに基づき筆者作成

1．消費者アドバイザーの活動内容

　図表 45 で各自治体の消費者アドバイザーの活動内容について概観すると，各地の消費者アドバイザーの相談に関する活動は同じであった。これは，設置された消費者アドバイザーに対して消費者庁が研修を行っているためであり，スウェーデン国内で同レベルの消費者アドバイスが提供されていると見ることができる[37]。日本との相違点は，スウェーデンの消費者アドバイザーは持続可能な消費に関するアドバイスをすることである。買物をするときに，本当に必要であるかを考えること，その買う商品がどこでどうやって作られたのかについて興味を持つこと，買ったらそれを大切に使うこと，といったことを伝えているという[38]。

---

37)　日本が全国の消費生活相談情報を「PIO-NET」で集約しているように，スウェーデン消費者庁と EU 全体のデータベース「KONSTAT」があり，各自治体の消費者アドバイザーは情報を共有している。2015 年の相談では，製品についは中古車，電話，サービスについては大工，固定電話が上位だったという（イエブレ市消費者アドバイザーへのヒアリングによる）。

第 6 章　諸外国にみる消費者教育の推進体制　　197

一方，消費者教育・啓発の対象は，中学生・高校生等の若年者や，年金生活者，難民といった一定の層があることが分かる。例えば，イエブレ市の消費者アドバイザーは，義務学校の家庭科の授業や高校で授業を行っており，その1回で話す内容は，法律，経済，持続可能な消費だという。また，義務学校9年生が消費者アドバイス室に来て，そこで講義をするような仕組みを持っており，1学期で30回ほど行っているという[39]。

　スウェーデン第二の人口であるヨテボリ市の消費者アドバイザーは，仕事内容の50％は外で教育活動をしている[40]。学校に対しては，被害に逢わないために消費者の権利に関する知識を身に付けることを目的として[41]，2015年には年間91回，2472人の生徒を対象に講義を行った。しかも最近，この数は増えているという。その理由は，消費者庁が直接相談"Hello Consumer"を開設し，ヨテボリ市の相談件数が減ったためである[42]。すなわち，地方自治体の消費者アドバイザーの消費生活相談の仕事と消費者教育・啓発活動はトレード・オフの関係にあることが分かる。

　また，消費者アドバイザーの消費者教育・啓発活動の目的は未然防止であり，苦情を少なくすることを目的とするものである。すなわち，消費者アドバイザーの専門性は，消費者からの相談を受け，それをアドバイスすることで身に付くものであり，その専門性を活かして，消費者教育・啓発活動を行っていると見ることができる[43]。

38）　ウプサラ市消費者アドバイス室マネージャーへのヒアリングによる。
39）　イエブレ市消費者アドバイザーへのヒアリングによる。
40）　ヨテボリ市消費者アドバイザーへのヒアリングによる。
41）　EUでは，インターネットや訪問販売等で購入してから14日間はキャンセルできる権利があり，その重要性について伝えている。日本のクーリング・オフ制度と似ているが，期間が14日間と長く，インターネットでの購入も保護されている点が異なっている。
42）　国が直接相談を受けるようになって，消費者アドバイザーの人員が1名減った。国と地方の役割分担の問題が，ヨテボリ市のような大きな市では特に問題になっている（ヨテボリ市消費者アドバイザーへのヒアリングによる）。
43）　消費者アドバイザーのバックグラウンドは，法学，経済学，教員などさまざまである。

図表46　地方自治体に配置された関連の専門的人材

	消費者アドバイザー	家計カウンセラー	エネルギー アドバイザー
設置義務	設置義務はない （消費者庁に研修義務がある）	自治体への設置義務がある	義務ではないが全自治体に設置されている （エネルギー庁から補助金が出る）
主な活動内容	・電話，面談等による相談対応 ・消費者教育・啓発 ・情報提供 ・消費者庁から依頼を受けた調査	負債を抱えている人に対して，返済が困難になった場合のアドバイス，もしくは未然防止のための予算の立て方などのアドバイスを行う。	地球温暖化対策として，適切なエネルギー選択に関するアドバイスを行う。

（出典）　ヒアリングに基づき筆者作成

2．関連するその他の専門的人材

　一方，消費者アドバイザーと近い位置にある専門性を持った人材として，家計カウンセラー，エネルギーアドバイザーがある（**図表46**）。

　家計カウンセラーは，1985年以降，消費者ローンが簡単に利用できるようになり，90年代に自己破産者数が増加したため，国が自治体に設置することを義務づけたものである。予算に関するカウンセリング，債務に関するカウンセリング，債務整理に関するアドバイスを個別に行っている。家計カウンセラーも講師として学校に出向くことがあり，ウプサラ市の家計カウンセラーは，市内の高校生を対象に，パーソナルファイナンスについての講座を行っている[44]。高校では，2011年のコースプランの改訂において社会科に家計について学習する項目が入ったので，以前よりも学校に出向きやすくなったという。これは，地元の政治家からの要望で実施されるようになったもので，この事業のために，一人分の人件費が付いた。学校に対する事業は専属で行うのではなく，家計カウンセラーの仕事と半々で行っている。相手に伝わる話をするには実例を話すことが重要で，その仕事をしていないと話せ

44）　ウプサラ市家計カウンセラーへのヒアリングによる。

第6章　諸外国にみる消費者教育の推進体制　　199

ないからである。また，学校に出向くときは，家計の話だけでなく，消費者アドバイスについての話もしているという。

エネルギーアドバイザーは，エネルギー庁の補助金を受けて，設置義務はないがすべての自治体に設置されている。その活動内容は，主に企業を対象に無料で省エネのアドアイスをし，中立的な対策を提案することである。現在は，企業も個人も太陽光発電を設置すると助成金を受けることができるので，その情報提供もしている。また，学校に出向いてエネルギーの啓発活動を行うこともある。

3．消費者アドバイス室の形態と位置づけ

消費者アドバイス室の内部構成は，統括的なマネージャーが1人配置され，その下に消費者アドバイザーが複数配置されるという形が基本的なユニットだったが，その形態と位置づけは自治体によって異なっていた。

すなわち，各自治体は，消費者アドバイスを核として，家計カウンセリング，エネルギーアドバイスなど，いくつかの機能を合わせた組織を作っていた。その場合，一人が兼務するのではなく，家計カウンセラー，エネルギーアドバイザーのように人に専門性を持たせ，その人どうしが協働することで，新しい価値を見出そうとする形態である。

例えば，第5節で詳述するように，持続可能な社会を創るために，カールスタード市では，消費者アドバイス室と環境のアドバイスを統合し，市民が必要とされるサービスを提供していた。また，ヨテボリ市では人口規模が大きいため，消費と市民のサービス部のなかのひとつに，消費者アドバイス室が設けられ，持続可能な社会に関連する部署が並置されて，相互に連携できる仕組みがあった。

その一方で，ウプサラ市やイエブレ市のように，エネルギーアドバイザー等との強いつながりはなく，家計カウンセリングとの強いつながりをもって，消費者への相談機能や情報提供を強化しようとする自治体もあった。各自治体が地域の特性を踏まえて，地域にあった形で消費者に向けたサービスを独自に開発していると言えよう。

図表 47　自治体における消費者アドバイス室の形態と位置づけ

	カールスタード市	ウプサラ市	ヨテボリ市	イエブレ市
名　称	消費と環境の アドバイザー室	ウプサラの 消費者	ヨテボリの 消費者	Gästrikland の 消費者
所管部署	環境課	労働市場局	消費と市民の サービス部	文化と余暇局
場　所	オフィス （社会を創る課）	図書館	オフィス （消費と市民の サービス部）	図書館
消費者 アドバイザー数	4 人	4 人	8 人	4 人
家計カウンセラー数	不明	5 人	12 人	3 人
エネルギーアドバイ ザーとの関係	同じ課内	別組織	同じ課内	別組織 （建設環境課内）
広域連携による 消費者アドバイス	○	○	○	○ 広域組織の名称

（出典）　ヒアリング結果より筆者作成

第5節　地方自治体にみる消費者行政と環境行政の「実践コミュニティ」

1．カールスタード市：消費と環境のアドバイス室

　消費と環境のアドバイス室は，環境課の一つの部門である。業務内容は，①消費者アドバイス，②エネルギー・省エネ，交通（持続可能な消費を含む）の情報提供，③環境戦略（地球温暖化対策）を扱い，①は消費者アドバイザー 4 名，②は 1 名，③はエネルギーアドバイザー 1 名が雇われている。①消費者アドバイスおよび③エネルギーアドバイスは第 4 節で述べた通りである。②の情報提供については，環境コミュニケーション活動として，学校や企業，個人を対象にして，廃棄物の減量を推奨したり，シェアリングエコノミーに向けた中古市場のビジネス支援等も行ったりしている。また，地球温暖化を考えた食生活の改善として，学校給食等で食べ残しを減らす取り組みを行ったり，肉を食べる量を減らし野菜を増やすことの重要性を情報提供したり，学校給食にオーガニックの食材使用を 2020 年までに 50％に達することを目標として活動している。また，環境問題の視点に加えて，フェアト

第 6 章　諸外国にみる消費者教育の推進体制　　201

レードなど倫理面に配慮した調達，地産地消などにも取り組んでいる[45]。この仕事を担当する女性は，大学時代に環境問題を勉強しており，その専門性を活かして活動している。

　このように，一つの室のなかで，消費者アドバイスと，エネルギーアドバイス，環境コミュニケーションが行われており，相互に情報交換しながら業務が進められているという[46]。当初からこの形ではなく，以前は別の組織であったが，「政治家からまとめた方がいいという意見があり，統合された」という[47]。購入，使用，廃棄という消費者行動の各段階から，公正で持続可能な社会の実現に向けて市民サービスが組織されている点が，他には見られない形態と言えよう。このような消費者側から利用しやすい行政内部の「実践コミュニティ」をあえて作りだすことで，消費者が市民として行動するための有益な情報が集約・蓄積されていくと言えよう。そこで蓄積された情報が，所属する成員の外部に向けた活動のなかで，各自がナレッジ・ブローカーとなり，情報や活動が市内に還流する流れができていると思われる。

　カールスタード市のもう一つの工夫は，消費と環境のアドバイス室が，社会を創ることを目的とした建築課，不動産課と同じ建物に入っており，協働を促進させるために，フリーアドレスとなっている点である。フリーアドレスとは，個々に机を持たず，小さな荷物入れを個人のロッカーに収納し，荷物入れをもってその日の座席に移動する形式のことである。これにより，所属を超えて，協働プロジェクトの企画が増えることが期待されるという[48]。スウェーデンでは，一般的に人事異動がないため，このような形で物理的に人が移動し，つながりを創っていく試みは，有効であろう。これはまさに，あえてフリーアドレスの形式をとることで，実践コミュニティを新たに作り

---

45)　カールスタード市は 2011 年にスウェーデン国内で最初にフェアトレードシティとして認定された。市やスーパー，レストランなどにフェアトレードの選択を働きかけることも市担当者の仕事である。
　　　市 Web サイト https://karlstad.se/Miljo-och-Energi/Miljo--och-energiprojekt/Karlstad-Fairtrade-City/Engagera-dig/（2017 年 7 月 15 日閲覧）。
46)　カールスタード市消費と環境アドバイス室室長へのヒアリングによる。
47)　環境市民（2013）19 頁。
48)　カールスタード市消費と環境のアドバイス室長へのヒアリングによる。

出そうという試みととらえることもできる。共通のドメイン（領域），実践，
コミュニティが実践コミュニティの構成要素であったが，縦割り組織のなか
では生まれにくい共通のドメイン（領域）を，それぞれの専門性から生まれ
る共通の課題として設定することで，効果的な事業展開が可能となろう。

2．ヨテボリ市：消費者と市民のサービス部

　ヨテボリ市は首都ストックホルムに次ぐ人口第2の都市のため，組織その
ものが大きいのが特徴である。また，消費者アドバイス室には消費者アドバ
イザー8名が配置されている[49]。当然，異動や任期はなく，給与も他の部門
と同じである。

　消費者アドバイス室は，消費者と市民のサービス部のなかに位置づけられ
た一つのセクションであるが，この部のなかには他に，エネルギー・地球温
暖化（4名），家計カウンセリング（12名），市の総合窓口としてのコンタク
トセンター（80名），持続可能な発展（3名），ヨテボリ市のホームページ担
当，インターネットでの受付窓口，総務担当が一つの建物のなかに入ってい
る。

　エネルギー・地球温暖化担当のエネルギーアドバイザーは，例えば1戸建
ての家を建てたときに，どのようなエネルギーを選択したらよいか試算して
アドバイスする。持続可能な発展担当は，フェアトレード等の情報提供や，
市内の喫茶店にコーヒー豆をフェアトレードに変更するように活動もしてい
る。また，カーシェアリングのように所有するのではなく，共有することで
環境に配慮したシェアリングエコノミーを推奨する情報提供もしている。

　すなわち，ヨテボリ市では，消費者と市民に対するサービスを総合する窓
口が一つに統合化されているのである。以前は，別々の組織であったが，政
治家の発言で一つにまとめられた。来年には，さらに一人で契約ができない
高齢者の問題について担当するセクションも統合される予定である。

　出前講座で学校等に出向くときには，それぞれの担当が一緒に行って話を

49）　消費者アドバイス室は，近隣の4市と共同で設立しており，ヨテボリ市の消費者ア
　　　ドバイザーは4人分としてカウントできる。

している。それによって，各自がもつ専門性を背景に，説得力のある話ができる。スウェーデンでは，仕事で身に付けた専門性を背景に，人と人が協働し，市民にとって必要なサービスを生み出す仕組みが見られた。これはまさに，市民にとって必要なサービス提供という「実践コミュニティ」が生まれやすいように，あえて組織を柔軟に組み換え，時代の変化に合わせていると考えられよう。

第6節　海外事例からみた日本に対する示唆

　以上見てきたように，仮説1については，海外においても，日本同様に消費者行政と教育行政の調整が一つの阻害要因になっていること，中央集権的な消費者教育の推進体制が多いなかで，地方自治体が主体的に消費者教育を実施している国は多くないことが明らかとなった。また，仮説2について検証するため，地方自治が進む国のなかでも，消費者市民社会概念が広がる北欧のスウェーデンを対象に海外調査を実施したところ，スウェーデンにはわが国と異なる2つの特徴が見られた。

　第一に，教育行政との関係である。スウェーデンでは消費者教育の主たる担当を教育行政が担っており，消費者行政の役割はあくまで補助的なサポートという位置づけにある。日本の場合は，国も地方公共団体も消費者行政が主になり，消費者行政から教育行政の強いアプローチにより消費者教育を推進しようとする構造があるため，関係構築レベルから問題が発生する。しかし，責任主体としての教育行政が教育カリキュラムのなかで消費者教育をしっかりと位置づけて，学校教育のなかで学習が保障されていれば，消費者行政の役割は限定的になってしかるべきである。

　わが国において，2017年3月に義務教育段階の学習指導要領が告示され，消費者教育についても重要事項の一つとして位置づけられているが，学校現場からみれば，○○教育のなかの一つとして捉えられる傾向があり，一般的に教育内容の縦割りの壁を崩すことは難しい。スウェーデンの小学校社会科のように，これからの社会をどのように作っていくべきかを真正面に捉えた問題として大きな枠組みのなかで消費者教育をはじめとする関連の教育内容

を整理して位置づけ，初めから組織間の壁がない形で学校教育活動のなかに一段と定着させていく方向性は，単純なことであるが，硬直的な縦割り組織間の連携に苦慮するわが国にとって非常に重要な示唆であると言えよう。

　第二に，地方消費者行政組織のあり方である。日本の地方自治体における消費者行政は，消費生活相談窓口に消費者トラブルや被害に関する相談が入り，その未然防止として消費者啓発や消費者教育を実施してきた。これはスウェーデンの消費者アドバイス室も同様で，消費者の権利について情報提供をし，未然の被害を防ぐ活動を行っている。

　一方，消費者教育推進法のなかで消費者教育は，「消費者が主体的に消費者市民社会に参画することの重要性について理解及び関心を深めるための教育」が明示的に含められるようになったことにより，従来の消費者行政の枠組みでは対応しきれない側面が出ていることは否めない。そこで，スウェーデンでは，持続可能な社会の形成に向けて，市民向けに相談や啓発活動を行う消費者行政と環境行政の部門が一体的になり，そこで消費者アドバイザーやエネルギーアドバイザーのような専門性をもった人材が協働することにより，新たな実践コミュニティが形成されていた。すなわち，スウェーデンからの示唆は，わが国においても持続可能な社会の形成に向けて活動している環境行政や消費者行政等のうち，対市民向けにサービスを行っている部署については一体的に活動するための部署もしくはプロジェクトチームを作り，その人材の多重成員性によって効果的に関係者とつながり，意味の交渉を行うことで最大の効果を発揮する方法が考えられよう。

　以上のように，海外との比較による検討は，わが国の消費者教育の特徴を明示的にするとともに，今後，地方自治体でSDGsを推進していく上でも重要な示唆を与えてくれるものと言えよう。

第7章

本書の理論的意義

本章では，第1節で先行研究に基づいた3つのリサーチクエスチョンの検討結果について述べた後，第2節では本書の理論的意義を裏付ける実践コミュニティ概念の有用性，第3節では本書の理論的意義として，地方自治体における消費者教育推進モデルについて述べる。

第1節　リサーチクエスチョンの検討

本書における3つのリサーチクエスチョンについて，RQ1を第4章，RQ2を第5章，RQ3を第6章で検討した結果，以下の点が明らかとなった。

1．地方自治体における消費者教育推進の人的構成（RQ1）

これまでブラックボックスであった地方自治体の消費者行政が推進する消費者教育について，誰がどのような業務を行っているのか，また，その相互の関係性等を明らかにするため，全国の都道府県，政令指定都市，県庁所在市の消費者行政担当職員に対してアンケート調査を実施した結果，以下の内容が明らかとなった。

消費者行政内部には，主に行政職員，消費生活相談員，地方自治体によっては消費者教育の専門的人材の3人材が存在する。平均的に2，3年で異動を繰り返す行政職員は，消費者教育のみならず，それ以外の消費者行政の職務もあるため，実質的に消費者教育を担当する行政職員は自治体間で大きな

207

格差があった。また，その業務内容は，都道府県は広域的に啓発資料を作成したり，教育委員会・学校との連絡調整を行ったりすると回答したが，政令市・県庁所在市の場合，講座の企画・運営，講師派遣業務のように具体的な実務内容が上位の回答となっていた。

　一方，消費生活相談員は出前講座の講師としての係わりが大きく，教育委員会との連携は政令市・県庁所在市の6％で担当しているに過ぎないことが明らかとなった。さらに，消費者教育の専門的人材は，調査実施時点（2015年7月）で都道府県15か所（33%），政令市3か所，県庁所在市1か所（3.6％）で配置され，人員総数ベースでみると44人が確認できた。それぞれに名称は異なるが，消費生活相談員と兼務する者，消費生活関連の資格を有する者，学校教育現場から人事交流の者，教員・校長経験者のように，バックグラウンドが異なっていた。教員経験の有無によってバックグラウンドを区別すると，教員経験者は講座の講師や，教育委員会・学校等との連絡調整，教育教材の作成のように，これまでの経験と実績を踏まえて，消費者行政のなかにあって消費者教育を推進していた。

　このような専門的人材の配置は，消費者行政職員や消費生活相談員による推進体制の不足を補うものではなく，推進体制が整っている地方自治体ほど配置される傾向にあった。すなわち，自治体間の格差が大きい現状では，あらゆる地方自治体に自然発生的に誕生するものではないことを含意しており，政策的に人材配置を推進する必要性が示唆された。

　以上のような人的構成をもつ地方自治体の消費者行政において，行政職員の最も大きな課題は，人材の問題ではなく，「教育現場や教育委員会との連携が困難」であることを挙げていた。地方自治体の置かれた状況を実証的に解明できたことは，本書で改善策について検討する上で必要条件であるとともに，先行モデル分析における成功要因の抽出へとつながる重要な試みであったと言えよう。

２．消費者教育推進の先行モデルの成功要因（RQ2）

　先行事例として中核市，政令市の2自治体を取り上げ，実践コミュニティ

図表 48　成功要因別にみる前後の状況比較

成功要因	阻害要因を抱えている状況	改善後の状況
①人の多重成員性による組織の縦割りの乗り越え	教育行政との接点がなく，連携をしたくても，どこからアプローチすればよいか分からない。接点があったとしても，関係性の構築が困難。	教育行政，学校現場に十全的参加した過去の成員性により，相手の状況をよく踏まえた上で共感をしながら依頼を行うことで相手の理解を得ることができる。そのため関係性の構築に成功し，協働事業を行うことができる。
②庁内の実践コミュニティを作り，教育行政をはじめ各行政の各担当者がナレッジ・ブローカーの役割を果たす	教育行政との連携を深めるために，教育行政と消費者行政の2組織間の連携構築を図ろうとしたが，教育行政側からは，消費者行政担当職員の説明からその必要性や重要性の理解が進まず，関係構築に協力的ではない。連絡会議があった場合にも，形式的なものにとどまり，実質的な連携につながらない。	消費者教育推進法に努力義務で定められた消費者教育推進計画の策定を目的とした消費者教育の庁内連携会議という教育行政の参加が必然となる会議を設置し，消費者教育に対する理解の促進，市全体の方向性における教育行政の役割を明確にした。これを受けて，教育行政担当者は会議の内容を持ち帰り，教育計画の全体のなかに位置づけている。その結果，教育行政側に推進の根拠ができ，協力的な姿勢が見られる。
③教員との実践コミュニティの生成	学校現場での教育実践を推進したいと思い，知り合いや熱心な教員を頼りに消費者行政側が用意する出前講座を依頼し，実施するが，教育現場に対する一方的な活動になっており，継続性や広がりに欠けている。	児童・生徒に対する消費者教育を学校現場で推進する立場の教員が，相互に意見交換する消費者教育をドメインとする実践コミュニティを教育研究会の内部に設けることで，教員に対しては負担が少なく，消費者行政側がもつ消費者教育の最新情報等を受けることができ，指導力の向上に役立てることができる。その結果，児童・生徒に対して消費者教育を確実に行うことができる。
④実践コミュニティに学校の成員性をもつコーディネーター配置・役割の明確化	通常は見られないが，一部の消費者行政側が主催する教員を集めた研究会の場合，熱心な行政職員がコーディネーター機能を果たす場合が多いが，その場はうまくいっても，役割が明確化されておらず，行政職員の異動により継続性が中断されてしまう。	教員OBのような，学校教育の成員性をもつコーディネーターが実践コミュニティ内部の教員や，教員が所属する学校長，教育委員会との連絡調整を行い，活動をしやすくすると共に，消費者教育の情報を教員の立場で提供する等，コミュニティの成長に寄与し，教員が消費者教育に関与しやすくなる。
⑤実践コミュニティの活動を物象化	通常は見られないが，教育行政との連絡会議や教員との研究会があった場合，年に数回集まって意見交換を行うことはあっても，それ以上の関係性になりにくく，形式的に終わってしまう。	そこに参加するメンバーが，コーディネーターが作成する連絡会つうしんや，独自に開発された教材等により参加と物象化による「意味の交渉」が行われる。その結果，そのメンバーとしてのアイデンティティを高め，そのメンバーであることに誇りを持って主体的に関わっている。

第7章　本書の理論的意義　　209

概念を用いた事例検証を行ってきた。その結果，二つの事例から，以下6点の成功要因の存在が導出された。

〈消費者行政と教育行政がつながる段階〉
(1)　組織の縦割りを人の多重成員性によって乗り越えようとした。
(2)　教育委員会との単線的なコミュニティではなく，市全体として庁内連携会議という実践コミュニティを作り，そこで消費者教育推進計画の策定という目標に向かって参加した教育行政をはじめとする各行政担当者がナレッジ・ブローカーとして各組織をつないだ。

〈地方自治体で消費者教育の実践が広がる段階〉
(3)　学校で実践する教員とともに，消費者教育の実践コミュニティを作った。
(4)　教員とともにつくる消費者教育の実践コミュニティにおいて，学校の成員性をもつコーディネーターを配置し，その役割を明確にした。
(5)　実践コミュニティの活動の様子を目に見える形として物象化した。

〈前提条件〉
(6)　国において消費者教育に対する盛り上がりの機運があった。

　具体的な成功要因（1〜5）ごとに，阻害要因を抱えている状況と改善後の状況について比較したものが図表48である。硬直的な組織間の縦割りと公式に対峙するのではなく，つながる段階，広がる段階いずれにおいても，特に，人の多重成員性による非公式ないし偶発的なネットワークによって関係性を深めたことが成功要因であり，これまで乗り越えることができなかった教育行政との関係性を構築する重要概念であることが明らかになった（本章第3節にて詳述）。

3. 組織間の壁を乗り越えるその他の方法（RQ3）

RQ2において，先行事例は人の多重成員性による非公式ないし偶発的なネットワークによって，教育行政との行政組織間の縦割りを乗り越えたことが成功要因であることを導出したが，それ以外に組織の縦割りを乗り越える方法はあるのか，について検討を行った。

検討にあたっては，諸外国の消費者教育の推進に目を向けたところ，日本同様に消費者行政と教育行政との調整が一つの阻害要因になっていること，中央集権的な消費者教育の推進体制が多いなかで，地方自治体が主体的に消費者教育を実施している国は多くないことが明らかとなった。また，地方自治が進む国の中でも，消費者市民社会概念が広がる北欧のスウェーデンを対象に海外調査を実施したところ，スウェーデンにはわが国と異なる2つの特徴が見られた。

(1) 教育行政が消費者教育を主導的に実施し，教科の構成の中に内容がしっかりと位置づけられていた。
(2) 地方自治体では，消費者行政の消費者アドバイザーと環境行政のエネルギーアドバイザーと呼ばれる専門性をもった人材が実践コミュニティを作り，消費者市民社会を実現するという目的型の行政組織の構成が見られた。

以上のことから，学校における消費者教育の実践をより充実させるためには，第一に教育行政が主導的な役割を果たすこと，第二に消費者市民社会を実現するという目的のために，専門性をもった人材で実践コミュニティが形成できるように目的型の行政組織を作る，という2つの方法が示唆された。

第2節　理論的意義を支える実践コミュニティ概念の援用方法と成果

1.「実践コミュニティ」概念を援用した空間構造的アプローチ

本書の理論的意義を示すに当たり，消費者教育推進の阻害要因として提示

された消費者行政と教育行政の縦割りを乗り越え，学校教育の現場で実践が
広がっている地方自治体の成功要因を明らかにするため，1991年に Lave
and Wenger が提唱した「実践コミュニティ」概念を用いて空間構造的に解
明した方法論について述べる。

　本書では，「教育行政との行政組織内の非公式ないし偶発的なネットワー
クの形成の存在」を可視化し，その関与のあり方を検討するために，次の3
点に着目した。すなわち，第一に実践コミュニティの「所在」，第二に「意
味の交渉」による物象化の形（共有レパートリー），第三に実践コミュニテ
ィへの「関与」のあり方である。

(1)　実践コミュニティの「所在」

　第一の着目点は，実践コミュニティの「所在」である。「実践コミュニテ
ィ」は多様な形態があるが，基本的には「一連の問題を定義する知識の領域
（ドメイン），この領域に関心をもつ人々のコミュニティ，そして彼らがこの
領域内で効果的に仕事をするために生み出す共通の実践（プラクティス）」
の3つの基本要素の組み合わせである[1]。実践コミュニティはあらゆる場に
あり，誰もが家庭や仕事，学校，趣味あらゆる場面で実践コミュニティに複
数所属しており[2]，また組織によって名称も形態もまちまちであり，それを
生み出した状況やそれに属する人々と同じように多様であるから，「認識す
ることが重要」であると言われている[3]。

　本書で領域（ドメイン）とは「教育行政」「消費者行政」「消費者教育」等
として状況によって置き換えられるが，それに関心を持つ人たちのコミュニ
ティと実践が生み出されている状況である「実践コミュニティ」がどこに存
在しているのか，という点について着目したことにより，関係性を空間構造
的に捉えることが可能となった。

　本書で扱ったA市の事例で登場する，K氏の取り組みで具体的に検証し
よう。K氏は，消費者行政と教育行政のつながりを作り，消費者教育推進連

---

1)　Wenger et al.（2002）63頁。
2)　Wenger（1998）6頁。
3)　Wenger et al.（2002）59頁。

212

絡会を立ち上げた A 市における連携・協働の基礎を作った人物である。教育行政 13 年間の経験で培った校長との教育に関するネットワーク（実践コミュニティ）と，異動先の職場において消費生活コーディネーターを立ち上げるといった消費者行政の実践コミュニティに正統的に参加していたという二つを，K 氏の多重成員性によってつなぎ，さらに両コミュニティのナレッジ・ブローカーの役割を果たしつつ，新たな消費者教育推進連絡会（実践コミュニティ）を立ち上げるというプロセスを具体的に描くことができた。

　硬直的な組織間の縦割りと直接的に対峙するのではなく，組織の中にある実践コミュニティを人の多重成員性によってつないでいくと考えることで，豊かな関係性が創造できる可能性が示唆された。つまり，双方の間に高くそびえる壁があるように思える場合にも，組織の中の見えない実践コミュニティを「認識する」ことによって，関係性をつなぐ可能性がある。本書では，この点について明示的に取り上げている点に意義があると言えよう。

⑵　「意味の交渉」における物象化の形（共有レパートリー）

　第二の着目点は，実践コミュニティの「意味の交渉」における，物象化の形（共有レパートリー）である。実践コミュニティ内部では，参加と物象化の相互作用によって「意味の交渉」が行われており，相互の関与によって共同の営みを行うことを通じて，コミュニティのメンバーが，明示的または暗示的な人工物等の共有レパートリーが理解できるようになるという特性を持っているものである。本書では，その実践コミュニティの意味の交渉による物象化で明らかになった人工物に着目して事象を分析したことにより，取り組みを可視化することができた。

　「意味の交渉（negotiation of meaning）」は「参加（participation）」と「物象化（reification）」と呼ばれる 2 つの構成プロセスの相互作用を含むものであり，「参加」とは，「社会共同体でのメンバーシップと社会的活動への能動的関係のための世界における生活の社会的経験」であり，「物象化」とは，「経験を「客観的実在性」に固定化させる物象を生み出すことによって，形を与えるプロセス」である[4]。物象化は，明示的（explicit）なものだけでなく，暗示的（tacit）なものも含んでおり，それらを区分することは難しい。

ただし，相互の関与（mutual engagement）を通じて，共同の営み（joint enterprise）を行い，共有レパートリー（shared repertoire）として明示的または暗示的なコンテクストを含むことを理解できることが，「実践コミュニティのメンバーの証（sign）」だと認識できるようになる。この相互の関与，共同の営み，共有レパートリーについては，コミュニティ特性としての実践の３つの次元としてまとめられているものである[5]。

　B市の消費者教育コーディネーターＯ氏の事例で言えば，小学校教員の既存の教育研究会のなかに実践コミュニティを作り，活動するなかで，その研究の成果として作成された「教材キット」が一つの物象化の形となっている。そこに参加した教員には，教材化にかかわるプロセスのなかで，そこに参加していなければ分からない暗示的なノウハウ等も実践コミュニティのメンバーの証として認識していたため，これを市内の教員に配布し他の教員にも積極的に広めていきたい，という思いに至ったのである。

　現在，わが国には消費者教育に関する教材が豊富にあるが，この物象化された教材を取り巻く様々な実践に目を向けることで，新たな実践コミュニティの発見につながる可能性がある。またこれらの実践コミュニティのコーディネーターやナレッジ・ブローカーの役割を果たす人材の実践コミュニティを形成することで，全国各地に実践が広がっていく可能性があろう。

(3) 実践コミュニティへの「関与」のあり方

　最後の着目点は，実践コミュニティへの「関与」のあり方である。実践コミュニティ間を越境するナレッジ・ブローカーや，実践コミュニティ内でのコーディネーターの存在を明示的にし，その果たす役割について注目することにより，空間内での動線を描くことが可能となった。これによって，先行事例の成功要因を人の動きを中心にメカニズムを解明することが可能となり，取り組みをモデル化できるようになった（詳細は後述）。

　以上の３点に着目したアプローチにより，これまでその表現が難しかった空間構造的な取り組みを言語化する手法として，その可能性が示されたと言

---

4)　Wenger（1998）52頁。
5)　図表 3-1-2 参照。

えよう。また，われわれは過去あるいは現在，十全的あるいは周辺的に多くの実践コミュニティに所属しているが[6]，学校教育を充実させるための「関連の実践がどこにあるのか」という「所在」の観点から普段の業務や取り組みを振り返り，そこにある実践に着目して主体的に「関与」することで，学校段階における実践が空間的に広がっていく可能性も示すことができたと言えよう。

２．組織の縦割りを乗り越える「人」の関与メカニズムの解明

特に，これまで教育行政との連携が進んでいる地方自治体では，「熱心な行政職員がいる」ことが理由として語られることが多かったが，そこにかかわる人材がどのように関与してきたか説明されることはなかった。先行モデルにおいて，そこに「人」がどのようにかかわり，実践コミュニティとの関係性を生成・維持してきたのかを実践コミュニティへの「関与」のあり方に注目することにより，そのメカニズムが解明できた。

そこで注目される概念は，多重成員性，ナレッジ・ブローカー，コーディネーターであった。多重成員性とは，一人の成員が「同時に複数の実践共同体に所属すること」（Wenger：1998），あるいは「実践共同体と公式組織に同時に所属すること」（Wenger et al.：2002）である。所属する先は実践共同体のみの考え方と，公式組織も加わった考え方と異なるが，いずれも一人の成員のもつ複数の成員性に着目した考え方である。

ナレッジ・ブローカーとは，Wenger（1998）が示したブローカリングを行う人であり，ブローカリングとは「ある実践を他に紹介する要素を持った人によって作られるつながり」として説明されている[7]。異なる実践コミュニティ間を越境し，多重成員性を有しながら，結節点を増やしていく取り組みである。さらにコーディネーターとは，実践コミュニティの内部で「メンバーの中で，コミュニティが領域に焦点を当て，さまざまな関係を維持し，実践を開発することができるように手助けをする人」[8]をしている。

---

6) Wenger（1998）158頁。
7) 同上 105頁。

人の「関与」に着目する時，組織の縦割りを乗り越えるためには，第一に
つながる段階と，第二につながった場を活かして広げる段階の2段階が認め
られた。以下，それぞれにどのようなメカニズムであったか解明していこう。

(1) 固有の実践コミュニティがつながり消費者教育と出会う段階

第一のつながる段階では，個人の多重成員性により，行政分野にある固有
の実践コミュニティをつないで，新たに消費者教育の実践コミュニティを作
る方法（A市）と，庁内連携会議のようなビックテント型の実践コミュニテ
ィを新たに作り，そこで固有の行政分野にある実践コミュニティをナレッ
ジ・ブローカーがつなぎ，庁内連携会議のコーディネーターとしての役割を
果たす方法（B市）の異なるアプローチ方法が見られた。

A市の事例では，K氏の多重成員性に依っており，教育行政の実践コミュ
ニティと関係を持たない行政職員は多重成員性を発揮することができず，実
現できない方法であった。一方，B市の事例のように複数のセクションをま
たぐ庁内連携会議を作り，消費者行政担当職員がナレッジ・ブローカーとな
る方法であれば，他の地方自治体においても可能性がある。この方法は，**図
表22**に示された実践によって提供されたつながりの3タイプの中の「境界
実践」に当たる。実践は一緒に何かをするということに優位性があり，時間
とともにつながりそれ自体が歴史を獲得するのであり，集団的なブローカリ
ングが行われるのである[9]。

B市の行政職員は，庁内連携会議のコーディネーターとして，消費者教育
の共通理解のための講演会の実施，相互の業務の調整と役割分担などを継続
的に行っていた。また，消費者教育専門機関等を活用しながら消費者教育の
最新情報をつねに入手し，実践コミュニティのメンバーに会議を通じて還流
していたことも，行政職員というメンバーに流動性がある実践コミュニティ
において，重要な役割を果たしていたということができよう。

B市の枠組みは，消費者教育推進法が地方自治体に努力義務として示した
消費者教育基本計画の策定や，消費者教育推進地域協議会の設置の動きが一

---

8) Wenger et al.（2002）131頁。
9) Wenger（1998）114-118頁。

つの契機を与えてくれるはずである。非公式で偶発的なネットワークを意識的に生成することが一つの方法であるが，複数の部署をつなぐ境界実践としての庁内連携会議のナレッジ・ブローカーあるいはコーディネーターとして機能することの有用性についても明示できたと言えよう。

(2) 消費者教育をドメインとする教員による実践コミュニティにより広がる段階

　第二段階として，学校現場での実践を充実させる仕組みとして，教員を中心とした消費者教育をドメインとする実践コミュニティを設け，そのなかでA市の消費者教育相談員，B市の消費者教育コーディネーターのような行政職員以外の「人」をナレッジ・ブローカーやコーディネーターとして関与させる方法があった。これは，第4章で人的構造を解明するなかで明らかとなった消費者教育の専門的人材が機能していた事例である。

　消費者行政と教育行政の縦割りを乗り越えるということは，それぞれの関係性が構築され，さらに学校教育現場において，授業実践が広がり，一人ひとりの児童・生徒が消費者教育に関連する教育が受けられる状況を指す。したがって，組織の壁を乗り越えた先に，新たな消費者教育をドメインとする実践コミュニティの存在が必要なのである。

　そのとき，A市とB市はいずれも教員経験がある人材の多重成員性を活かし，消費者教育を推進するための専門的人材を配置していた。教員経験とは，学校教育の現場に正統的に参加し，そこでの成員性を獲得しているという意味である。学校には独自の文化があるとよく言われるが，その特殊性を理解するとともに，学校現場に知り合いがいるという強みがある。特に，B市の消費者教育コーディネーターは校長経験者であり，なかでも非常に「顔が広い」という特徴を持っていた。このように，人材の配置については，多重成員性を発揮できるような工夫が効果的であることが示された。

　また，両市とも消費者教育をドメインとする教員による実践コミュニティが設置されたが，その設置方法が異なっていた。つまり，A市は新たな消費者教育推進連絡会を設置した，いわゆる「独立型」，B市は既存の教育研究会の中に消費者教育をテーマとしたグループを設けた，いわゆる「内包型」として表現できる。独立型の場合には，その実践コミュニティを運営する主

体がコーディネーター側にあるためコミュニティに正統的参加となるが，内包型の場合には，主体は教員の活動となり，コーディネーターは周辺的参加となるといった特徴も見られた。

　以上に見るように，消費者教育が広がっていく段階においては，消費者教育を独自のドメインとする教員による実践コミュニティが必要であり，そこにかかわる学校現場の成員性を持つ人材が配置され，コミュニティのコーディネーターとして，その物象化である教材作成や通信の発行などを行ったり，消費者行政がもつ消費者教育に関する情報をナレッジ・ブローカーとして提供したりすることが重要な機能であることが示された。

3．公正で持続可能な社会をつくる「実践コミュニティ」を基礎にした　　組織の生成

　本書では，消費者市民社会概念が広がる北欧のなかでも，地方自治が進むスウェーデンの地方自治体ヒアリングから，専門性をもつ人材が消費者・市民にとって必要なサービスを提供する実践コミュニティを生成していることを示し，硬直的なわが国の行政組織の今後のあり方を示すことができた。

　特に，消費者行政において，公正で持続可能な社会の形成に積極的に参画する消費者市民を育成する場合には，消費生活相談窓口に入る契約トラブルを中心とした苦情相談やトラブル事例に依拠するだけでは不十分であり，今後は一層の総合化が必要となる。その時に，組織の大改造を行うことも考えられるが，スウェーデンのカールスタード市「消費と環境のアドバイス室」やヨテボリ市「消費者と市民のサービス部」のように，同じ部署のなかに消費者アドバイスの担当者と，環境関連のエネルギーアドバイザーが協働して，持続可能な地域づくりのための「境界実践」としてコミュニティを作るという考え方が見られたのである。

　日本の場合，行政職員の定期的な人事異動によって身に付けた，その人の多重成員性によって，つながりが生まれてくる側面があるが，スウェーデンの場合には人事異動がないため，あえて目的を実現するための実践コミュニティ型の組織を作ったということもできる。逆に言えば，無計画な人事異動

では，偶発的なつながりしか生まれないが，地方自治体がそれぞれに共通の
目標をもち，そのための人事異動を制度的に組み込むことで，目標の実現に
つながると言えるだろう。

第3節　本書の理論的意義

　以上，第1節，第2節を通じて，本書での成果を述べてきた。これらを踏
まえ，第3節では，消費者教育研究における本書の理論的意義について述べ
る。

　地方自治体における消費者教育の推進の阻害要因は，第2章の歴史的検討
から明らかになったように，「消費者行政と教育行政の縦割り行政（セクシ
ョナリズム）」が1980年代から明確となり，それが改善されることなく今日
に至ったことであった。

　問題が明確になった時期，東京都では1980年と1985年に消費者教育に関
する2つの答申を出し，東京都（1985）において，学校における消費者教育
を振興させる具体的方策の一番目に「消費者行政と教育行政の連携・協力」
を掲げていた。すなわち，「教育行政が行政内において一定の独自性を持た
されている現在の行政構造のなかで，二つの行政の連携には困難な問題があ
るにせよ，市民主体の形成という共通課題のために，二つの行政部門間に意
思疎通が行われることは急務である」（下線は筆者）とあるように，両部門
間にはいわゆる「縦割り」意識があり，相互に意思疎通が行われていなかっ
た状況があった。佐古井（1987）はこれに対し，「個別実践か体系化か」と
問題提起し，学校は消費者発達教育，消費者行政は消費者保護教育と，それ
ぞれの立場や理念に基づいて個別実践を行った方がいいとする主張も出され
ていた。

　当時，国の消費者行政はこの問題に対し，1986年に国民生活審議会から
「学校における消費者教育について」が第5次学習指導要領に着手した教育
課程審議会に送付され，消費者教育の記述の充実につながっていった。また，
1988年の国民生活審議会の意見書「消費者教育の推進について」では，政
府，消費者，教育者，企業の4者による協力関係の構築と機関の設立が提案

されるなど，国全体の消費者教育推進体制の議論が行われた。ただし宮坂（1995）が「消費者行政関係者の最大の関心事は，消費者問題であり，消費者被害の防止で実績をあげることに自己のレゾン・デトルを見いだそうとする。そのため，教育＝人間形成という長期的なスパンで考えなければならない領域の特性を理解できなくなる傾向」があったことを指摘するように，消費者行政側からのアプローチは内容のミスマッチが起きていた。すなわち，学習指導要領の改訂は行われたが，各地の学校における消費者教育は，第5章の先行モデルA市のように一部では広がっていったものの，全国的な広がりにはならなかったのである。

　その後，規制改革，地方分権の流れのなかで，国と地方のあり方が大きく変化し，国レベルでは消費者基本法や消費者基本計画に基づいて，消費者の自立支援の基盤整備のために精力的な調査研究が行われたが，地方自治体では国のような力強さが認められず，予算や人的資源の減少等によって，消費者教育を推進する地方消費者行政の基盤が揺らぎ，国と地方の状況が乖離していった。この状況のもと，2009年に消費者庁の設置，2012年に消費者教育推進法の施行という地方自治体にとって大きな環境変化があったが，地方自治体は同じ阻害要因を抱えたまま，新たな責務が課されたのである。

　これまでの消費者教育の先行研究においては，消費者行政と教育行政の縦割りを問題点として指摘する論考が見られたが（細川：2013 他），その改善策に迫る研究内容は看過されてきた。そのようななか，この問題点を明確にとらえ，改善策に向けてコーディネーターの設置について提言を行った消費者委員会（2016）が本書と同様の問題意識を提示している。ところが消費者委員会では，人材の設置と役割の明確化の観点から提言を行っているが，その実現の道筋については十分な議論が行われていない。つまり，それを具体的な政策として実現するためには，コーディネーターという人材だけに着目するのではなく，それを取り巻く空間構造とそのなかで人材が果たす役割について総合的に研究する必要があると思われるが，現在ではそのような点までは議論されていないのである。

　そこで本書では，消費者教育推進の阻害要因を乗り越えるための改善策を提示するため，先行的に消費者行政と教育行政が連携して消費者教育を推進

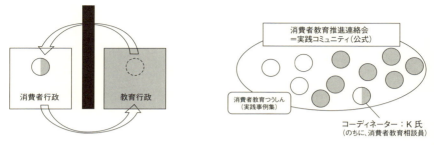

図表 49　A市における成功要因

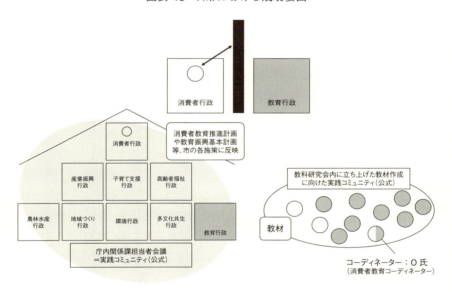

図表 50　B市における成功要因

している地方自治体からその成功要因を検証し，他の自治体の改善策を導き出す必要があると考えた．その論証のために，本章第2節で示した「実践コミュニティ」概念に基づいて空間構造的に関係性を捉え，そこに係わる人の関与メカニズムや，あらたな組織の生成について議論を行うことを通して，消費者教育推進の本質的な問題解決に寄与できると想定したのである．

　以下，その検討結果を図式化すれば，図表49および図表50のようにな

る。A市の場合，行政職員K氏の教育行政との多重成員性により，当初の
つながりができ，その後，消費者教育推進連絡会という公式の実践コミュニ
ティを作り，そのコーディネーターを自ら行っていた。後に，正式に消費者
教育相談員を配置することによって，その後も継続的に阻害要因を乗り越え
た事例と言うことができよう。すなわち，もともとK氏の多重成員性とい
う非公式なつながりを，公式の実践コミュニティと消費者教育相談員に昇華
させたことが成功要因であったと言うことができる。特に，消費者教育相談
員には当初，教員OBを配置したことが，学校と消費者行政のつながりを一
層深めたと言えよう。

　次に，B市については，多くの自治体に見られるように教育行政との間に
大きな壁が存在していたが，第一に庁内関係課担当者会議により，庁内連携
の実践コミュニティを作ったこと，第二に教員OBのO氏を消費者教育コー
ディネーターとして，教科の教育研究会内に教材作成に向けた実践コミュニ
ティのなかで，教員との直接的なつながりを深めていったことが成功要因と
して考えられた。

　以上，二つの先行モデルから成功要因を要約すれば，硬直的な組織間の縦
割りと公式に対峙するのではなく，組織の中にある，または組織どうしをつ
なぐ複層的な実践コミュニティを，非公式な人の多重成員性によってつなが
ることができたことが成功要因だということができる。第1章第4節で述べ
たように，地方分権のなかにあっても教育行政は「タテの行政系列」があり
（新藤：2013），公式につながりを持ちにくい特殊な行政分野である。そのよ
うな行政分野とのつながりを持つために，あえて非公式なつながりに着目す
ることは意義深いであろう。

　具体的には，A市の行政職員K氏，B市の消費者教育コーディネーターO
氏のように，教育行政，学校現場の成員性を持つ人物の存在を政策的に配置
していくことによって，「人のつながりによって，組織を乗り超える」こと
が可能になると言えよう。

　以上のことをまとめると，消費者教育推進の阻害要因を解決し，全国各地
の学校で消費者教育を広げていく改善策としては図表51のように整理され
る。改善策には，次の二つのパターンが考えられる。

222

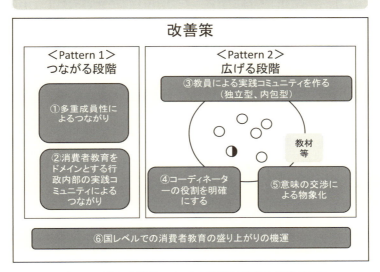

図表51　地方自治体における消費者教育の推進モデル

(出典)　筆者作成

　パターン1は，消費者行政と教育行政がつながる段階である（本章第2節2(1)）。その第一として，消費者行政職員の多重成員性により，教育行政の経験がある場合には，それを活かして関係性を構築するという考え方である。現状では偶発的なことであり，行政職員の人事異動をただ待っているだけでは改善が進まない状況にある。改善策としては，教育現場や教育行政の成員性を消費者行政に取り入れることが重要だと考えることができる。

　第二は，行政内部に消費者教育に関わる実践コミュニティを設け，その全体の関係性のなかで連携を深める考え方である。消費者行政と教育行政の2者間の実践コミュニティではなく，庁内連携会議のように複数の行政部門の一つとして教育行政が参加し，地方自治体全体の施策のなかで，消費者教育を位置づけていくのである。そうすることにより，その必要性が明確になり，

相互の役割分担に基づいて効果的に実施することができる。

　この場合，情報交換に終わることなく，図表52（後述）に示すように，その実践コミュニティに参加する人たちが「意味の交渉」を行い，その物象化を通して共有レパートリーを増やしていくことにより，つながりが深まっていくと理解できる。例えば，参加者に配布された資料，会議の議事録，参加者同士の会話など，そこに参加することが「学習」となり，消費者教育推進のために役割を果たそうという動きにつながるのである。

　さらに，参加者は関係各課に戻ったとき，ナレッジ・ブローカーの役割を果たし，所属先において既存の取り組みを消費者の視点をもって見直したり，あらたに加えたりといった活動も期待ができる。このことを通じて，地方自治体がすでに策定している関連の計画（教育振興基本計画，食育基本計画，環境教育推進計画等）に，消費者の視点を組み入れていくことができれば，自治体全体で消費者市民社会の実現に向けた取り組みが可能となろう。

　以上に見るようなパターン1の段階を通じ，消費者行政と教育行政の縦割りがつながっただけでは，本来の目的である学校における消費者教育の実践の広がりは期待できない。そこでパターン2の広げる段階が必要となる。

　この段階では，消費者行政，教育行政とともに，教員による消費者教育をドメインとする実践コミュニティを作ることが重要である（本章第2節2(2)）。その形態は新たにそれを設ける「独立型」と，既存の研究会の内部に設ける「内包型」があるが，それぞれにその実践コミュニティのコーディネーターを明確にする必要がある。コーディネーターには，消費者教育の実践コミュニティの存在が必要なのであり，コーディネーターには実践コミュニティを「認識」し，その中で何と何をつないでいくのかを空間的に捉える能力が必要である。また，そこに参加する人によって「意味の交渉」による物象化として，教材や実践事例など具体的な形が見えることがこの関係性を有機的に捉え，発展させることが可能となるため，コーディネーターは成員の共同の営みを通じ，共有レパートリーを明示していくことも重要な役割となるであろう。

　消費者行政と教育行政がつながる段階を図式化したものが，図表52である。左端の関与がない状況から，右に行くほどつながりが深く，関係性が強

図表52　消費者行政と教育行政がつながる段階

(出典)　筆者作成

くなっていると考えられる。この段階において，当初は教育行政に対し，消費者行政の保有する消費者教育に関する情報を提供するところから始まったとしても，次に，お互いに意見交換を行うような関係性が構築できれば，つながりとしては大きく前進したことになる。

　教育行政との多重成員性をもった行政職員の場合は，この①と②の部分において優位性をもっているという特徴があるが，先に述べた通り，①と②のハードルを下げるためにも，教育行政の成員性をもつ教育関係者を人事異動や消費者教育の専門的人材として雇用し，その成員性を新たに獲得することで，関係性を構築しやすくなるであろう。

　また，③の行政内部の意見交換や，④意味の交渉による物象化は，その関係をより強固にするために必要である。特に，消費者教育推進計画の策定を視野に入れた動きにおいては，その物象化の形は，策定された計画ということになろう。

　なお，このつながる段階，広げる段階の２つのパターンの順序に規則性はない。すなわち，地方自治体によって消費者行政と教育行政の関係性が異なるため，どのパターンから着手すればよいのか地方自治体の実情に負うところが大きい。例えば，消費者行政と教育行政がつながる段階に至らない場合，消費者教育に意欲のある教員と小規模なところから実践コミュニティを作り，その輪を広げていくという考え方もできる。現場レベルで実践コミュニティが広がることにより，消費者行政と教育行政がつながり，結果的に実質的なつながりが生まれる可能性も想定できるからである。

　以上に見るように，本書の理論的意義は，これまで地方自治体における消費者教育の推進において看過されていた消費者行政と教育行政の縦割り行政をいかに乗り越え，学校における消費者教育の実践を充実させることができ

るか，そのモデルを提示したことである。なかでも，公式な組織のつながりが困難な状況において，非公式の人の多重成員性によるつながりが成功要因として重要な意味を持つことを指摘し，その関与のあり方について実践コミュニティ概念を援用して具体的な方策を提示することができたことと言えよう。

第8章

本書の実践的意義

　本章では，第7章を踏まえて，地方自治体における消費者教育推進のための改善策として政策提言を行い，本書の実践的意義とする。

　提言の柱は，以下の通りである。

政策提言

1.「人」の観点から

（1）　行政職員が多重成員性を獲得できる教育行政と消費者行政等との計画的な人事ローテーション等の構築

（2）　消費者教育の専門的人材（消費者教育コーディネーター）の効果的な配置

2.「組織」の観点から

（1）　実践コミュニティ構築に関する情報提供とコーディネーター役になる行政職員に対する支援

3. 教員による消費者教育の「実践コミュニティ」の観点から

（1）　教員が消費者教育の実践について交流できる実践コミュニティの構築への支援

（2）　実践コミュニティを管理するコーディネーターの役割と地方自治体における位置づけの明確化

（3）　実践コミュニティをつくり育むコーディネーターの育成とコーディネーターの実践コミュニティの構築

4.「海外比較」の視点から

(1)　教育課程における消費者教育の位置づけの見直しおよび国の教育
行政による消費者教育に対するリーダーシップへの期待
(2)　持続可能な社会を目的とした実践コミュニティ型組織の構築

第1節　「人」の観点から

1．行政職員が多重成員性を獲得できる教育行政と消費者行政等との計画的な人事ローテーション等の構築

　第1章第1節でみたように，日本の行政職員の異動はジェネラリストの育成を目的とするものであるが，計画的・意図的に人事異動を行うことにより，消費者教育政策の観点からは専門性を高めうる可能性がある。なぜなら，消費者教育は幼児期から高齢期まで生涯にわたって，「消費者市民社会の構築」「商品等の安全」「生活の管理と契約」「情報とモラル」について扱うものであり，おおよそどのような行政部門の経験も活かせるという性質があるからである。

　また特に，阻害要因として明らかとなった消費者行政と教育行政の縦割りを乗り越えるため，人事ローテーションのなかで積極的に異動を行い，そこでの経験や人間関係等から組織をつなぐ非公式な実践コミュニティが形成されていくよう制度化することが望ましい。

　この点について最近では，教育行政から消費者行政に人事異動で配属され，さらに学校現場に戻るといった制度も散見されるようになっている。例えば，最も歴史がある山梨県では，教頭職の小学校教諭が山梨県県民生活課に2年間配属され，学校現場への情報提供や，出前講座の講師等，精力的に活動している。また，徳島県では「研修生」として現職教諭を徳島県消費者情報センターに配置し，通常1年間は教材作成や学校への出前講座の講師等を行っている。加えて，平成29年度には，県教育委員会に5年間在籍した家庭科出身の指導主事が，県の消費者行政担当の課長補佐に抜擢されている。教育行政の成員性を消費者行政にただちに持ち込む方法として，教員等の人事交流は非常に有効な方法であろう。

また，教育行政と消費者行政の人事ローテーションの効果を期待する場合，行政職員が消費者行政，消費者教育の成員性を獲得するために，その必要性や連携の具体的方法などについて，研修等によって習得することも重要である。例えば，独立行政法人国民生活センターが行政職員に対して実施する研修で，消費者教育を広げるために行政組織内で果たす役割等を考える機会等を設け，ナレッジ・ブローカーを養成するという視点を持つこともできよう。第５章の事例分析で登場したA市のK氏のように，この研修の機会を活用して全国の行政職員と実践コミュニティを作っていたが，形式的なカリキュラムを受講するだけでなく，そこに参加する者同士が消費者行政，消費者教育の全国的な実践コミュニティの一員としてのアイデンティティを持てるような工夫をしていくことも有効であろう。

　また太田（2013）によれば，従来から存在した自己申告制度に加え，最近では自ら手を挙げて希望部署に異動する庁内FA（free agent）制度や，公募制，役職立候補制度を取り入れる自治体も増えてきたと言う[1]。消費者行政分野においても，田中康夫知事時代の長野県では，県消費生活センター所長を県職員の中から公募し，意欲のある人材を選抜したという経験がある。また，最近では，過去に消費者行政を担当していた職員が，希望によって再び消費者行政に配属される事例も都道府県を中心に散見されるようになっており，消費者行政，消費者教育の専門性が高まっていると考えられる。特に地方行政では，組織横断的な意欲的な取り組みによって消費者市民社会の実現やSDGsの達成が期待できることから，これに理解を示す行政職員が情熱をもってコミットできるような仕組みを後押しするような，国からの働きかけも必要であろう。

２．消費者教育の専門的人材の効果的な配置

　行政職員の人事ローテーションによる多重成員性を通じて，消費者行政と教育行政のつながりはできるが，それを持続させるために人事異動は阻害要

1）　太田（2013）52頁。

因になりかねない。先行モデル分析で登場したA市のK氏が，自身の役割を継続的に行うために「教員OBの消費者教育相談員」を配置したように，学校現場の成員性を行政職員の異動よりも長いスパンで，継続的に従事する人物が必要である。継続することにより，そこに消費者教育の実践に関する独自のネットワークが形成されるからである。

　特に，この人材は，本章第3節で述べるように，実践コミュニティのコーディネーターの役割や，消費者行政と教育行政の実践コミュニティをつなぐナレッジ・ブローカーの役割が期待されるため，単独でただ人材を置けばよいというものではない。例えば，学校現場において消費者教育の実践経験がある家庭科教員のOBや，様々な教員等の意見をまとめるリーダーシップをもつ管理職経験者，幅広い人間関係や人望のある豊かな人間性等，地域の事情により，より適切な人材が配置される必要があろう。

　専門的人材は，第4章の実態調査でも明らかになったように，2010年以降に地方自治体に配置され始めている。この配置は，消費者行政職員や消費生活相談員の不足を補うものではなく，推進体制が整っている自治体ほど配置される傾向にあり，自治体間格差が懸念された。現在，専門的人材を配置していない自治体の理由としては，都道府県で「予算が十分にない」，政令市や県庁所在市で「消費生活相談員が実質的にその役割を果たしているから」「予算が十分にない」が挙げられた。国が地方消費者行政推進交付金で消費生活相談員の充実を図っているように，消費者教育の専門的人材についても同様に予算措置をしていくことも考えられよう。

　また現在は，一定数このような人材が存在しながらも，活動が非公式になりがちなことから，全国的には十分に認知されていない。消費者教育と教育行政の縦割りを乗り越え，消費者教育を推進していくためには一定の人材が必要であるという立場に立ち，この人材に対して明確な位置づけと役割を与えていくことが，全国的な動きにつながる一歩と言えよう。

第2節 「組織」の観点から

1. 実践コミュニティ構築に関する情報提供とコーディネーター役となる行政職員に対する支援

実践コミュニティとは，「あるテーマに関する関心や問題，熱意などを共有し，その分野の知識や技能を，継続的な相互交流を通じて深めていく人々の集団」[2]であり，目に見えるものもあるが，それを「認識することが重要」である[3]。

消費者行政と教育行政の関係性を単線的に捉えると，担当者ベースの話し合いで協議が整わない場合には，それ以上，関係性を深めることが難しくなってしまう。しかし，その関係性を複層的に捉え，そこに消費者教育の実践コミュニティをつくったり，多重成員性により関係者を引き込んだり，それをナレッジ・ブローカーとして教育行政等の実践コミュニティとつなぐことで，協調的な関係を構築できる可能性がある。

例えば，先行モデル分析で取り上げたB市の場合，当初担当ベースの協議では，話し合いが深まることがなかったが，市消費者教育推進計画を策定する庁内連携会議のなかに教育行政を位置づけ，そのなかでの役割分担を協議する場合には，教育行政はその重要性を理解し，市の教育計画のなかに位置づけるような配慮が見られた。すなわち，これまで教育行政との関係性を直線的に捉えようとするあまり，教育行政に関する成員性がない消費者行政担当職員は，それを乗り越えることを困難に感じたのである。

このように，消費者教育推進の阻害要因を乗り越えるためには，組織の先に，消費者教育を実践する共通の領域（ドメインを）もつ実践コミュニティを作り，それを育むコーディネーターの役割を明確にしていくことが必要となる。Wenger et al.（2002）によれば，実践コミュニティのコーディネーターとは，「メンバーのなかで，コミュニティが領域に焦点を当て，さまざまな関係を維持し，実践を開発できるように手助けをする人」を指す[4]。コーディネーターは，次のような職務を遂行する。

---

2) Wenger et al.（2002）33頁。
3) 同上 59頁。

①領域内の重要な問題を特定する

②コミュニティでイベントを企画し，推進する。

③コミュニティ・メンバーを非公式に結びつける。組織内のユニット間の
境界を越えて知識資産を仲介する。

④メンバーの成長に手を貸す。

⑤コミュニティと公式の組織との間の境界を管理する。

⑥実践の構築に手を貸す。

⑦コミュニティの状態を判断し，メンバーや組織への貢献を評価する。

コーディネーターは外部人材の場合もあるが，教育行政との連携の場面では，消費者行政職員の果たす役割も大きい。特に，庁内連携会議といった実践コミュニティのコーディネーターは行政職員となるため，消費者教育推進のための実践コミュニティの作り方や，コーディネーターとしてのスキルを行政職員は研修等によって身に付ける必要があろう。

第3節　教員による消費者教育の「実践コミュニティ」の観点から

1．教員が消費者教育の実践について交流できる実践コミュニティの構築への支援

地方自治体の中にどれだけ立派な消費者教育推進計画や消費者教育推進地域協議会ができたとしても，最終的には学校教育において教員によって消費者教育の実践が生まれなければ，何も意味を持たない。したがって，確実に教員によって消費者教育が行われていることを保証し，実践に対する支援を行っていくためにも，地方自治体は教員による実践コミュニティを作るべきである。国や地方自治体が設ける消費者教育の推進の評価項目としても，このコミュニティの設置の有無を重視することが肝要だと思われる。

教員を中心とした実践コミュニティの構築については，一般的には教育委

---

4)　コーディネーターと同じく重要な「思考リーダー」（領域の最先端の問題を明確に示すことのできる人，または非常に経験豊かで尊敬を集めている実践者）の存在も指摘している。

員会を通じて進めていくことになるが，現状，働き方改革として教員に労働時間を見直すように指示している教育委員会からは，業務を増やす新たな実践コミュニティを作ることには賛成しないだろう。そのため，教員がこれまで行ってきた教育研究会等の既存の活動を用いて，実践コミュニティを形成していく方法が一般的だと思われる。

　その場合，わが国の場合には，幼稚園・保育園，小中学校の義務教育については市町村所管，高等学校については都道府県所管になっているため，都道府県が小中学校に対して，一斉に実践コミュニティを作ることは非常に困難である。そのため，都道府県は義務教育を所管する市町村に対し，実践コミュニティ構築に向けた支援を行う必要がある。また，人口規模が小さな市町村等に対して，広域的に県が実践コミュニティの構築を行ったりすることも想定される。この点において特に，都道府県と市区町村の役割分担が一段と期待される。

2．実践コミュニティを管理するコーディネーターの役割と地方自治体における位置づけの明確化

　実践コミュニティが構築された場合，そこで教員の実践を効果的に支援するためのコーディネーターの存在が不可欠である。コーディネーターは消費者教育に関する情報に通じ，他の実践コミュニティとのナレッジ・ブローカーの役割も期待されるものである。

　このような実践コミュニティにおけるコーディネーターの存在は，非常に重要であるにもかかわらず，それが明示的になる機会は多くない。したがって，コーディネーターの仕事に対する正当な評価も受けにくい場合もあろう。

　消費者教育コーディネーターが消費者教育の推進に関する基本的な方針で担い手として位置づけられたが，消費者委員会（2016）も指摘するように，その役職の明確な位置づけをしていくべきであろう。

3．コーディネーターの育成とそれを支える実践コミュニティの構築

　コーディネーターはその多重成員性に期待されるところが大きいが，消費者教育の専門性を高め，実践コミュニティの育成に関するスキルを学びながら，成長する必要がある。そのため，コーディネーターの能力開発のためのワークショップを行うことで，コミュニティを立ち上げるための活動，立ち上げの設計，効果的な知識共有イベント，コミュニティの私的公共両空間で関心を高め参加を促す方法，ナレッジ・レポジトリーの管理，価値の評価などについて学び，「非公式な助け合いの基盤となる信頼のコミットメントを築くことができる」のである[5]。今後，独立行政法人国民生活センターが行う消費者教育コーディネーター育成研修等の研修機会においても，実践コミュニティをつくり育むコーディネーターの養成という視点を持つべきであろう。

　さらに，消費者教育に関心を持つ教員の実践コミュニティが全国にでき，それをつなぐ全国レベルの実践コミュニティを作っていくことが，全国に消費者教育実践が広がることを意味しよう。また，実践コミュニティのドメインは，行政職員や消費者教育の専門的人材等，立場によって異なることから，教育実践のドメインや消費者教育推進計画の策定等の消費者政策のドメインなどに分けたうえで，実践コミュニティ立ち上げの支援や，それを全国的な実践コミュニティとするための体制を整えるべきである。その場合，全国的な実践コミュニティのコーディネーターを担う人や組織のあり方についても慎重に検討すべきであろう。また，優れた実践コミュニティの活動を表彰する制度等を創設して物象化し，その取り組みの輪を一層広げていくことも重要であろう。

第4節　「海外比較」の観点から

1．国の教育行政への期待

　世界各国において，消費者教育が消費者行政と教育行政の協働のもとに行われていることから，そこに組織間の調整が生じ，阻害要因になるリスクを

---

5)　Wenger et al.（2002）304頁。

抱えていることが明らかになった。そこで地方分権が進むスウェーデンの事例を見ると，消費者教育の主たる責任主体は教育行政にあり，カリキュラムの中で，消費者として，市民として身に付けるべき基本的な事項を小学校の段階から学習している様子を見た。

このように考えると，2017年3月に告示された小中学校の学習指導要領では，家庭科や社会科等にちりばめられた，これまで通りある意味「縦割り」の学習を行うとともに，それらを教員のカリキュラムマネジメント力を通じて，「どのように社会・世界と関わり，よりよい人生を送るか（学びに向かう力，人間性等）」という観点を子どもたちに身に付けさせようとする形式である。まさに教員が子ども達の学習にかかわる実践コミュニティのコーディネーターになることから，教員に対する負担は一層増加しよう。この状況に対して，どのような支援ができるのか，早急に検討する必要があろう。

また，SDGs（持続可能な開発目標）の課題解決に向けた取り組みは相互に関連しており，教育行政のリーダーシップにおいて消費者教育も含めた関連教育の実践コミュニティが構築されることを期待したい。教育現場では，消費者教育を新たな教育課題と捉えることが多く，その場合には，実践に時間的な余裕がないという反応となる。そのため，公正で持続可能な社会を創るために，誰もが当事者である「消費者」の側面から課題を発見し，解決方法を探ることにより，消費者教育が特別なことではなくなるはずである。また，関連教育との相互交流ができる実践コミュニティができることにより，既存の教育内容の共通性や相違点を確認し，限られた人材が効果的に機能するようになるだろう。

2．持続可能な社会を目的とした実践コミュニティ型組織の構築

スウェーデンの地方自治体のなかには，硬直的な縦割りを乗り越えるための工夫として，組織を超え，専門性を持った人と人が協働できる仕組みとして「実践コミュニティ」が生まれやすい組織のあり方を見た。つまり，既存の組織の枠組みを超えて，消費者教育の実践のために，組織の中に部署として実践コミュニティを作るという考え方である。

第8章　本書の実践的意義　　235

スウェーデンの場合には，対消費者，市民に対して，アドバイスをする窓口に，消費者アドバイザー，エネルギーアドバイザー，家計カウンセラーが存在し，ひとりの市民に対して，各人の専門性を通じて異なったサービスを提供する。すなわち，組織が何を目指すのか，その目的のもとに組織を形成するのである。

例えば日本でも，岡山市では持続可能な開発のための教育の10年の大会を成功させるために，市役所内にESD推進局があった。もともとは，環境政策課から生まれたものであり，環境政策課は現在も教育機能を残しつつ，固有の事業を行っている。

現在，ESD推進局はESD推進課として，学校や公民館と協働のもと，持続可能な開発のための教育（Education for Sustainable Development）を行っている。これは，消費者教育が公正で持続可能な社会の参加を目指す消費者の育成を目指す方向と重なるものであるため，岡山市の場合には，消費者行政担当課が策定中の消費者教育推進計画のなかでも，ESD推進課との協働のもと，消費者市民社会概念の普及を行う予定だという[6]。

今後，わが国においても，公正で持続可能な社会をつくることを目的にした関連教育が一つにまとまり，その実践コミュニティのなかで消費者教育を展開していくことが求められよう。このことは，消費者行政で消費者教育の担い手として位置づけられる消費生活相談員が，消費生活相談という固有の専門性を活かして学校現場等とかかわりをもつことを可能にする。消費者教育に関連する講師が実践コミュニティを作り，相互にどのような講義を行っているのか，意見交換する場があることによって，連携・協働の可能性も生まれてくると考えられよう。

以上，見てきたように，地方自治体において教育行政との阻害要因を乗り越えて消費者教育を推進していくためには，これまで非公式で偶発的な取り組みとされてきた実践コミュニティを可視化し，その所在と関与のあり方を明確にするとともに，専門性をもった人が組織を乗り越えるための政策を充実していくべきである。

---

6) 行政職員に対するヒアリングによる（2016年6月9日）。

終 章

　本書では，消費者市民社会の構築に向けてその推進主体となる地方自治体の消費者教育推進のあり方に着目して多面的に検討し，消費者教育を受ける権利を阻害する要因を明確にした上で，その先行モデル分析の成功要因から改善策について明らかにすることを目的として論じてきた。その背景には，序章で述べた通り，消費者教育推進法の理念に基づいて全国各地で推進していくためには，従前の消費者教育の内容および推進体制の大転換が必要とされており，これを地方自治体において実現していくための具体的な改善策が不可欠であると考えたためである。

　その結果，第1章では本書の位置づけ，第2章では歴史的な視点を踏まえて先行研究を検討し，地方自治体における消費者教育推進の最大の阻害要因を「消費者行政と教育行政の縦割り行政」であることを特定した。また，その阻害要因の改善策を提示するため，第3章では，1991年にLave and Wengerが提唱した「実践コミュニティ」概念について，先行研究から援用可能性を検討し，それを踏まえて第3章第4節で3つのリサーチクエスチョン（RQ）を設定した。

　第4章では，地方自治体の消費者教育推進体制の人的構成に関するRQ1を設定し，都道府県，政令市，県庁所在市のアンケート調査分析によりその特徴を明らかにした。地方自治体では，消費者行政職員，消費生活相談員，それ以外に消費者教育を専門的に行う人材も2010年以降に配置されつつあったが，地方自治体によって格差が大きいことが明らかとなった。また消費者教育の専門的人材は，そのバックグラウンドによって役割が異なっていること，消費者行政職員や消費生活相談員の体制が充実している自治体ほど，配置される傾向にあることも分かった。また，地方自治体の消費者行政職員

237

の最大の課題は，「教育現場や教育委員会との連携が困難」であることを挙げており，今日においても最大の阻害要因であることが実証された。

第5章では，先行モデルの成功要因に関するRQ2を設定し，教育行政との関係を構築し，学校現場で消費者教育の実践が先行的に広がっている中核市，政令市の2自治体を取り上げて，実践コミュニティ概念を用いた事例検証を行った。分析の視点として，①実践コミュニティの「所在」，②意味の交渉による物象化の形（共有レパートリー），③実践コミュニティへの「関与」という点から，先行事例の成功要因を導いた。すなわち，**図表51**に示す通り，消費者行政と教育行政がつながる段階，地方自治体で消費者教育の実践を広げる段階の2つのパターンによって，実践コミュニティ概念を用いた改善策を示すことができた。

第6章では，行政組織間の縦割りを乗り越え，消費者教育を充実させる方法としてRQ3を設定し，諸外国の消費者教育の推進，なかでも消費者市民社会概念が広がり，地方自治が進むスウェーデンに着目して検討を行った。その結果から，第一に国レベルで教育行政が主導的な役割を果たすことや，第二に消費者市民社会の実現という目的のために，専門性を持った人材により実践コミュニティが形成できるよう目的型の行政組織を作ることの有用性が示された。

以上の検討内容に基づき，第7章では本書の理論的意義について述べた。本書の理論的意義は，これまで地方自治体における消費者教育の推進において看過されていた消費者行政と教育行政の縦割りをいかに乗り越え，学校における消費者教育の実践を充実させることができるか，そのモデルを提示したことである。なかでも，公式の組織間のつながりが困難な状況において，非公式な人の多重成員性によるつながりが成功要因として重要な意味を持つことを指摘し，その関与のあり方について実践コミュニティ概念を援用して具体的な方策を提示することができたことである。

第8章では理論的意義を踏まえて，地方自治体における消費者教育を推進するための改善策を実践的意義として政策提言にまとめた。なかでも，教育行政や学校現場の成員性を消費者行政に持たせるための人事異動のあり方や，教員OBの消費者教育コーディネーターの配置，教員等の担い手による実践

コミュニティ＝「場」づくりと，それを育むコーディネーターのあり方等について具体的に提言を行った。

　序章で述べたように，消費者教育とは，消費者自らが権利の主体であることを認識して行動できるとともに，公正で持続可能な社会の実現に向けて消費者としての役割を果たすことができる資質の育成である。消費者教育を通じて育む主体形成は，社会経済環境によって影響を受ける側面が強く，それ故に消費者教育の内容そのものが時代を経て変容する可能性があるが，まずはそれを享受できる機会を確保することが必要である。本書を通じて特定した阻害要因「消費者行政と教育行政の縦割り行政」を改善策によって乗り越えることを通じて，全国各地に消費者市民を育む素地ができ，消費者市民社会の形成につながっていくものと考えることができよう。

　以上のように，本書では全国各地で消費者教育を推進するための地方自治体のあり方を論じることに主眼を置いてきたわけであるが，最後に残された課題について述べる。

　第一に，本書では消費者教育を消費者政策の一つとして，政策学の立場から論じるものであり，消費者教育の理論究明としての教育論の展開が充分にできていない。今後例えば，民法改正による成年年齢引下げによる消費者被害の拡大と若年層の消費者教育の充実，国連SDGs（持続可能な開発目標）と消費者市民社会およびエシカル消費の一層の普及といった具体的な課題に即した消費者教育の実践論，消費者教育の教育学における定位，学習指導要領における扱い，法教育や環境教育等の関連教育との関わりについての理論研究など，教育学的アプローチも非常に重要であるが，あえて本書では教育学的アプローチではなく，先に政策学的アプローチを重視した。なぜなら，2012年に制定された，他国に類を見ない消費者教育推進法をもってしても，全国各地への消費者教育の一律の展開は容易ではなく，消費者一人ひとりの行動によって社会変革を目指す消費者市民社会概念の実現のためには，消費者教育を受ける権利を享受できる環境整備から検討すべきではないかと考えたためである。しかし今後，消費者教育のあり方によっては推進方法が異なることも想定されることから，理論究明との両輪で研究を進めていく必要が考えられる。この点においては，これからの課題としたい。

終章　239

第二は，消費者教育は幼児期から高齢期まで発達段階に応じて行われるものだが，本書では行政を中心とした学校における消費者教育に焦点を当てており，地域における消費者教育の担い手によるダイナミックな関係性まで論じることができなかった。本書で学校における消費者教育を中心に論じた理由は，発達段階における適宜性，機会の平等性という観点から特に重要な時期であるにもかかわらず，そこにおける消費者教育の実践が特に不十分ではないか，という問題意識による。しかし地域には，消費者市民社会形成に向けて，消費者団体，企業関係者，法曹関係者等の多様な主体が存在し，消費者教育の推進を行っている実態もある。この活動は行政が主体となって「消費者教育」として行うものから，実質的に行っている活動が消費者としての学びになっているケースまで多様である。特に，「学習」を個人の知識の獲得（内化）の過程として捉える伝統的な考え方を批判し，学習が「実践コミュニティ」への「参加」によって実践されるものとして説明される[1]Lave and Wenger（1991）の状況論的学習観に立てば，地域の課題解決に向けて活動する団体や個人など，消費者教育の活動を通じて学習していると考えることができる。今後は，本書で用いた学習理論である「実践コミュニティ」概念を援用して，地域における消費者教育を様々なステークホルダーとの関係から空間構造的に論じ，さらなる展開の可能性について解明していくことが課題として残されている。

　第三は，政策学の立場をとりつつも，政策評価については論じることができなかった点である。消費者教育の政策評価は，消費者庁消費者教育推進会議でも課題として挙げられながらも，未だその具体的な内容は明示されていない。地方自治体にとって，消費者教育推進計画を策定する上で，政策の実施とその効果測定は一体的なものであり，喫緊の課題である。今回は先行事例分析として2自治体からその成功要因を導出したが，今後はその分析の対象を広げて事例を積み重ね，政策評価の検討につなげていくことが残された課題である。

　上記に示した研究を重ねつつ，全国各地で消費者市民を育む消費者教育政

―――――――――――――――――――――

1)　樋口（2015）76頁。

策が実現するように理論研究と実践を両輪として行い，「実践知」を重ねて
いくことが必要であろう。

引用および参考文献

青木栄一（2013）『地方分権と教育行政――少人数学級編制の政策過程』勁草書房

――（2015）「教育行政の専門性と人材育成――信頼低下がもたらす制度改革」，日本行政学会編『行政の専門性と人材育成』ぎょうせい，24-56 頁

秋朝礼恵（2006）「福祉国家の教育制度に関する一考察――スウェーデン社会における人的資源育成システム」『社学研論集』Vol. 8，195-210 頁

秋吉貴雄・伊藤修一郎・北山俊哉（2016）『公共政策学の基礎』有斐閣ブックス

アグネ・グスタフソン（2000）『スウェーデンの地方自治』岡沢憲芙監修／穴見明訳，早稲田大学出版部

浅野由子（2007）「持続可能な社会を目指す地方自治体の幼稚園における環境教育に関する比較研究」『日本女子大学大学院紀要　家政学研究科・人間生活学研究科』第 14 号，9-20 頁

――（2013）「日本とスウェーデンの「持続可能な社会」を目指す幼児期の「環境教育」の意義――〈5 つの視点の環境認識論モデル〉を通して」

――（2013）「日本の持続可能な開発の為の教育（Education for Sustainable Development: ESD）の実態と課題について――スウェーデンとの比較から」『日本女子大学大学院紀要　家政学研究科・人間生活学研究科』第 19 号，11-16 頁

――・定行まり子・小池孝子・近藤ふみ・須郷詠子（2014）「持続可能性の為に必要な子どもの環境（人的・物的環境）とは，何か？」『日本女子大学大学院紀要家政学研究科・人間生活学研究科』第 20 号，9-19 頁

浅山章（2009）「どう取り組む地方消費者行政　カネ・人・経験…乏しい資源の生かし方」『日経グローカル』No. 133，8-23 頁

足立幸男（2009）『公共政策学とは何か』ミネルヴァ書房

アーネリンドクウィスト・ヤンウェステル（1997）『あなた自身の社会――スウェーデンの中学教科書』川上邦夫訳，新評論

阿部信太郎（2015）「日本における消費者教育論の草創・発展期の研究」『城西国際大学紀要』第 23 巻，第 1 号，経営情報学部，31-45 頁

アメリカ家政学研究会編著（2006）『20 世紀のアメリカ家政学研究』家政教育社

新井一郎・澤村明（2008）「地方公務員の人事異動と昇進構造の分析」『新潟大学経済論集』85 号，149-177 頁

荒木淳子（2007）「企業で働く個人の「キャリアの確立」を促す学習環境に関する研究――実践共同体への参加に着目して」『日本教育工学会論文誌』31(1)，15-27

頁

―― (2009)，「企業で働く個人のキャリアの確立を促す実践共同体のあり方に関する質的研究」『日本教育工学会論文誌』33(2)，131-142 頁

池本誠司（2013）「地方消費者行政充実の取組と消費者教育推進法の課題」『消費者法ニュース』No. 95，33-35 頁

石井寛治・原朗・武田晴人（2010）『日本経済史6　日本経済史研究入門』東京大学出版会

石川聡子・前馬彰策（2014）「自治体における学校版環境マネジメントシステムの評価」『大阪教育大学紀要　第Ⅳ部門』第63巻，第1号，11-20 頁

石川義憲（2007）「日本の地方公務員の人材育成」財団法人自治体国際化協会・政策研究大学院大学比較地方自治研究センター，1-31 頁

石山恒貴（2010）「組織内専門人材の専門領域コミットメントと越境的能力開発の役割」『イノベーションマネジメント』No. 8，17-36 頁

―― (2013a)「地域活性化における実践共同体の役割―― NPO 2法人による地域の場づくりに向けた取組事例」『地域イノベーション』第6号，63-75 頁

―― (2013b)「実践共同体のブローカーによる，企業外の実践の企業内への還流プロセス」『経営行動科学』第26巻第2号，115-132 頁

―― (2013c)「組織内専門人材のキャリアと学習――組織を越境する新しい人材像」日本生産性本部生産性労働情報センター

―― (2016)「企業内外の実践共同体に同時に参加するナレッジ・ブローカー（知識の仲介者）概念の検討」『経営行動科学』第29巻第1号，17-33 頁

――・山下茂樹（2017）「戦略的タレントマネジメントが機能する条件とメカニズムの解明――外資系企業と日本企業の比較事例研究」『日本労務学会誌』第18巻第1号，21-43 頁

―― (2018)『越境的学習のメカニズム――実践共同体を往還しキャリア構築するナレッジ・ブローカーの実像』福村出版

夷石多賀子（2008）「市場メカニズム重視社会における地方消費者行政の一考察――「協働行政」の提唱を中心に」一橋大学大学院法学研究科（博士論文）

井田敦彦（2013）「地方公務員制度――国家公務員との比較の観点から」『調査と情報』777 号，1-10 頁

伊藤和良（2000）『スウェーデンの分権社会――地方政府ヨーテボリを事例として』新評論

伊藤修一郎（2011）『政策リサーチ入門――仮説検証による問題解決の技法』東京大学出版会

伊藤崇・藤本愉・川俣智路・鹿島桃子・山口雄・保坂和貴・城間祥子・佐藤公治（2004）「状況論的学習観における「文化的透明性」概念について―― Wenger の学位論文とそこから示唆されること」『北海道大学大学院教育学研究科紀要』第93号，81-157 頁

稲継裕昭（2011a）「都市自治体行政における「専門性」，都市自治体行政の「専門性」——総合行政の担い手に求められるもの」日本都市センター

——（2011b）「「専門性」を有した自治体職員の育成と，自治体間移動の可能性，都市自治体行政の「専門性」——総合行政の担い手に求められるもの」日本都市センター

——（2016）『自治体ガバナンス』放送大学教育振興会

井上直己（2012）「改正「環境教育等促進法」のポイント」『環境教育』日本環境教育学会，VOL. 21-2，43-46頁

井上昌幸（2016）「地域連携担当教職員制度を通した社会教育行政の新展開——その仕掛け方と施策の方向性」『社会教育』839，16-26頁

今井光映・中原秀樹（1994）『消費者教育論』有斐閣

——（1995a）『アメリカ家政学現代史（I）人間生態学〜家族・消費者科学』光生館

——（1995b）『アメリカ家政学現代史（II）コンシューマリズム論〜ホリズム論』光生館

色川卓男（2004）「日本における消費者教育の歴史的評価と今日的課題——国の消費者行政による消費者教育施策の歴史からみる」『静岡大学教育学部研究報告（人文・社会科学篇）』第54号，175-189頁

——（2007）「規制改革と地方消費者行政の変容——消費生活センターの民間委託を中心に」『生活経済研究』No. 25，65-79頁

——（2010a）「政令指定都市における消費者行政の実態と課題」『生活経済学研究』No. 31，13-31頁

——（2010b）「政令指定都市における消費者教育・啓発施策の実態と課題」『国民生活』国民生活センター，20-23頁

——（2012a）「全国主要都市における消費者行政の実態と課題」『生活経済学研究』No. 35，17-33頁

——（2012b）「全国主要都市における消費者教育・啓発施策の実態と課題」『消費者教育』31冊，103-111頁

——（2014）「地方消費者行政評価指標による実態把握の試み——静岡県内市町の消費者行政調査を事例にして」『消費者教育』34冊，1-10頁

——（2015）「消費者市民社会の形成に向けた消費者教育——展望と課題」『国民生活』2015年3月，1-4頁

——（2016）「消費者教育の射程とその課題」『現代消費者法』No. 33，11-17頁

——・小谷茜・柏木沙紀（2014）「地方消費者行政の歴史的な推移に関する研究——福岡県，滋賀県を事例にして」『国民生活研究』第54巻第1号，147-162頁

——・小谷茜・柏木沙紀（2015）「地方公共団体における消費者教育施策の歴史的な推移に関する研究——福岡県，滋賀県，広島県を事例にして」『国民生活研究』第55巻第1号，50-110頁

——・梅田智子・佐々木愛矢（2016）「全国都道府県における消費者行政の実態と課

題」『国民生活研究』第 56 巻第 2 号, 75-100 頁

岩本論（2007）「「消費者の権利」と消費者行政の再構築」『佐賀大学経済論集』第 39 巻第 4・5 合併号, 221-246 頁

―― (2010)「「日本型」消費者市民社会と自治体を基点とする消費者教育の推進」『消費者法ニュース』No. 83, 314-316 頁

―― (2015)「消費者行政における意識と組織の課題――消費者安全法の改正にあたって」『消費者法ニュース』No. 102, 231-233 頁

岩本泰（2012）「「環境人材」育成を志向する地域環境教育の可能性」『東海大学教養学部紀要』第 43 輯, 1-13 頁

植苗竹司（1995a）「消費者教育(1) ――消費者市民学の形成を目指して 1 消費者教育の意義」『自治研究』第 71 巻, 第 6 號, 3-14 頁

―― (1995b)「消費者教育(2) ――消費者市民学の形成を目指して 2 消費者教育の構造」『自治研究』第 71 巻, 第 7 號, 21-33 頁

―― (1995c)「消費者教育(3) ――消費者市民学の形成を目指して 2 消費者教育の構造」『自治研究』第 71 巻, 第 11 號, 41-53 頁

―― (1996a)「消費者教育(4) ――消費者市民学の形成を目指して 3 消費者をめぐる最近の主要な課題」『自治研究』第 72 巻, 第 7 號, 60-84 頁

―― (1996b)「消費者教育(5) ――消費者市民学の形成を目指して 4 日本消費者教育小史」『自治研究』第 72 巻, 第 8 號, 48-62 頁

―― (1998a)「消費者教育(6) ――消費者市民学の形成を目指して 5 諸外国における消費者教育」『自治研究』第 74 巻, 第 7 號, 28-44 頁

―― (1998b)「消費者教育(7) ――消費者市民学の形成を目指して 6 消費者教育の政策課題」『自治研究』第 74 巻, 第 8 號, 3-18 頁

―― (1998c)「わが国における消費者教育の現状と課題」『繊維製品消費科学』Vol. 39, No. 9, 550-555 頁

植野昭（1976）「家庭科教育と消費者教育――自治体発行の「消費者教育」副読本（参考資料）を中心として」『神戸大学教育学部研究集録』第 55 集, 19-36 頁

上野直樹・ソーヤーりえこ（2006）『文化と状況的学習――実践, 言語, 人工物へのアクセスデザイン』凡人社

―― (2009)「実践共同体のマテリアリティと構造化された資源――状況的学習論の観点」『組織科学』第 43 巻 1 号, 6-19 頁

宇賀克也（2013）「地方消費者行政の充実・強化に向けて」『自治研究』第 89 巻, 第 12 号, 3-25 頁

薄井和夫（2010）「マーケティング現場における状況特異論的知識――関連性理論および実践コミュニティ論の検討」『同志社商学』第 61 巻第 6 号, 98-114 頁

―― (2013)「「実践としてのマーケティング」研究と実践コミュニティ――「実践論的転回」によせて」『商學論纂』54(5), 165-205 頁

内山融・伊藤武・岡山裕（2012）『専門性の政治学――デモクラシーとの相克と和

解』ミネルヴァ書房

有働真太郎（2011）「教育行政の専門性概念に関する考察――地方における教育行政と一般行政との関係再構築の意味を中心に」『修文大学短期大学部紀要』第50集，1-6頁

ウンベルト・エコ（2006）『論文作法――調査・研究・執筆の技術と手順』谷口勇訳，而立書房

及川和久（2011）「消費者庁の発足と課題――国民生活センター一元化議論・地方消費者行政・消費者教育を中心として」『レファレンス』平成23年8月号，73-91頁

及川昭伍・田口義明（2014）『消費者事件　歴史の証言――消費者主権へのあゆみ』民事法研究会

大谷基道（2016）「都市自治体における「行政の専門性」――日本都市センターの調査研究成果をもとに」『都市とガバナンス』Vol. 26，114-134頁

太田肇（2013）「公務員の人事管理制度――二重比較からの考察」『日本労働研究雑誌』No. 637，48-55頁

大杉覚（2010）「自治体人事マネジメントと職員の「専門性」」『地方公務員月報』2-17頁

大野田良子・柿野成美（2015）「小学校における消費者教育推進の現状と課題――A市の教員調査の分析を通して」『消費者教育』第35冊，97-106頁

大橋照枝（2008）「消費社会論の視点から持続可能な地球社会の構成員として“生活者”のあり方を展望する」『麗澤学際ジャーナル』Vol. 16，No. 2，23-34頁

大原明美（2001）「21世紀の新しい消費者教育――ヨーロッパの消費者教育における“倫理の扱い”を通して」『消費者教育』第21冊，109-116頁

―――（2005）「消費者教育第3フェーズにおけるパイロット・ロールとしての「北欧型」消費者教育に関する研究――学校における消費者教育を対象として」金城学院大学（博士論文）

―――（2010）「ヨーロッパにおけるコンシューマ・シティズンシップ教育に関する考察――高等教育向けガイドラインの分析からの示唆」『消費者教育』第30冊，1-12頁

小川洋子（2016）「消費者教育コーディネーターがつなぎ広げる学校との連携」『消費者教育研究』176号，10-11頁

小木紀之（1999）「地方消費者行政推進の現状と検討課題」『研究所報』名古屋経済大学消費者問題研究所，第21号，1-13頁

―――編（1998）『消費者問題の展開と対応』放送大学教育振興会

―――（2005）「消費者の権利実現のための消費者教育」『国民生活』第35巻，第5号

奥谷めぐみ・鈴木真由子（2010）「アメリカ・EU・東アジアの消費者教育と日本の課題」『大阪教育大学紀要第V部門』第59巻，第1号，51-69頁

―――（2014）「家庭科教師の学校消費者教育実践の現状と充実に向けた課題に関する

研究」東京学芸大学（博士論文）

奥田美代子・谷村賢治編（2000）『生涯消費者教育論——生活の安全保障を考える』晃洋書房

小田博志（2010）『エスノグラフィー入門——〈現場〉を質的研究する』春秋社

柿野成美（2004）「第13章　求められる消費者市民の育成——消費者教育の果たす役割」，（社）日本家政学会家庭経済学部会関東地区会編著『少子高齢社会と生活経済』建帛社，152-165頁

——（2005a）「消費者教育の自治体モデル上　講師養成講座」，（公財）消費者教育支援センター『消費者教育研究』No. 111，15-17頁

——（2005b）「消費者教育の自治体モデル下　関連機関のネットワーク」，（公財）消費者教育支援センター『消費者教育研究』No. 112，15-17頁

——（2006a）「第14章　消費者問題・消費者教育に関する研究の系譜」，アメリカ家政学研究会編著『20世紀のアメリカ家政学研究』家政教育社，114-121頁

——（2006b）「学校と地方消費者行政の連携——柏市消費生活センターの取組みから」『消費者教育研究』No. 119，1-3頁

——（2007）「第8章　地域行政と家庭経済——地方消費者行政の家庭経済支援」，（社）日本家政学会家庭経済学部会編著『規制改革と家庭経済の再構築』建帛社，105-116頁

——（2008）「消費者教育の担い手強化に向けた地方消費者行政の動き——地域で消費者教育を推進するために」『季刊家計経済研究』No. 78，31-40頁

——（2013a）「15. 推進法時代の消費者教育に関する情報提供の在り方」，消費者問題研究グループ（代表小木紀之）『消費者市民社会と企業・消費者の役割』中部日本教育文化会，155-163頁

——（2013b）「第1章　消費者市民の国際的潮流」，岩本諭・谷村賢治編著『消費者市民社会の構築と消費者教育』晃洋書房，3-20頁

——（2015）「基礎自治体における消費者教育推進の可能性——山形県米沢市への支援事業（平成26年度）から」，（公財）消費者教育支援センター」『消費者教育研究』No. 170，9-11頁

——・大野田良子（2015）「消費者教育推進法施行1年目にみる地方自治体の動向と今後の課題」『消費者教育』第35冊，63-73頁

——（2016a）「第5章　国・地方の消費者行政」，神山久美・中村年春・細川幸一編著『新しい消費者教育——これからの消費生活を考える』慶應義塾大学出版会，24-29頁

——（2016b）「地方消費者行政における消費者教育推進の人材に関する研究——質問紙調査にみる現状と課題」『消費者教育』第36冊，1-11頁

——（2016c）「地域における消費者教育の実践と課題——地域協議会・消費者教育コーディネーターを中心に」『現代 消費者法』No. 33，24-31頁

——（2017a）「第13章　地方行政論・地域政策論——「コーディネーター」が必要

とされる 2 つの理由」，西村隆男編著『消費者教育学の地平』慶應義塾大学出版会，243-265 頁

── (2017b)「地方消費者行政における消費者教育推進の人材に関する研究──制度の生成をめぐる歴史的検討から」『消費者教育』第 37 冊，33-43 頁

── (2017c)「第 3 章スウェーデン第 3 節国の消費者行政：消費者庁，第 4 節地方自治体における消費者行政」，（公財）消費者教育支援センター編著『海外の消費者教育──ノルウェー・スウェーデン』，42-64 頁

価値総合研究所 (2009)「消費者市民教育に関する諸外国の現状調査報告書」（内閣府請負事業）

神奈川県企画調整部消費生活課 (1976)「神奈川県消費者教育の歩み」（未定稿）

鎌田浩子 (2005)「21 世紀型消費者教育に関する研究──家庭科教育を中心として」日本女子大学博士学位論文

神山久美 (2012)「消費生活の専門家の育成に関わる集団の役割──公益社団法人日本消費生活アドバイザー・コンサルタント協会会員への調査から」『消費者教育』第 32 冊，153-162 頁

── (2015)「山梨県における消費者教育の現状──消費者教育推進法施行後の消費者政策」『消費者教育』第 35 冊，167-176 頁

──・中村利春・細川幸一 (2016)『新しい消費者教育──これからの消費生活を考える』慶應義塾大学出版会

河合亨 (2012)「学生の学習と成長に対する授業外実践コミュニティへの参加とラーニング・ブリッジの役割」『日本教育工学会論文誌』35(4)，297-308 頁

河上正二 (2012)「地方消費者行政の充実・強化」『ジュリスト』1444 号

── (2017)『消費者委員会の挑戦──消費者への安全・安心の処方箋を求めて』信山社

川口恵子 (2008a)「地方消費者行政の展開」長崎大学大学院生産科学研究科学位論文，13-68 頁

── (2008b)「地方消費者行政の創成期に関する一考察」『消費者教育』第 28 冊，51-58 頁

──・谷村賢治 (2007)「消費者行政の転換と課題──九州・沖縄の事例より」『消費者教育』第 27 冊，123-132 頁

川端良子 (1977)「学校における消費者教育──戦後教育の変遷との関連」『国民生活研究』第 17 巻，第 1 号，50-58 頁

── (1979)「学校における消費者教育──その現状と問題点」『国民生活研究』第 19 巻，第 3 号，1-12 頁

── (1980)「これからの消費者教育──生涯教育との関連」『国民生活研究』第 20 巻，第 2・3 合併号，95-101 頁

── (1981)「第 5 章　学校における消費者教育の現状と課題」，生命保険文化センター編『新しい消費者教育をもとめて』家政教育社，137-160 頁

環境市民（2013）「グリーンウォッシュをなくそう！2──イギリス，フランス，スウェーデン調査報告書」

君塚宏（1985）「消費者教育──理念と方向性の研究」『国民生活研究』第 25 巻，第 3 号，12-28 頁

木村清一（1993）「行政における消費者教育と教材制作の意義と課題── 2. 千葉県柏市の場合」，財団法人消費者教育支援センター『最新 消費者教育教材情報──教材情報研究開発委員会報告書』，19-25 頁

経済企画庁消費者行政課編（1973）『資料消費者行政（II）地方消費者行政』大蔵省印刷局

経済企画庁国民生活局消費者行政第一課・第二課編（1979）『消費者政策の展開』大蔵省印刷局

経済企画庁国民生活局消費者行政第一課（1987）『学校における消費者教育の新しい視点──市民社会における消費者教育へ』大蔵省印刷局

──（1988）『新しい消費者教育の推進をめざして』大蔵省印刷局

──（1990a）『新たな消費者教育の展開を目ざして──求められ始めた消費者教育への対応』第一法規出版株式会社

──（1990b）『消費者教育への提言』大蔵省印刷局

──（1997）『海外における消費者行政の動向──規制緩和と消費者行政』大蔵省印刷局

小板橋ひろみ（2012）「柏市消費者教育推進連絡会をご紹介します」『消費者教育研究』No. 155，8-9 頁

河野和清（2016）『現代の教育の制度と行政』福村出版株式会社

神戸市市民局（1989）「消費者教育のあり方について──消費者教育の内容の体系化を中心として」（消費者教育研究会報告）

国民生活審議会消費者政策部会（1994）「消費者行政問題検討委員会報告──今後の消費者行政の在り方について」

──（2003）『21 世紀型の消費者政策の在り方について』

国民生活研究所（1967）「消費者教育の意義と内容」『国民生活研究』VOL. 7，No. 5，6 月号，1-37 頁

国民生活センター（1974）『消費者教育の現状と課題』

──（1976a）『自治体における消費者教育の現状──消費生活センター講座を中心に』

──（1976b）『学校における消費者教育の実践例』

──（1977a）『消費者問題と消費者政策──消費者教育の体系化』

──（1977b）『学校教育における消費者教育』

──（1982）『消費生活センターにおける消費者教育の実態に関する調査』

──（1983a）『学校における消費者教育』

──（1983b）『消費者教育の現状と課題』

── (1991)『消費者情報および消費者学習機会の提供の現状』

国立国会図書館調査立法考査局 (1960)『ヨーロッパの消費者教育現状』

呉世煌 (1976)「日本における消費者教育論」, 中京大学『教育論叢』第17巻, 第3号

── (1983)「消費者教育発展史──戦後〜1960年代」『消費者教育』第1冊, 276-297頁

── (1984)「消費者教育発展史── 1970年〜1976年」『消費者教育』第2冊, 121-158頁

── (1985)「消費者教育発展史── 1977年〜1980年」『消費者教育』第4冊, 123-164頁

小高さほみ (2006)「教師の成長と実践コミュニティ──高校家庭科教師の事例を通して」お茶の水女子大学大学院博士学位論文

齋藤世利子 (2014)「柏市消費者教育推進連絡会の取組み〜消費生活センターと教育委員会の連携〜」『消費者教育研究』No. 167, 7-9頁

佐古井貞行 (1987)「消費者教育の性格をめぐって──体系化か個別実践か」『国民生活研究』第27巻, 第1号, 12-25頁

佐藤郁哉 (2015)『質的データ分析法』新曜社

佐原洋 (1980)「消費者教育の反省と再出発」『国民生活研究』第20巻, 第2・3合併号, 89-94頁

サラジェーム & トルビューン・ラーティー (2006)『スウェーデンの持続可能なまちづくり──ナチュラルステップが導くコミュニティ改革』高見幸子監訳・編著, 新評論

篠塚英子 (1989)『日本の雇用調整──オイルショック以降の労働市場』東洋経済新報社

島尻安伊子 (2012a)「「消費者教育推進法案」国会提出までの道のり (上)」『消費者教育研究』No. 153, 3-4頁

── (2012b),「「消費者教育推進法案」国会提出までの道のり (下)」『消費者教育研究』No. 154, 3-4頁

島田和夫 (2007)「自治体の消費者行政について──東京都を素材として」(「シンポジウム・消費者法における公私の協働」報告)『北大法学論集』57巻6, 2627-2692頁

── (2011)「東京都消費者行政の形成と展開」『東京経済大学現代法学会誌』第20号, 157-174頁

正田彬 (1983)「地方自治と消費者行政」,『事例・地方自治　第12巻　消費者問題』ほるぷ出版, 8-31頁

── (1989)『消費者運動と自治体行政』法研出版

── (2010)『消費者の権利 (新版)』岩波新書

消費者委員会 (2016)「若年層を中心とした消費者教育の効果的な推進に関する提言」

消費者教育支援センター（1993）「最新　消費者教育教材情報——教材情報研究開発委員会報告書」

——（1996）「消費者教育〈政策・答申〉資料」

——（2011）「海外の消費者教育 2011 ——韓国・スペイン・PERL」

——（2014）「海外の消費者教育——イギリス・フランス・国際機関」

——（2017a）「小学校消費者教育教材の調査・作成報告書」（浜松市平成 28 年度消費者教育教員支援プログラム開発業務）

——（2017b）「海外の消費者教育——ノルウェー・スウェーデン」

——（2017c）「姫路市ではなぜ消費者教育への取組が可能になったのか〜姫路市教育長中杉隆夫氏へのインタビューから」『消費者教育研究』185 号

消費者教育推進会議（2015）「消費者教育推進会議取りまとめ」

——（2016）「学校における消費者教育の充実に向けて」

——（2017）「第 2 期消費者教育推進会議取りまとめ——消費者市民社会の形成に向けて自覚し行動する消費者へ」

消費者教育を考える教員交流会編・東京都消費者センター監修（1989）「消費者教育キーワード 269」

消費者庁（2013）「地方公共団体における消費者教育の事例集」

——（2014）「ハンドブック消費者 2014」

——（2015）「改正消費者安全法の実施に係る地方消費者行政ガイドライン」

消費者問題研究会編（1988）『知っておきたい消費者行政——行政と事業者と消費者の責任』大蔵省印刷局

白井信雄（2015）「地方自治体の環境政策」，鷲田豊明・青柳みどり編『シリーズ環境政策の新地平 8　環境を担う人と組織』岩波書店，137-158 頁

新藤宗幸（2013）『教育委員会——何が問題か』岩波新書

杉澤経子編（2016）「多文化社会コーディネーターの専門職の知と専門性評価——認定制度の構築に向けて」東京外語大学多言語・多文化養育研究センター

鈴木賢志編訳（2016）『スウェーデンの小学校社会科の教科書を読む——日本の大学生は何を感じたのか』新評論

鈴木真由子・中村昌亮（2002）「消費生活センターにおける消費者教育資料の作成状況と課題」『国民生活研究』第 42 巻，第 2 号，35-46 頁

鈴木深雪（1997）「転換期における生涯学習と自治体の対応——生涯学習としての消費者教育」『国民生活』97/11 月号，8-14 頁

——（1999）『消費生活論——消費者政策』尚学社

スー・マクレガー（2004）「消費者教育とシティズンシップ教育の融合の論理的根拠について」小木紀之訳，『名古屋経済大学消費者問題研究所初報』第 26 号，131-143 頁

生命保険文化センター編（1981）『新しい消費者教育を求めて』家政教育社

孫英英・矢守克也・近藤誠司・谷澤亮也（2012）「実践共同体論に基づいた地域防災

実践に関する考察──高知県四万十町興津地区を事例として」『自然防災科学』J. JSNDS, 31-3, 217-232 頁

高木光太郎（1999）「正統的周辺参加論におけるアイデンティティ構築概念の拡張 ──実践共同体間移動を視野に入れた学習論のために」『東京学芸大学海外子女教育センター研究紀要』10, 1-14 頁

高橋義明（2010a）「消費者行政の今後── OECD 諸国の行政機関による組織経営から学ぶ」『ACAP 研究所ジャーナル』No. 3, 14-21 頁

──（2010b）「OECD 消費者教育政策勧告とわが国の消費者教育」『消費者教育研究』138 号, 8-9 頁

──（2013）「海外諸国における消費生活相談の実情」『国民生活研究』第 53 巻第 2 号, 33-66 頁

田中寿美子（1983）「地方自治体における消費者教育」『消費者教育』第 1 冊, 137-149 頁

田中菜採兒（2012）「地方消費者行政の経緯と現状」, 国立国会図書館『調査と情報』第 761 号

──（2014）「消費者教育の経緯と現状──消費者教育推進法施行を受けて」『調査と情報』第 818 号, 1-12 頁

田辺智子・横内律子（2004）「諸外国における「消費者の権利」規程」『調査と情報』

谷村賢治・宮瀬美津子（2000）「学校における消費者教育の歴史と現状」, 奥村美代子・谷村賢治編著『生涯消費者教育論──生活の安全保障を考える』, 149-162 頁

地方公務員制度調査研究会（1999）「地方自治・新時代の地方公務員制度──地方公務員制度改革の方向」

地方消費者行政推進本部制度ワーキング（2011）「地方消費者行政の充実・強化に向けた課題」

辻村貴洋（2008）「教育行政専門職と教育自治──現代教育行政改革の課題と研究動向」『北海道大学大学院教育学研究院紀要』第 104 号, 281-294 頁

鶴田敦子（1996）「消費者教育の動向と課題」『日本の科学者』vol. 31, No. 1, 38-42 頁

東京都教育委員会（1985）「消費者教育推進のための指導資料（中学校編）」

東京都消費生活対策審議会（1980）「消費者行政における情報活動と消費者教育に関する答申」

──（1985）「消費者行政における消費者教育関連事業の改善・強化等に関する答申」

東京都消費者センター運営委員会消費者教育専門調査委員会（1995）「東京都消費者センターの教育事業等のあり方について（報告）」

同志社大学大学院総合政策科学研究科編（2005）『総合政策科学入門　第 2 版』成文堂

徳舛克幸（2007）「若手小学校教師の実践共同体への参加の軌跡」『教育心理学研究』

55，34-47 頁

戸村宏一・半沢広志・安田憲司（1990）「自治体における消費者教育事業の連携の現状」『国民生活研究』第30巻，第1号，36-58 頁

内閣府（2009）『平成20年版国民生活白書，消費者市民社会への展望――ゆとりと成熟した社会構築に向けて』

内閣府消費者委員会（2013）「地方消費者行政専門調査会報告書」

―― （2016）「若年層を中心とした消費者教育の効果的な推進に関する提言」

―― （2017）「成年年齢引下げ対応検討ワーキング・グループ報告書」

内藤英二（1998）『スウェーデンの消費経済と消費者政策』文眞堂

永井健夫（2016）「社会教育の主要課題としての消費者教育―― 1960 年代前半の議論の検討」『山梨学院生涯学習センター紀要』第20号，105-121 頁

―― （2013）「日本の消費者教育政策における「消費者シティズンシップ」概念に関する考察―― McGregor の議論を手掛かりとして」『生涯学習・社会教育研究ジャーナル』生涯学習・社会教育研究促進機構，7，99-163 頁

中部絵美（2016）「消費生活センターが取り組む知的障害者向け講座」『消費者教育研究』3-6 頁

中嶋学（2002）「地方自治体における異動と人材育成に関する考察」『同志社政策科学研究』3(1)，345-357 頁

――・新川達郎（2004）「地方自治体における人事異動に関するアンケート調査報告」『同志社政策科学研究』5(1)，85-99 頁

――・――（2007）「地方自治体におけるキャリア形成――「ヨコ」のキャリアに焦点をあてて」『同志社政策科学研究』9(1)，51-60 頁

中西善信（2015）「実践共同体の次元と類型化」『日本労務学会誌』Vol. 16，No. 1，60-73 頁

西尾隆（2016）『現代の行政と公共政策』放送大学教育振興会

西尾勝（2001）『行政学』有斐閣

西村隆男（1989）「消費者教育における教員研修の現状と問題点」『国民生活研究』第29巻，第2号，20-33 頁

―― （1991）「消費者教育――その現状と課題」『ジュリスト』No. 979，33-38 頁

―― （1999）『日本の消費者教育』有斐閣

―― （2013）「消費者教育推進法の意義と消費者市民社会」『生活協同組合研究』Vol. 454，13-20 頁

―― （2015）「消費者教育推進法の法制化と今後の課題」『民事責任の法理（円谷峻先生古希祝賀論文集）』成文堂，777-797 頁

―― （2016）「制度としての消費者教育と消費者市民社会の形成」『現代消費者法』No. 33，4-10 頁

―― （2017）『消費者教育学の地平』慶應義塾大学出版会

日本消費者教育学会（1994）『新・消費者保護論――新しい消費者問題に向けて』光

生館

日本環境教育学会（2012）「改正「環境教育等促進法」をめぐって」『環境教育』
VOL. 21-2，47-54 頁

日本弁護士連合会消費者問題対策委員会消費者教育・ネットワーク部会（2009）「消
費者教育北欧視察報告書」

二ノ宮博（1997）「消費者教育の体系化と区市町村との連携に向けて」『国民生活』
97/11，24-30 頁

沼尾波子（2011）「地方消費者行政における県と市町村の役割分担——神奈川県の事
例を手掛かりに」『自治総研』通巻 397 号，20-41 頁

野々山宏（2013）「消費者教育推進法と求められる消費者の対応」『生活協同組合研
究』Vol. 454，21-30 頁

野本守利（2011）「地方消費者行政強化に向けた課題について」『国民生活研究』第
51 巻，第 1 号，53-75 頁

拝師得彦（2013）「地域から消費者行政を変えるために——「消費者市民サポー
ター」を各地域で育てよう」『消費者法ニュース』No. 97，47-51 頁

畑本裕介（2014）「社会福祉行政のパラダイム展開—— PA，NPM，NPG の各段階」
『山梨県立大学人間福祉学部紀要』Vol. 9，1-12 頁

浜松市消費者教育のあり方検討会（2014）「浜松市消費者教育のあり方検討会報告書」

浜松市（2016）「豊かな消費者市民都市をめざして 《浜松市消費者教育推進計画》
平成 28 年度〜平成 32 年度」

はやしいく（1985）「消費者教育の理念と方法——消費者行政の立場から」『消費者教
育』第 3 冊，57-72 頁

林奈生子（2013）『自治体職員の「専門性」概念——可視化による能力開発への展
開』公人の友社

原田政広（2012）「士別市における「消費生活行政」の取組み——「ハブコミュニテ
ィシステム」の推進」『国民生活研究』第 52 巻，第 3 号

半沢広志（1988）「地方自治体の消費者教育における消費生活センターの役割——消
費者講座調査を中心に」『国民生活研究』第 28 巻，第 2 号，1-18 頁

樋口一清（2007）「通商産業省の消費者行政の変遷とその役割」『日本消費者問題基礎
資料集成 6 政府関係資料 別冊解題・資料』すいれん舎，5-12 頁

——（2009）「地方消費者行政のあり方を考える——長野県消費生活条例の制定を巡
って」『信州大学経済学論集』第 60 号，55-68 頁

——・白井信雄編著（2015）『サステイナブル地域論——地域産業・社会のイノベー
ションをめざして』中央経済社

久隆浩（2011）「地域分権に対する行政の関与のあり方に関する考察」『近畿大学総合
社会学部紀要』第 1 巻第 1 号，35-42 頁

平井竜一（2013）「自治体におけるコーディネーターの必要性とその役割——逗子市
の事例から」，東京外国語大学多言語多文化教育研究センター『シリーズ多言語

多文化協働実践研究 17』，46-56 頁

平出美栄子（2015a）「実践コミュニティ概念の検討──経営・マーケティングへの適用のために」『経済科学論究』埼玉大学経済学会，第 12 号，53-65 頁

──（2015b）「開業助産院における経営・マーケティングの研究──助産院と消費者としての助産婦の定量的調査および実践コミュニティ概念に基づくアントレプレナーシップの実態分析」埼玉大学大学院経済学科研究科（博士学位論文）

福頼尚志（2017）「自治体における消費者市民教育の優先順位」『消費者教育』第 37 冊，1-10 頁

藤田由紀子（2004）「行政組織における専門性──食品安全委員会を素材として」『季刊行政管理研究』No. 108，9-19 頁

──（2008）『公務員制度と専門性──技術系行政官の日英比較』専修大学出版局

──（2015）「政策的助言・政策形成の専門性はどこまで定式化できるのか？──英国公務員制度改革におけるポリシー・プロフェッションの創設」，日本行政学会編『行政の専門性と人材育成』ぎょうせい，2-23 頁

古谷由紀子（2016）「持続可能な社会における消費者政策の新たな枠組みとは──「現代の消費者主権」にもとづいて」中央大学大学院総合政策研究科総合政策専攻（博士論文）

──（2017）『現代の消費者主権──消費者は消費者市民社会の主役となれるか』芙蓉書房出版

ペネロピ・フランクス，ジャネット・ハンター編（2016）『歴史のなかの消費者──日本における消費と暮らし 1850-2000』中村尚史・谷本雅之監訳，法政大学出版局

北欧閣僚協議会編（2003）『北欧の消費者教育──「共生」の思想を育む学校でのアプローチ』大原明美訳，新評論

星浩（1983）「消費者教育を義務教育の場に＝長野県」『事例・地方自治　第 12 巻　消費者問題』監修 辻清明，責任編集 正田彬，ほるぷ出版，267-280 頁

細川幸一（2007）『消費者政策学』成文堂

──（2013）「消費者教育推進法制定の経緯とその課題」『市民と法』No. 79，81-89 頁

松尾睦（2009）『学習する病院組織──患者志向の構造化とリーダーシップ』同文舘出版株式会社

松本雄一（2009）「「自治体マイスター制度」における技能伝承についての研究──「実践共同体」概念をてがかりに」『日本労務学会誌』11(1)，48-61 頁

──（2012a）「実践共同体の学習が現場組織にもたらす影響についての研究──「学習療法」の普及の事例から」『経営行動科学学会年次大会：発表論文集』第 15 巻，307-312 頁

──（2012b）「二重編み組織についての考察」『商学論究』関西学院大学，59(4)，73-100 頁

――（2012c）「実践共同体概念の考察――3 つのモデルの差異と統合の可能性について」『商学論究』関西学院大学，60（1-2），163-202 頁

――（2013a）「「学習する組織」と実践共同体」『関学論究』関西学院大学，61(2)，1-52 頁

――（2013b）「実践共同体における学習と熟達化」『日本労働研究機構』55(10)，15-26 頁

――（2015a）「生涯学習論と実践共同体」『商学論究』関西学院大学，62(4)，51-98 頁

――（2015b）「実践共同体の形成と技能の学習――陶磁器産地における 2 事例をてがかりに」『ナレッジマネジメント研究』13，1-17 頁

――（2015c）「実践共同体構築による学習についての事例研究」『組織科学』Vol. 49，No. 1，53-65 頁

――（2017）「実践共同体概念についての一考察―― E. Wenger の実践共同体論を読み解く」『商学論究』関西学院大学，64(3)，347-409 頁

松本有二（2016）「組織と社会関係資本――人のつながりが組織に及ぼす影響とその調査研究の意義について」『立命館経営学』第 54 巻第 5 号，109-122 頁

松葉口玲子（1997）「「持続可能な消費」のための消費者教育に関する研究――非営利セクターの役割を考慮にいれて」昭和女子大学大学院生活機構研究科生活機構学専攻（博士論文）

――（2016）「〈新しい能力〉と「消費者市民」時代における消費者教育再考――環境教育／ESD の動向を射程に入れて」『消費者教育』第 36 冊，13-21 頁

松原悠（2012）「学習指導要領の法的拘束力に関する諸説とその共通点」『教育制度研究紀要』7 号，81-94 頁

真山達志（2005）「第 4 章 自治体の変容と公共政策」，同志社大学大学院総合政策科学研究科編『総合政策科学入門 第 2 版』成文堂，67-87 頁

――（2016）『政策実施の理論と実像』ミネルヴァ書房

丸山千賀子（2010a）「欧州委員会による消費者教育政策の理念と実践」『生活協同組合研究』，57-66 頁

――（2010b）「海外の消費者団体の活動状況と日本の課題――国際消費者機構，Which ？を中心に」『国民生活研究』第 50 巻第 1 号，32-46 頁

御船美智子・上村協子（2001）『現代社会の生活経営』光生館

宮坂広作（1983）「社会における消費者教育――社会教育のあり方をラディカルに問いかえす消費者教育」『消費者教育』第 1 冊，122-136 頁

――（1985）「消費者教育の概念・理念と実践――消費者教育論序説」『東京大学教育学部紀要』第 25 巻，151-180 頁

――（1992）「消費者問題と消費者教育の課題」『都市問題研究』44(10)，30-42 頁

――（1995）『消費者教育読本シリーズ No. 2 消費者教育の現代的課題――原理と実践の諸問題』株式会社たいせい

―― (1998)「消費者教育の現状と課題」『ジュリスト』No. 1139，143-148 頁

宮崎文彦（2009）「「新しい公共」における行政の役割―― NPM から支援行政へ」『千葉大学公共研究』第 5 巻，第 4 号

村上弘・佐藤満（2016）『よくわかる行政学　第二版』ミネルヴァ書房

村上裕介（2016）「教育委員会事務局職員の専門性と人事・組織――全国調査の結果から」『東京大学大学院教育学研究科教育行政学論叢』第 36 号，73-75 頁

森元誠二（2017）『スウェーデンが見えてくる――「ヨーロッパの中の日本」』新評論

文部科学省（2011）「大学等及び社会教育における消費者教育の指針・消費者教育に関する取組状況調査」

―― (2011)「消費者教育の施行的実施による効果検証のための調査研究」

―― (2014)「地域における様々な主体の連携と協働を目指して――平成 25 年度「連携・協働による消費者教育推進事業」を踏まえて」

―― (2017)「平成 28 年度消費者教育に関する取組状況調査報告書」

文部科学省消費者教育推進委員会（2013）「地域における消費者教育実践のヒント集」

安田憲司（2001）「消費者教育――消費者市民をいかに支援するか」『都市問題研究』第 53 巻，第 7 号，86-98 頁

―― (2007)「自己責任時代における消費者の自立支援」『国民生活』30(7)，6-9 頁

山崎進（1968）「消費者教育の進め方」『国民生活研究』7(4)，24-31 頁

山田博文・前田裕貴（2012）「日本の消費者教育の歴史と課題」『群馬大学教育学部紀要　人文・社会科学編』第 61 巻，65-77 頁

山田三矢・代田剛彦編（2012）『地方自治論』弘文堂

山土井芳子（1993）「行政における消費者教育と教材制作の意義と課題―― 1.　東京都の場合」，財団法人消費者教育支援センター『最新 消費者教育教材情報――教材情報研究開発委員会報告書』，11-18 頁

米川五郎（1991）「消費者教育の現状と課題――様々な領域における消費者教育活動」『社会教育』Vol. 46-9，56-75 頁

ヨーラン・スバネリッド，鈴木賢志＋明治大学国際日本学部鈴木ゼミ編訳（2016）『スウェーデンの小学校社会科の教科書を読む――日本の大学生は何を感じたのか』新評論

鷲田豊明・青柳みどり編（2015）『シリーズ環境政策の新地平 8　環境を担う人と組織』岩波書店

Brown, J. S. and Duguid, P. (1991), Organizational Learning and Communities-of-Practice: Toward a unified view of working, Learning, and Innovation, *Organization Science*, 2(1), 40-57.

Jim Davies (2009), Entrenchment of New Government in Consumer Policy Formation: A Platform for European Consumer Citizenship Practice?, *Consumer Policy*, 32:. 245-267.

Lave, J. and Wenger, E. (1991), *Situated Learning: Legitimate Peripheral Participa-*

tion. Cambridge: Cambridge University Press.（[1993]『状況に埋め込まれた学習—正統的周辺参加』佐伯胖訳，産業図書）

McDermott. R.（1999），Learning Across Teams. *Knowledge Management Review*, Vol. 8, 32-36.

OECD（2009a），*Promoting Consumer Education: Trends, Policies and Good Practices.*

—（2009b），*CONSUMER EDUCATION: Policy Recommendations of the OECD'S Committee on Consumer Policy.*

Victoria W. Thoresen（2005），*Consumer Citizenship education Guidelines*, Vol. 1. *Higher Education*, The Consumer Citizenship Network.

Wenger, E.（1998），*Communities of Practice: Learning, Meaning, and Identity.* Cambridge: Cambridge University Press.

Wenger, E.（1999），*Communities of Practice the Key to a Knowledge Strategy, Knowledge Directions*, Vol. 1, No. 2, 48-63.

Wenger, E., McDermott, R. and Snyder, W. M.（2002），*Cultivating Communities of Practice.* Boston, MA: Harvard Business School Press.（[2002]『コミュニティ・オブ・プラクティス——ナレッジ社会の新たな知識形態の実践』野村恭彦監修・櫻井祐子訳）

あとがき

　本書は，法政大学学位論文「地方自治体における消費者教育推進の阻害要因と改善策に関する研究」を 2018 年度法政大学大学院博士論文出版助成金を受けて出版するものである。

　20 年間にわたり筆者が消費者教育の推進にかかわるなかで抱いてきた問題意識を，多くの皆様のおかげで上梓できることは望外の喜びである。

　法政大学田中優子総長から日本武道館で学位記を手渡された 2018 年 3 月から 3 か月後，国会で民法改正が決議され，太政官布告で 20 歳成人を定めてから 140 年ぶりに成年年齢が引き下げられることになった。これにより高校 3 年生の段階で 18 歳となるため，従来 20 歳であった未成年者取消権が18 歳段階で消滅し，若年者の消費者被害の増加が懸念されるという文脈から，消費者教育の重要性が一段と注目されるようになった。特に，参議院附帯決議では，消費者教育のあり方を質量ともに充実させるために，以下のような項目が明記された。

1　「若年者への消費者教育の推進に関するアクションプログラム」に掲げた施策を，関係省庁で緊密に連携して着実に実施し，全国の高等学校・大学等における実践的な消費者教育の実施を図ること。
2　外部講師や行政機関等と連携を進めたり，消費者教育を家庭科，社会科を始めとする教科等において実施したりするなど小学校・中学校・高等学校における教育を充実すること。
3　十八歳，十九歳の若年者に対する大学・専門学校，職場，地域における消費者教育を充実すること。
4　教員養成課程での消費者教育の強化など教員養成課程の改革を進めること。

5　行政機関が学校教育以外でも積極的に消費者教育に取り組む体制を整備
　　すること。

　関係省庁による「若年者への消費者教育推進に関するアクションプログラム」（2018年2月）では，高校生向け教材「社会への扉」の活用や，「消費者教育コーディネーター」の配置が2020年までの3年間の政策目標として掲げられた。また文部科学省は2018年7月に3局長名で「成年年齢引き下げ等を見据えた環境整備について」を都道府県教育委員会等に通知し，地方自治体に対して消費者教育の充実について求めている。

　2012年に消費者教育推進法が成立したとき以上の大きな変革期にあって，地方自治体が消費者行政と教育行政の分断を乗り越えて，学校現場ですべての子どもたちに消費者教育を受ける権利が確保されるチャンスになるのかどうか，私も当事者の一人として研究成果を生かしていきたい。

　また，今回の民法改正で消費者被害の拡大を懸念することから，消費者教育を被害に遭わないための啓発活動として矮小化することは，避けなければならない。消費者教育は，これからの社会のあり方を自己決定する民主主義教育として行われるべきである。消費者教育は，時代の要請によって内容の力点が変わることは現実としてあるが，どのような状況においても，批判的思考力を働かせて意思決定できる能力を身に付けることで，SDGsの目標達成に向け，公正で持続可能な社会の担い手を育むことになるはずである。消費者教育のもつ可能性を信じて，これからも関わり続けていきたい。

　本書をしめくくるに当たり，出版においてご指導とご協力をいただいた各位に対し，以下ではこの場を借りて深く謝意を表したい。

　指導教官の樋口一清教授には，終始温かいご指導と激励をいただいた。特に博士課程3年目の春，ワークライフバランスの関係で休学しようと思っていた私を，博士論文執筆の道に軌道修正してくださり，引き続き指導してくださったおかげで論文が完成できた。

　審査委員長の石山恒貴教授には，実践コミュニティ（実践共同体）についてご教示いただくとともに，温かくも核心に触れる鋭いご指摘をいただいた

おかげで，論文構成や内容を深化させることができた。

　高尾真紀子教授には，博士課程１年生のころから論文指導をいただき，統計分析について貴重なご助言をいただいた。

　外部審査委員の神山久美山梨大学大学院准教授には，消費者教育の専門家の見地から，論文の細部にわたって見ていただき，多くの気づきをいただいた。

　西村隆男横浜国立大学名誉教授には，大学院博士課程入学以前より相談にのっていただき，常に心強さを感じながら論文執筆を進めることができた。先生方のご指導に深謝したい。

　また，アンケート及びヒアリング調査に協力してくださった地方自治体の皆様，特にＡ市とＢ市の皆様には，ヒアリングに加えて貴重な資料を提供してくださったおかげで内容を充実させることができた。海外調査では北欧の消費者教育について大原明美氏，スウェーデン通訳の高見幸子氏，浅野由子氏等の多くの方々の協力により調査を行うことができた。

　大学院博士課程への入学は長年の夢であったが，これを可能にしてくれたのは，約２０年間勤務してきた公益財団法人消費者教育支援センターの櫻井純子理事長はじめ，これまで一緒に働いてきた上司，仲間たちとの議論や仕事上の協力があってこそのことであった。また，本書に登場する事例はすべて日常業務の中で出会ったものである。貴重な経験を与ええてくれる職場環境に改めて感謝したい。

　私を研究職へと導いてくださった静岡大学教育学部時代の指導教官村尾勇之元教授，研究の厳しさと楽しさを教えてくださったお茶の水女子大学大学院家政学研究科時代の指導教官篠塚英子名誉教授，故御船美智子教授，学部ゼミの先輩であり研究会で一緒の時を過ごしてきた吉本敏子三重大学教授，東珠実椙山女学園大学教授，鈴木真由子大阪教育大学教授，古寺浩金城学院大学教授，田崎裕美静岡福祉大学教授，増田啓子常葉大学教授各位との出会いがなければこの場に辿り着けなかった。

　故小木紀之名古屋経済大学名誉教授をはじめとする日本消費者教育学会に所属する研究者の皆様，さらに，毎週土曜日に居心地のよい時間を共に過ごした樋口ゼミの皆様，お名前をすべて挙げることはできないが，多くの皆様

のおかげで本書を完成できたことに謝意を表したい。

　なお，本研究の一部は JSPS 科研費 JP15K12311 の助成を受けたものである。研究費のおかげで，消費者教育に従事する人材の観点から内容を深化させることができたとともに，3 年という短期決戦を乗り越えられた。

　本書の出版にあたっては，法政大学出版局編集部長の郷間雅俊氏に大変お世話になった。はじめての出版に当たってつねに丁寧な対応をいただき，どれだけ心強かったか分からない。

　最後に，出張の多い仕事と論文執筆で留守がちな私に，「ママ，がんばってね」と応援してくれた当時小学校 2 年生（現 3 年生）だった娘たちと，最善の環境を与えてくれた家族に心から感謝したい。

　本書が消費者教育の未来に新たな境地を拓き，すべての子どもたちが消費者教育を受ける権利を享受できる日が実現できることを願って。

2019 年 2 月　　柿野　成美

人名索引

あ 行

青木栄一　29
池本誠司　86
石山恒貴　92, 111–12, 138, 166
稲継裕昭　17–18, 29–30, 115
色川卓男　6, 42–43, 45, 49–52, 87, 80, 86–87, 88, 117
岩本諭　9, 27, 73, 78–79, 81, 82
植苗竹司　42–45, 117
上野直樹　96, 107
太田肇　15–16, 229
大谷基道　17–18, 115
大橋照枝　196
大原明美　185–89

か 行

価値総合研究所　186, 191
河上正二　20
川口恵子　6, 42, 49, 78, 80–81
川端良子　42–43, 48, 56, 59
環境市民　196, 202
木村清一　140, 142, 149, 158
ケトル，D. F.　13
小板橋ひろみ　141, 157–58

さ 行

齋藤世利子　141, 158
佐古井貞行　64–65, 219
鈴木賢志　192
ソーヤーりえこ　96

た 行

高木光太郎　95–96, 107, 114
高橋義明　5, 76, 184
谷村賢治　9, 49, 78, 80, 81
鶴田敦子　67–68
トーレセン，ヴィクトリア　4, 189

な 行

内藤英二　196
中嶋学　16–17, 115
新川達郎　16–17, 115
西尾隆　12–14
西尾勝　12, 24
西村隆男　8, 42–43, 47, 51, 66, 68–69, 83–84, 86–87, 183
日本弁護士連合会　186
野々山宏　83–84
野村恭彦　92

は 行

バニスター，R.　186
ハラップ，ヘンリー　186
はやしいく　52
半沢広志　56, 59–60, 69
樋口一清　18, 78–79, 92, 107–08, 240
平出美栄子　97, 108–10
福頼尚志　38, 86–87, 116
細川幸一　4, 24, 72, 81–83, 118, 220

ま 行

松本雄一　93, 97, 100–01, 107–09
真山達志　24

265

宮坂宏作　58–59, 64, 66–67, 220
モンスマ，C.　186

や 行

ヨーラン，スバネリッド　192

欧文人名

Lave, J.　8, 91–95, 97, 107, 137, 212, 237, 240
McDermott, R.　100–01, 137
Snyder, W. M.　137
Wenger, E.　8, 91–107, 109, 237, 240

事項索引

あ 行

アイデンティティ　92, 95, 97, 101, 110, 113–14, 155, 160, 176, 209, 229

新しい公共　14

イエブレ市　182, 195, 197–98, 200–01

意味の交渉　9, 97, 103, 111, 114, 138, 155, 159, 168, 176–77, 205, 209, 212–13, 223–25, 238

ウプサラ市　182, 195, 197–201

エシカル消費　5, 32, 239

エスノグラフィー　9, 109, 118, 139

越境　94, 112, 138, 148, 214–15

エネルギーアドバイザー　199–201, 203, 205, 211, 218, 236

欧州委員会　186, 189

か 行

カールスタード市　182, 197, 200–02, 218

外部講師　74, 155, 169

外部のよそ者　112, 167

学習指導要領　30–32, 44–47, 50, 56–57, 59, 63, 66–67, 70–72, 84, 8, 89–90, 117, 142, 145, 149, 179, 204, 219–20, 235, 239

学習の社会的理論　97, 114

家計カウンセラー　199–201, 236

風穴方式　70, 72

可視　17, 96, 114, 159, 179, 212–13, 236

家庭科　31, 54–55, 68, 71–72, 74, 143, 145, 146, 151–52, 155, 161–63, 167, 172–75, 178, 192, 196, 198, 228, 230, 235

ガバナンス　13–14, 29

環境教育　34, 168, 224, 239

環境行政　9, 19, 182, 201, 205, 211, 221

環境問題　168, 187–88, 190,–91, 201–02

還流　111–12, 144, 149, 179, 202, 216

規制改革　80–81, 220

キャリア形成　16

教育委員会　29–32, 34–35, 53–56, 58, 62, 70–71, 74, 76, 83–85, 124–30, 132–33, 135, 138, 141–43, 145–47, 149, 152, 156, 158–59, 161–67, 171–73, 176, 178, 208–10, 228, 233, 238

教育基本法　28–29

教育行政　7–9, 28–30, 32, 41, 57–59, 63–67, 71, 78, 85, 88–90, 117–18, 137–39, 143, 145–46, 159, 164, 167–69, 176, 178, 181, 184–85, 189, 191, 204, 209–13, 215–17, 219–25, 227–32, 234–39

教育研究会　54, 66, 162, 167, 172, 174–76, 179, 209, 214, 217, 222, 233

教育現場　58, 78, 80, 132–33, 135, 155, 162, 173, 208–09, 217, 223, 235, 238

教育振興基本計画　29, 32, 221, 224

教育政策　7, 28, 30, 32, 87, 116, 185, 228

教員 OB　171, 209, 222, 230, 238

教員研修　53, 68–69, 74, 89, 117, 152, 186

境界実践　99, 104, 114, 146, 156, 216–18

教材　34, 51, 55–57, 59–60, 63, 69–71, 85, 146, 149, 153, 161–62, 164, 170, 174–76, 178–79, 188, 191, 194, 209, 214, 221, 223–24

教師支援　194

経済企画庁　18–19, 43, 45, 46–47, 49, 66–69, 71

校長経験者　129, 132, 151–52, 162, 172, 174, 178, 208, 217

公務員制度　12, 15, 132

コーディネーター　5, 7-8, 35-37, 85, 93, 99, 101, 105-06, 114, 116, 138, 144, 147, 156, 158, 162, 166, 169, 173, 178-80, 209-10, 214-18, 220, 221-24, 227, 230-35, 239

国民生活研究所　46-48

国民生活審議会　26-27, 30, 42, 45-46, 48, 53, 66, 68, 73, 89, 117, 219

国民生活センター　35, 43, 46-48, 52-59, 72, 74, 80, 132, 145, 147, 172, 175, 229, 234

さ 行

参加　61-62, 91-92, 94-100, 102-04, 106-09, 111-12, 114, 138, 144, 153, 176, 209, 213, 218, 236, 240

シェアリングエコノミー　201, 203

持続可能な社会　3-5, 31, 34, 87, 161, 167-68, 193, 200, 202, 205, 218, 228, 235-36, 239

持続可能な消費　4-5, 189, 196-98, 201

持続可能な開発目標　3, 5, 119, 235, 239

持続可能な発展　189, 203

自治事務　19-20, 38, 50, 79, 115-16

実践（プラクティス）　91, 93, 138, 212

実践コミュニティ　91-95, 97, 99-111, 113-14, 118, 137-38, 140, 143-48, 151, 155-56, 158-60, 162-63, 165-67, 169, 174, 178-80, 181-82, 201-05, 207-18, 221-26, 227-36, 237-38, 240

実践事例集　141, 144, 157-58, 179, 221

社会教育　17, 32, 36, 43, 45, 48, 53, 60, 64-65, 82-83

社会参加　3

市民参加　14

十全的参加　92, 95, 102

状況に埋め込まれた学習　91, 94

消費者アドバイザー　195-201, 203, 205, 211, 236

消費者アドバイス室　195-96, 198, 200-01, 203, 205

消費者安全法　20, 141, 151

消費者委員会　20, 23, 28, 35, 81, 83-85, 141, 158, 220, 233

消費者基本計画　5-6, 25, 27-28, 37, 72-73, 75-77, 81-83, 89-90, 185, 220

消費者基本法　24, 26-27, 33, 39, 43, 51, 72, 75, 79, 81-83, 89, 90, 115, 157, 185, 220

消費者教育・啓発員　22

消費者教育コーディネーター　36-37, 121, 127-29, 139-40, 161-62, 164, 169-72, 176-79, 214, 217, 221-22, 227, 233-34, 238

消費者教育支援センター　9, 32, 42, 47, 66, 69-71, 74, 89-90, 117, 142, 145, 147, 149-50, 153-54, 161, 165-66, 169, 172, 174-75, 183, 186, 192, 194

消費者教育推進委員会　31

消費者教育推進会議　7, 34-37, 81, 139, 158, 166, 240

消費者教育推進計画　5, 25, 34-35, 37, 71, 84, 86-87, 124, 125, 139, 141, 161, 164, 169-70, 176, 178, 209-10, 221, 225, 231-32, 234, 236, 240

消費者教育推進地域協議会　5, 34-35, 124, 125, 161, 169, 171-72, 177, 216, 232

消費者教育推進連絡会　139, 141-46, 149, 152-53, 156-59, 179, 213, 217, 221-22

消費者教育相談員　129, 139-41, 143-44, 149, 150-54, 156-59, 179, 217, 221-22, 230

消費者教育のあり方検討会　161, 167-69

消費者教育の推進に関する基本的な方針（基本方針）　5, 35-39, 83, 116, 127

消費者教育の推進に関する法律（消費者教育推進法）　4-7, 11, 23, 25, 31, 33, 43, 50-51, 75, 77, 83, 86-88, 90, 139, 160, 162-64, 167, 176, 179, 185, 205, 209, 216, 220, 233, 237, 239

消費者教育の専門的人材　121-22, 127-32, 134, 135, 139, 179, 207-08, 217, 225, 227, 229-30, 234, 237

消費者教育の体系化　46, 48, 53, 75-76, 188

消費者教育ポータルサイト　157, 194

消費者教育を受ける権利　3, 6, 33, 61, 71-72, 78, 82, 186, 237, 239

消費者行政　46–50, 52, 54–61, 63–73, 77–90,
　115–18, 121–23, 127, 129–30, 132–34, 137–51,
　156, 158–60, 162–64, 166–67, 169–73, 177,
　184–85, 191, 196, 201, 204–05, 207–13,
　216–25, 227–32, 234, 236, 237–39
消費者行政担当職員　22–23, 25, 86, 116, 133,
　169, 207, 209, 216, 231
消費者市民　5, 161, 189, 194, 218, 236, 239–40
消費者市民社会　4–6, 9, 11, 33–37, 84, 90,
　116, 119, 134, 161, 167, 181, 186, 189, 204–05,
　211, 218, 224, 228–29, 236, 237–40
消費者政策　3–4, 6–7, 18, 24–28, 44–45, 50,
　72, 73, 76, 88, 115, 182, 188, 234, 239
消費者庁　5, 9, 20, 22, 25, 28, 32, 34, 37, 51,
　81–82, 84–85, 86, 90, 161, 164, 182–83, 191,
　193–99, 220, 240
消費者と市民のサービス部　203, 218
消費者の権利　24–27, 31, 33, 60–61, 68,
　72–73, 78, 196, 198, 205
消費者の自立の支援　27, 78
消費者保護　3, 26, 30–31, 43, 46, 48, 61, 64,
　65, 68, 70, 79, 115, 151, 187, 219
消費者保護基本法　19, 26–27, 33, 39, 42,
　44–45, 49, 52, 56, 59, 72, 90, 117, 160
消費者問題　19, 28, 44, 46, 48, 53, 56, 60,
　62–64, 67, 70, 72, 79, 82, 85–86, 117, 132, 140,
　168, 183–84, 188, 219
消費生活コーディネーター　140–41, 146,
　149, 159, 213
消費生活条例　25, 61, 71, 78–79
消費生活センター　5, 19–20, 22, 34–37, 43,
　46, 50, 52, 54–55, 57, 60, 69–70, 74, 76, 80, 84,
　86–87, 123–24, 127, 140–41, 143, 145, 149–52,
　154–56, 229
消費生活相談　20–21, 35, 79, 125, 128, 153,
　197–98, 236
消費生活相談員（消費生活専門相談員）
　22–23, 25, 36–37, 85, 116, 121–22, 125–35,
　141, 150–52, 160, 164, 195, 207–08, 230,
　236–37
消費生活相談窓口　21, 25, 205, 218

消費と環境のアドバイス室　201–02, 218
情報交換　34, 70, 77, 107, 143, 147, 156, 202,
　224
情報提供　34–35, 65, 69, 74, 130, 155, 179,
　195–96, 199–201, 203, 205, 225, 227–28, 231
条例　25–26, 29, 61, 71–72, 78–79, 141, 151,
　161
人工物　92, 96, 98, 101, 105, 107, 110–11, 138,
　153, 158–60, 162, 167–68, 174, 176–77, 179,
　213
人材育成　16, 82, 111
人事異動　16, 18, 115, 159, 202, 218–19, 223,
　225, 228–29, 238
人事管理　15–16
人事ローテーション　16, 159, 227, 228–29
人的資源　81, 220
スウェーデン教育庁　191, 193–94
スウェーデン消費者庁　9, 182–83, 191,
　193–99
成員性　95, 100, 209–10, 215, 217–18, 222–23,
　225, 228–31, 238
正統的周辺参加　91–92, 94–96, 109, 114
制度化　62–63, 129, 150–51, 179, 228
専管部署　21–22
専門性　15, 17–18, 61, 115, 121, 132–33, 150,
　151, 164, 194, 198–200, 202–05, 211, 218,
　228–29, 234, 235–36, 238
総務省　12, 22, 84

た 行

多重成員性　99–102, 112–14, 138, 143, 145–46,
　159, 162, 172–73, 177–78, 180, 205, 209–13,
　215–18, 222–23, 225–27, 227–29, 231, 234,
　238
縦割り行政（セクショナリズム）　8, 13, 41,
　64, 88–90, 117–18, 219, 225, 237, 239
地方公務員　14–16, 18
地方自治　11–12, 14, 18
地方自治法　11, 13, 19, 29, 38, 115
地方消費者行政活性化基金　20, 86
地方消費者行政推進交付金　20, 134, 230

事項索引　269

地方消費者行政推進本部　19, 115
地方消費者行政の現況　21–23, 25, 115
地方分権　9, 13, 15, 24, 29–30, 50, 72, 80–81,
　115, 189–90, 220, 222, 235,
地方分権一括法　13, 29, 50, 72, 90
中央教育審議会　29
中央集権型　185, 189, 204, 211
庁内関係課　161–65, 169, 176, 221–22
庁内連携　162, 222
庁内連携会議　166, 177–78, 209–10, 216–17,
　223, 231–32
東京都　18, 52, 59–63, 71, 140, 219
独立型　217, 223–24

な 行

内閣府　28, 43, 74, 76–77, 81, 191
内包型　217–18, 223–24
ナレッジ・ブローカー　111–13, 138, 144,
　147–49, 159–60, 162, 169, 171–72, 177–80,
　202, 209–10, 213–18, 224, 229–31, 233
ネットワーク　14, 96, 106–07, 112, 114, 133,
　146–48, 152, 156, 159–60, 168, 171, 178–80,
　181, 185–86, 189, 210–13, 217, 230
能力開発　17, 234

は 行

バックグラウンド　128–30, 177, 198, 208, 237
非公式　105–07, 119, 146, 156, 160, 162, 171,
　174, 177, 178–80, 181, 210–12, 217, 222, 226,
　228, 230, 232, 234, 236, 238
人手不足　133
フェアトレード　161, 167, 202–03
フリーアドレス　202
副読本　53, 55–58, 70–71, 80
物象化　9, 97–100, 104, 109, 111, 114, 138,
　144, 146, 153, 176, 179, 209–10, 212–14, 218,
　223–25, 234, 238
ブローカー　99–100, 102, 104, 111–12, 114,
　138, 156
文化的透明性　94–96, 107, 114
分権型　185, 189

北欧　4, 9, 47, 181, 185–90, 204, 211, 218
北欧閣僚協議会　188

ま 行

民間委託　80
民主主義　3, 11, 190, 192, 195
目的型の行政組織　211, 238
文部科学省　29–32, 35, 46–47, 74, 76–77,
　81–82, 85, 141, 160, 186, 189, 191

や 行

役割分担　13, 29, 35, 84, 124–25, 194, 198, 216,
　223, 231, 233
予算　6, 8, 12, 20–21, 31, 41, 45, 58–59, 70, 77,
　79, 81, 86, 88–90, 123, 134–35, 142, 146, 150,
　163, 170, 173, 193, 194, 199, 220, 230
ヨテボリ市　182, 197–98, 200–01, 203, 218

ら 行

リーダーシップ　14, 81, 105–06, 190, 228,
　230, 235
領域（ドメイン）　93, 137, 203, 209, 212,
　217–18, 223–24, 231, 234
連携・協働　32, 36–37, 213, 236
連携・協力　35, 63, 69–70, 219

略 号

CCN（消費者市民ネットワーク）　189
CI（国際消費者機構：1995 年に改称）　4
ESD（持続可能な開発のための教育）　165,
　236
Hello Consumer　194–95, 198
IOCU（国際消費者機構）　187
OECD（経済協力開発機構）　6, 182–86, 189,
　194
OECD 消費者政策委員会　182
PERL（責任ある生活に関する教育・研究ネッ
　トワーク）　189
SDGs（持続可能な開発目標）　3, 5, 205, 229,
　235, 239

著 者

柿野成美（かきの・しげみ）

公益財団法人消費者教育支援センター総括主任研究員。
2018年法政大学大学院政策創造研究科博士課程修了。
博士（政策学）。
静岡大学教育学部，お茶の水女子大学大学院を修了後，財団法人消費者教育支援センターに勤務。2013年より現職。専門は消費者教育，消費者政策，持続可能な消費（エシカル消費）。
主な業績には，「地方行政論・地域政策論――「コーディネーター」が必要とされる2つの理由」（西村隆男編著『消費者教育学の地平』慶応義塾大学出版会，2017年），「「消費者市民」をめぐる国際的潮流」（岩本諭／谷村賢治編著『消費者市民社会の構築と消費者教育』晃洋書房，2013年）等。

消費者教育の未来
分断を乗り越える実践コミュニティの可能性

2019年2月25日　初版第1刷発行

著　者　　柿野成美
発行所　一般財団法人　法政大学出版局
〒102-0071 東京都千代田区富士見2-17-1
電話 03 (5214) 5540　振替 00160-6-95814
印刷：平文社　製本：積信堂

© 2019, Shigemi Kakino
Printed in Japan

ISBN978-4-588-67521-8

歴史のなかの消費者　日本における消費と暮らし 1850–2000

P. フランクス，J. ハンター 編／中村尚史・谷本雅之 監訳 ………… 4400 円

嗜好品カートとイエメン社会

大坪玲子 著 ………………………………………………………… 6000 円

売薬と受診の社会史　健康の自己管理社会を生きる

新村拓 著 …………………………………………………………… 2800 円

衛生と近代　ペスト流行にみる東アジアの統治・医療・社会

永島剛・市川智生・飯島渉 編 ……………………………………… 4800 円

近代日本の公衆浴場運動

川端美季 著 ………………………………………………………… 5800 円

戦時期の労働と生活

法政大学大原社会問題研究所，榎一江 編著 ……………………… 4800 円

帝国日本の大礼服　国家権威の表象

刑部芳則 著 ………………………………………………………… 4600 円

近代都市の下層社会　東京の職業紹介所をめぐる人々

町田祐一 著 ………………………………………………………… 3400 円

大正知識人の思想風景　「自我」と「社会」の発見とそのゆくえ

飯田泰三 著 ………………………………………………………… 5300 円

訳された近代　文部省『百科全書』の翻訳学

長沼美香子 著 ……………………………………………………… 5800 円

百科全書の時空　典拠・生成・転位

逸見龍生・小関武史 編 …………………………………………… 7000 円

〈顔〉のメディア論　メディアの相貌

西兼志 著 …………………………………………………………… 3800 円

表示価格は税別です

ウォー・ギルト・プログラム　GHQ情報教育政策の実像

賀茂道子 著 ・・・　5200円

あま世へ　沖縄戦後史の自立にむけて

森宣雄・冨山一郎・戸邉秀明 編 ・・・・・・・・・・・・・・・・・・・・・・・・・・・・・・・・・・・・・・・　2700円

市民の外交　先住民族と歩んだ30年

上村英明・木村真希子・塩原良和 編著・市民外交センター 監修 ・・・　2300円

分断するコミュニティ　オーストラリアの移民・先住民族政策

塩原良和 著 ・・　2200円

「人間の安全保障」論

カルドー／山本武彦・宮脇昇・野崎孝弘 訳 ・・・・・・・・・・・・・・・・・・・・・・・・・・　3600円

新しい政治主体像を求めて

岡本仁宏 編 ・・　5600円

人間存在の国際関係論

初瀬龍平・松田哲 編 ・・　4200円

住環境保全の公共政策

山岸達矢 著 ・・　4400円

島の地理学　小さな島々の島嶼性

S. A. ロイル／中俣均 訳 ・・・　4400円

函館の大火　昭和九年の都市災害

宮崎揚弘 著 ・・　2500円

我々みんなが科学の専門家なのか？

H. コリンズ／鈴木俊洋 訳 ・・　2800円

大学生の内定獲得　就活支援・家族・きょうだい・地元をめぐって

梅崎修／田澤実 編著 ・・　2800円

表示価格は税別です

「エネルギー計画 2050」構想

壽福眞美，法政大学サステイナビリティ研究センター 編 ………… 2800 円

持続可能なエネルギー社会へ

舩橋晴俊・壽福眞美 編著 …………………………………… 4000 円

原発震災のテレビアーカイブ

小林直毅 編／西田善行・加藤徹郎・松下峻也・西兼志 著 ………… 4200 円

参加と交渉の政治学　ドイツが脱原発を決めるまで

本田宏 著 ……………………………………………… 2600 円

脱原発の比較政治学

本田宏・堀江孝司 編著 ……………………………………… 2700 円

震災と地域再生　石巻市北上町に生きる人びと

西城戸誠・宮内泰介・黒田暁 編 ……………………………… 3000 円

触発する社会学　現代日本の社会関係

田中義久 編 …………………………………………… 3300 円

公共圏と熟議民主主義　現代社会の問題解決

舩橋晴俊・壽福眞美 編著　　　　　　　現代社会研究叢書 4700 円

規範理論の探究と公共圏の可能性

舩橋晴俊・壽福眞美 編著 ………………… 現代社会研究叢書 3800 円

環境をめぐる公共圏のダイナミズム

池田寛二・堀川三郎・長谷部俊治 編著 ……… 現代社会研究叢書 4800 円

メディア環境の物語と公共圏

金井明人・土橋臣吾・津田正太郎 編著 ……… 現代社会研究叢書 3800 円

移民・マイノリティと変容する世界

宮島喬・吉村真子 編著 …………………… 現代社会研究叢書 3800 円

表示価格は税別です

ナショナリズムとトランスナショナリズム

佐藤成基 編著 ……………………………… 現代社会研究叢書　4900 円

基地騒音　厚木基地騒音問題の解決策と環境的公正

朝井志歩 著 ……………………………… 現代社会研究叢書　5800 円

若者問題と教育・雇用・社会保障

樋口明彦・上村泰裕・平塚眞樹 編著 ………… 現代社会研究叢書　5000 円

自治体議会改革の固有性と普遍性

廣瀬克哉 編著 …………………… 法政大学現代法研究所叢書　2500 円

ポスト公共事業社会の形成　市民事業への道

五十嵐敬喜・萩原淳司・勝田美穂 著　法政大学現代法研究所叢書　3200 円

現代総有論

五十嵐敬喜 編著 ………………… 法政大学現代法研究所叢書　2700 円

金融商品取引法の新潮流

柳明昌 編著 ……………………… 法政大学現代法研究所叢書　3000 円

境界線の法と政治

中野勝郎 編著 …………………… 法政大学現代法研究所叢書　3000 円

日ロ関係　歴史と現代

下斗米伸夫 編著 ………………… 法政大学現代法研究所叢書　2800 円

社会と主権

大野達司 編著 …………………… 法政大学現代法研究所叢書　3800 円

20 世紀の思想経験

細井保 編著 ……………………… 法政大学現代法研究所叢書　2600 円

民意の形成と反映

石坂悦男 編著 …………………… 法政大学現代法研究所叢書　4000 円

表示価格は税別です